KB212881

宗正敎示

世上萬事의 元亨利貞은 事必歸正이니

或慈或威로 宗統守護하여 廣度衆生 할지어다

今般發生한 宗團魔障은 僧家發展의 좋은

機會이니 四部大衆들은 歡喜克服하여 花

發結實로기하라

宗團發展이 國家發展이니 宗徒들은 一心同體하

여 法統守護와 護國佛敎의 使命感으로 佛光增輝

傳佛心燈曹溪宗正慧菴堂性觀大宗師真影

지리산 상무주암 수행시절

원당암 염화실에서

해인사 선원 용맹정진

용맹정진을 지도하시는 모습

지리산 도솔암에서

원당암 염화실에서 상좌들과 함께

해인사 원당암 용맹정진 대중 (불기 2536년 임신년 하안거)

원당암 하안거 용맹정진후 유발상좌와 함께 (불기 2542년)

해안동림 동안거 결제 기념 (불기 2536년 음 10월 15일)

해인총림 제6대 혜암성관 대종사 방장 추대식 (불기 2538년 1월 26일)

원당암 선방에서 용맹전진을 함께하시며 (불기 2544년)

원당암 선방에서 법문 하시는 모습

대한불교 조계종 제10대 종정 취임식에서 주장자를 들어 보이시는 모습 (불기 2543년)

대한불교 조계종 제10대 종정 추대식에서 불자를 들어 보이시는 모습 (불기 2543년)

백양사 무차선회 (불기 2542년 8월)

혜암 큰스님 영결식장 (불기 2546년 1월)

5만여 불자들이 함께한 큰스님의 영결식 (불기 2546년 1월 6일)

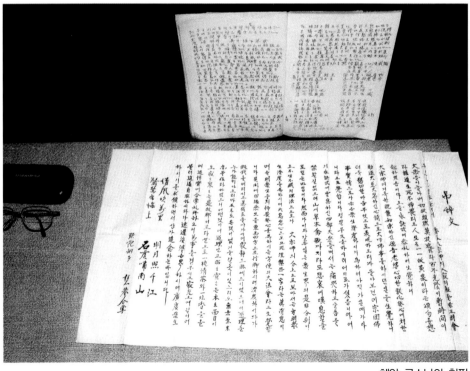

혜암 큰스님의 친필

혜암 큰스님의 비

혜암 큰스님의 사리탑

临终偈

我身本非有요 心亦無所住라
鐵牛含月走하고 石獅大哮吼로다

나의 몸은 본래 없는 것이요
마음 또한 머물 바 없도다
무쇠소는 달을 물고 달아나고
돌사자는 소리 높여 부르짓도다

悟道頌

迷則生滅心이요 悟來真如性이라
迷悟俱打了하니 日出乾坤明을

미혹 할땐 나고 죽더니
깨달으니 청정 법신 이네
미혹과 깨달음 모두 쳐부수니
해가 돋아 하늘과 땅이 밝도다

集註 慧菴大宗師上堂法語集

공부하다 죽어라

(사)혜암선사문화진흥회 엮음

신규탁 집주

① 1

시화음

발간사

은사스님께서 열반하신지 어언 17년이 흘렀습니다.
스승 혜암 성관 대종사께서 남기신 말씀을 정리한 법어집이 2007년 출간되었지만, 널리 보급되지 않아 아쉬움이 크던 차에 혜암 큰스님의 탄신 백주년을 앞두고 친필 상당법어집을 중심으로 정본화 작업을 시작하게 되었습니다.

스승께서는 평생을 청정수좌로서 장좌불와長坐不臥, 일일일식一日一食의 두타행을 하시면서 본분종사의 책무를 온전히 하셨습니다. 지금도 늘 우리 곁에 함께하시는 선지식이요, 위법망구爲法忘軀를 보여주신 가야산 정진불로 추앙받고 있는 가람의 수호자이십니다. 스승의 엄정한 안목은 가야산 대쪽으로 수행가풍의 표본이 되었습니다. 대중에게는 넉넉한 자비심으로 무엇이든 일깨워주려고 다가가셨습니다. 다정다감한 덕화의 향기가 가득한 어른으로 세상에 널리 회자되고 있습니다.

스승께서는 늘 "공부하다 죽어라, 공부하다 죽으면 이 세상에서 가장 수지 맞는 일이 된다"고 경책하시면서 깨달음을 얻기 위해 가야산 환적대 암굴에서 잠자지 않고, 죽음을 넘어서는 정진을 하는 등 보통 수행자들과는 달리 가행정진을 즐기셨던 모습이 기억에 생생합니다. 제방선원에서도 오직 철야 용맹정진으로 일관하여 대중들의 무한 존경을 받았습니다.

일찍이 해인사 원당암에 재가신도들을 위한 달마선원을 개설하시고 참선을 직접 지도하여 수많은 대중을 교화하시었으며, 지금도 이 선원에서는 큰스님의 수행정신을 바탕으로 안거결재와 정기적인 철야정진의 가풍이 도도히 계승되고 있습니다.

스승께서는 해인총림의 방장으로 대중을 보살피시고, 조계종단의 상징인 종정宗正에 추대되어 종단개혁에 앞장서시며 청백가풍淸白家風의 전통을 바로 세우는데 집중하시었습니다.

이번에 스승 혜암 대종사의 법어 중에서 친필 상당법어집에 교열과 주석을 붙여 그 뜻을 좀 더 알기 쉽게 『집주 혜암대종사 상당법어집』을 새롭게 펴내게 되었습니다.

이러한 정본화 작업을 맡아 세심히 집필해 주신 연세대 철학과 신규탁 교수에게 깊은 감사를 드리며, 어려운 여건에도 이 책을 더욱 소중히 출판해 준 도서출판 시화음에 고마움을 전합니다.

2019년 4월
사단법인 혜암선사문화진흥회 이사장 성법 합장

서문

친필원고를 통해 스승님을 친견하니

옛 조상들은 손이 많이 가고 오래 사용하는 물건에는 신령스러움이 깃든다고 믿었습니다. 그래서 먹물에 적셔 글씨를 쓰는 귀한 필기구인 붓은 수명을 다하더라도 함부로 버리지 않았습니다. 말차沫茶의 거품을 만들기 위한 도구인 다선茶筅도 마찬가지입니다. 좋은 날을 선택하여 목욕재계한 후 정갈하게 모아둔 물건들을 깨끗한 땅에 묻고는 그 위에 '필총筆塚' 또는 '선총筅塚'이라고 새긴 당당한 표지석을 비석처럼 세웁니다. 명필名筆과 명인名人이 대대손손 이어져 필법筆法과 다예茶藝가 면면綿綿이 이어지길 바라는 마음이 고스란히 담겨 있기 때문입니다. 이름난 사찰과 명문가名門家를 방문하는 작금昨今의 관광객들도 그 앞을 지나가면서 합장하곤 합니다.

훌륭한 소설가 시인 등 작가의 육필 원고는 보는 이에게 마르지 않는 영감靈感의 원천이 됩니다. 손때 묻은 책상과 필기도구들까지도 박물관으로 꾸며진 생가生家를 방문하는 사람들에게 무한한 감동을 줍니다. 고인의 생생한 흔적이 그대로 남아있는 친필 원고는 그 무엇으로도 대신할 수 없는 체취와 친근감을 느끼게 하고 많은 생각을 일어나게 합니다. 심지어 당신을 직접 만난 것과 같은 설레임과 따스함과 그리움을 주기도 합니다. 이제 붓과 펜 그리고 만년필을 대신하여 컴퓨터 기계글씨가 모든 필기작업을 대신하는 세상에서 살고 있습니다. 그래서 육필 원고는 더욱더 귀한 영물靈物이 되었습니다.

다행히도 스승님께서는 친필 원고를 많이 남겨 두셨습니다. 젊었을 때 일본에 머물면서 접했던 여러 가지 문화와 친필 자료의 소중함을 직접 보고 체험하시면서 몸소 실천하신 결과가 아닌가 생각합니다. 당신께서 정진 도중에 경전을 보거나 선어록을 열람하다가 공부에 도움이 되거나 마음에 닿는 구절을 발견하면 즉시 메모를 해두는 습관이 더해진 것이기도 합니다. 상단법문도 원고를 반드시 직접 손으로 정리한 후에야 법상에 올라갔습니다. 단정하게 쓰여진 글씨체를 볼 때마다 정신이 차려지고 엄숙해 집니다.

한 글자 한 글자에 스승의 손가락 자국이 남아 있고 한 줄 한 줄에 스승께서 팔꿈치를 접고 편 흔적이 나타나며, 한 장 한 장마다 스승의 생각이 녹아 있고 한 축軸 한 축軸 마다 후학들에 대한 낙초자비落草慈悲가 가득하니 이 친필 원고야말로 신령스러움이 서린 보물 중에 보물이요, 법보 중에 법보라고 아니할 수 없습니다.

부처님의 가르침은 대장경으로 결집結集되었고 선사들의 법문은 선어록으로 전합니다. 그리고 은사스님의 가르침은 육필 원고로 남았습니다. 큰스님 친필 원고에서 가려 뽑아 출간한 법어집에 일본동경대학교에서 유학한 연세대학교 철학과 교수 신규탁辛奎卓 거사가 읽기 편하게 고증考證작업을 통해 교감校勘하고 출전出典을 밝혀 자료의 가치를 더욱 높이는 수고로움을 마다하지 않았으니, 이는 비단 위에 꽃을 더한 일이라고 하겠습니다.

문도들의 존경심과 아낌없는 후원 그리고 많은 사람들의 노고가 함께 모여 혜암 대종사 탄신 백주년을 앞두고 혜암대종사 법어집 정본화 작업을 마치고 출판하게 되었습니다. 친견親見하고 수지受持하는 공덕으로 모두에게 반야의 지혜가 샘솟고, 하는 일마다 뜻대로 이루어지기를 불조佛祖께 축도祝禱드립니다.

2563(2019)년 혜암대종사 탄신 백주년을 맞이하여
해인총림 방장 벽산 원각 합장

혜암성관대종사 행장 慧菴性觀大宗師 行狀

큰스님께서는 1920년 3월 22일 전남 장성군 장성읍 덕진리 720번지에서 김해 김 金씨 가문에서 탄생하셨습니다. 부친은 김원태 金元泰이시고 모친은 금성 정 丁씨이시며 속명은 남영 南榮이라 하였습니다. 14세에 장성읍 성산보통학교를 졸업하고 동리의 향숙 鄕塾에서 사서삼경 四書三經을 수학 受學한 후 제자백가 諸子百家를 열람 閱覽하였으며 특히 불교경전과 위인전을 즐겨 읽으셨습니다. 17세에 일본으로 유학가서 동·서양의 종교와 철학을 공부하던 중 어록을 보시다가,

我有一卷經 아유일경권
不因紙墨成 불인지묵성
展開無一字 전개무일자
常放大光明 상방대광명

나에게 한 권의 경전이 있으니
종이와 먹으로 이루어지지 아니하였네
펼치면 한 글자도 없으되
항상 큰 광명을 놓도다

하는 구절에 이르러 홀연히 발심하여 출가를 결심하고 귀국하셨습니다. 1946년(27세), 합천 가야산 해인사에 입산 출가하여 인곡 麟谷 스님을 은사로, 효봉 曉峰 스님을 계사로 하여 수계득도 受戒得度하였으니, '성관 性觀'이라는 법명을 받으셨습니다. 그리고 가야총림 선원에서 효봉 스님을 모시고 일일일식 一日一食과 장좌불와 長坐不臥를 하며 첫 안거를 하셨습니다.

1947년(28세), 문경 봉암사에서 성철, 우봉, 자운, 보문, 도우, 법전, 일도 스님 등 20여 납자와 더불어 '부처님 법대로 살자'는 '봉암사 결사'를 시작하셨습니다. 1948년(29세), 해인사에서 상월 霜月 스님을 계사로 비구계를 수지하였으며, 오대산 상원사 선원에서 안거를 하셨습니다. 1949년(30세)에는 범어사에서 동산 東山 스님을 계사로 보살계를 수지하였으며 가야총림 선원, 금정산 범어사 선원 등에서 안거를 하셨습니다. 1951년(32세), 해인사 장경각에서 은사이신 인곡 스님께서 묻기를,

如何是達磨隻履之消息　여하시달마척리지소식
金烏夜半西峰出　　　　금오야반서봉출
如何是維摩杜口之消息　여하시유마두구지소식
靑山自靑山白雲自白雲　청산자청산백운자백운
汝亦如是吾亦如是　　　여역여시오역여시

"어떤 것이 달마 대사가 한쪽 신을 둘러 메고 간 소식인고?" 하시니 "한밤중에 해가 서쪽 봉우리에 떠오릅니다"라고 대답하였습니다. 또 "어떤 것이 유마힐이 침묵한 소식인고?" 하시자 "청산은 스스로 청산이요, 백운은 스스로 백운입니다"라고 답하니, 인곡 스님께서 "너도 또한 그러하고 나도 또한 그러하다" 하시며,

只此一段事 지차일단사
古今傳與授 고금전여수
無頭亦無尾 무두역무미
分身千百億 분신천백억

다만 이 한 가지 일을
고금에 전해주니
머리도 꼬리도 없으되
천백억 화신으로 나투느니라

하시고 '慧菴혜암'이라는 법호를 내리셨습니다.

이후 통영 안정사 천제굴 闡提窟, 설악산 오세암 五歲庵, 오대산 서대 西臺, 태백산 동암 東庵 등지에서 목숨을 돌아보지 아니하고 더욱 고행정진 苦行精進하셨습니다. 1957년(38세), 오대산 영감사 토굴에서 용맹정진하던 중, 주야불분 晝夜不分하고 의단 疑團이 독로 獨露하더니, 홀연히 심안 心眼 이 활개 豁開하여 오도송 悟道頌을 읊으셨습니다.

迷則生滅心 미즉생멸심
悟來眞如性 오래진여성
迷悟俱打了 미오구타료
日出乾坤明 일출건곤명

미혹할 땐 나고 죽더니
깨달으니 청정법신이네
미혹과 깨달음 모두 쳐부수니
해가 돋아 하늘과 땅이 밝도다

이로부터 오대산 오대 五臺, 동화사 금당선원, 통도사 극락암 선원, 묘관 음사 선원, 천축사 무문관 無門關 등 제방선원에 나아가 더욱 탁마장양 琢磨長養하셨습니다. 1967년(48세)에 해인총림 유나 維那를, 1970년(51세) 에는 대중의 간청에 따라 해인사 주지를 잠시 역임하기도 하셨습니다.
1971년(52세), 통도사 극락암 선원에서 동안거 중에 경봉 조실스님께서 '峰通紅中空 봉통홍중공'의 운자 韻字에 맞추어 심경 心境을 이르라고 하시 니 다음과 같은 게송을 지으셨습니다.

靈山會上靈鷲峰 영산회상영축봉
萬里無雲萬里通 만리무운만리통
世尊拈花一枝花 세존염화일지화
歷千劫而長今紅 역천겁이장금홍

拈花當時吾見參 염화당시오견참
一棒打殺投火中 일방타살투화중
本來無物亡言語 본래무물망언어
天眞自性空不空 천진자성공불공

영산회상의 영축봉이여!
구름 한 점 없으니 만 리에 통했도다
세존께서 들어 보인 한 송이 꽃은
미래제가 다하도록 길이 붉으리라
꽃을 드실 때 내가 보았다면
한 방망이로 때려 죽여 불 속에 던졌으리
본래 한 물건도 없어 언어마저 끊겼으니
천진한 본래 성품 공마저 벗어났네

1976년(57세), 지리산 칠불암 七佛庵 운상선원 雲上禪院을 중수 重修할 때 먼지 속에서 작업 도중에 홀연히 청색사자를 탄 문수보살 文殊菩薩을 친견하고 게송으로 수기 授記를 받으셨습니다.

塵凸心金剛劘 진철심금강마
照見蓮攝顧悲 조견연섭고비

때 묻은 뾰쪽한 마음을 금강검으로 베어 내서
연꽃을 비추어 보아 자비로써 중생을 섭화하여 보살피라

1979년(60세), 해인사 조사전에서 3년 결사를 시작하여 71세까지 대중과 함께 정진하면서 유나 維那, 수좌 首座, 부방장 副方丈으로서 해인총림의 발전과 총림대중의 용맹정진 가풍진작을 위하여 진력하심에 후학들의 존경과 흠모가 항상 뒤따랐습니다. 특히 스님께서는 출가 이후 가야산 해인사 선원, 희양산 봉암사 선원, 오대산 상원사 선원, 금정산 범어사 선원, 영축산 극락암 선원, 지리산 상무주암, 조계산 송광사 선원 등 제방선원에서 당대 선지식인 한암, 효봉, 동산, 경봉, 전강 선사를 모시고 45년 동안 일일일식과 오후불식, 장좌불와 용맹정진을 하며 오로지 참선수행으로 초지일관하셨으니, 그 위법망구 爲法忘軀의 두타고행 頭陀苦行은 가히 본분납자 本分衲子의 귀감 龜鑑이요, 계율이 청정함은 인천 人天의 사표 師表라 아니할 수 없습니다. 1987년(68세) 조계종 원로의원으로 선임되었으며, 1994년(75세)에 원로회의 의장으로 추대되셨습니다. 1993년(74세) 11월, 당시 조계종 종정이자 해인총림 방장이셨던 성철 대종사께서 열반에 드심에 뒤를 이어 해인총림 제6대 방장에 추대되어 500여 총림대중의 정신적 지도자로서 역할을 다하셨습니다.

특히 선원대중에게는 오후불식을 여법히 지키도록 하고 "공부하다 죽어라", "밥을 적게 먹어라", "안으로 부지런히 정진하고 밖으로 남을 도와라" 하시며 납자 衲子로서 철저히 참선수행할 것을 강조하셨습니다.

1994년 조계종 개혁불사와 1998년 종단사태 시에는 원로회의 의장으로서 모든 종도의 의지처와 정신적 지주가 되어주셨습니다. 일생을 청정한 계행과 철저한 두타행으로 수행정진하신 큰스님께서는 1999년(80세) 4월 조계종 제10대 종정에 추대되어 종단의 안정과 화합을 위하여 심혈을 기울이셨습니다.

2001년(82세) 12월 31일 오전, 해인사 원당암 미소굴에서 문도들을 모아놓고 "인과가 역연 歷然하니 참선 잘 해라"고 당부하신 후 임종게를 수서 手書하시되,

我身本非有 아신본비유
心亦無所住 심역무소주
鐵牛含月走 철우함월주
石獅大哮吼 석사대효후

나의 몸은 본래 없는 것이요
마음 또한 머물 바 없도다.
무쇠소는 달을 물고 달아나고
돌사자는 소리 높여 부르짖도다

하시고 편안히 열반에 드시니, 세수 世壽는 82세가 되고 법랍 法臘은 56년이십니다.

2002년 1월 6일 해인사에서 5만여 사부대중이 운집하여 영결식을 종단장으로 엄숙히 거행하고 다비를 봉행하니, 86과의 오색영롱한 사리가 출현하였습니다.

목차

- 혜암성관대종사 진영, 화보
- 발간사 ǀ 성법(사단법인 혜암선사문화진흥회 이사장)
- 서　문 ǀ 원각(해인총림 방장)
- 혜암성관대종사 행장

제1부 출가 참선 대중을 향한 상당 법어

제2부 재가 참선 대중을 향한 상당 법어

일러두기

1. 『慧菴大宗師親筆法語集』(이하 〈친필사본〉으로 표기)을 기준으로 한다.

2. 『慧菴大宗師法語集』Ⅰ, Ⅱ(김영사, 2007)를 활용한다.

3. 集註는 출전과 용어 설명에 주력하고 법어의 의미 해석은 독자에게 맡긴다.

4. 상당법어의 제목은 새로 붙이지 않고, 연도순으로 배열한다.

5. 상당법어는 결제 대중을 대상으로 한 것에 한정하되, 출가 참선 대중과 재가 참선 대중으로 나눈다.

6. 시행 일시와 장소가 불분명한 법어는 본 상당법어집에 게재하지 않고 향후 진전된 연구를 기다리기로 한다.

7. 상당법어가 진행되는 상황을 형용하는 설명은 괄호로 처리한다.

8. 중요한 한자는 〈친필사본〉에 있는 대로 노출한다.

9. 문장 부호 등은 불교계 학회의 관행에 따른다.

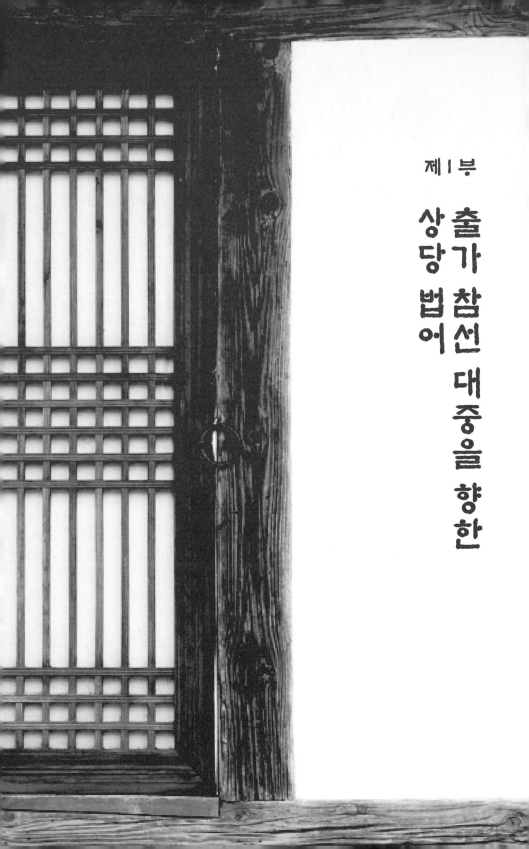

제1부

출가 참선 대중을 향한

상당법어

1986년 11월 16일

용도 : 동안거 결제 법어
출전 : 〈친필사본〉이 확인 안 됨[1]

(陞座良久하고 拈拄杖子卓三下云)

幻來從幻去 去來幻中人
幻中非幻者 是我本來身

南泉因趙州問호대 如何是道니고. 泉云호대 平常心이 是道니라. 州云호대
還可趣向否[2]이까. 泉云호대 擬向卽乖하니라. 州云호대 不擬爭知是道이리
까. 泉云호대 道不屬知하고 道不屬不知하니 知는 是妄覺이요 不知는 是無記
라. 若眞達不擬之道하여사 猶如太虛하여 廓然洞豁하리니 豈可强是非也리
오. 州於言下에 頓悟하다.

---

1) 이 대목의 법문은 『慧菴大宗師法語集』 I (김영사, 2007, 18~24쪽)에 실려 있지만 〈친필
   필사본〉이 확인되지 않는다. 계속 확인할 필요가 있다. 또한 많은 부분이 선배 조사 어록
   의 내용을 인용하고 있기 때문에 면밀한 조사가 필요하다.
2) 還可趣向否 : '還~否'는 의문형. '趣向'의 '向'은 방향보어. '(도를 알려고 그 쪽으로 마음
   을) 써 갈 수 있습니까?'의 뜻. 남전 보원 선사의 대화 이해는 물론 남종선의 마음공부 방
   법을 보여주는 중요한 대목으로 후세에 강력한 전통을 만들어간다. 그래서 축자적으로
   어기를 살려 번역해보았다.

無門曰호대 南泉被趙州發問3)하여 直得瓦解氷消할새 分疎不下로다.4) 趙州縱饒悟라도 更參三十年5)하여야 始得다 하시다.

頌曰호대
春有百花秋有月하니 夏有凉風冬有雪이라
若無閑事掛心頭하면 便是人間好時節이니라.6)

平常心이 是道라 하니 怜悧漢7)이 言下에 知하면 即得出身有分하리라. 雖然이나 時人이 自持天眞하야 不知無生之妙悟하니 豈能免輪廻之苦리오. 其原因則 一切衆生이 昧却自己本源自性하야 爲六塵緣慮8)하니, 即塵勞心之束縛하야 作業受苦하나니 此非平常心이라 即是顚倒習性業力이니 然則如何即是아. 着着하라. 大地本無事어늘 迷悟幾多人고.

絶學無爲閑道人은 不除妄想不求眞이라.9)
飢來喫飯困來眠이거늘 何必向外求道尋이리오.

貪世浮名은 枉功勞形이요 營求世利는 業火如10)薪이니라.
營求世利者는 有人詩에 云호되 鴻飛天末迹留沙요 人去黃泉名在家니라.

---

3) 南泉被趙州發問 : '남전 선사가 조주 선사의 질문을 받다'는 뜻.
4) 直得瓦解氷消할새 分疎不下로다. : '直得~'은 '~하는 지경에 까지 이르다'를 뜻하는 구어. '分疎'는 뒤에 부정을 나타내는 '不下' 또는 '不得'과 결합하여 '변명하지 못하다', '설명해내지 못하다'의 뜻. (제자 조주의 질문을 받고 스승 남전의 정신이 마치) 기와장이 물에 풀리고 얼음이 날 풀려 녹는 듯한 지경에 까지 이르러, 결국은 제대로 대꾸를 못했다는 무문 선사의 '평가'이다.
5) 三十年 : '일생' 또는 '한평생' 뜻함.
6) 南泉因趙州問호대~便是人間好時節이니라 : 이상은 『무문관』(平常是道조에 나오는 구절을 인용한 것이고, 혜암 대종사는 토를 단 것이다.
7) 怜悧漢 : 이때의 '漢'은 형용사 뒤에 붙어 명사화 한다. '~한 녀석', '~한 놈'의 어조.
8) 六塵緣慮 : 외6진[6경]과 내6진[6근]의 반연으로 생긴 것, 즉 뒤에 나오는 '塵勞心'을 지칭.
9) 絶學無爲閑道人은 不除妄想不求眞이라 : 『증도가』에서 인용해 온 구절.
10) 如 : 『선가귀감』에는 '加'로 되어 있음.

營求世利者는 有人詩에 云호되 採[11]得百花成蜜後에 不知辛苦爲誰甛고. 枉功勞形者는 鑿氷雕刻不用之功[12]也라.[13]

出家修道輩는 財色最先禁하라. 群居須愼口하고 獨處要防心하라. 明師常陪席하고 惡友勿同衾하라. 語當離戲笑하고 睡亦莫昏沈하라. 法如龜上木하고 身若海中筬이라. 回光眞樂事라 忍負好光陰이리오. 志願如山海하야 期超大覺醒하라. 擇師兼擇友하야 精妙更精明하라. 坐必參活句하고 行須不間斷하라.[14] 療身常一食하고 許睡限三更하라. 金書不離手하고 外典莫留情하라. 人世雖云樂이나 死魔忽可驚이라. 吾儕論實事이언정 安得尙虛名이리오.[15]

(喝一喝)

一生無伎倆 虛作白頭翁
鑽紙求眞覺 蒸沙立妄功[16]

(卓拄杖一下, 便下座.)

(자리에 올라가시어 한참 있다가 주장자를 들어서 법상을 세 번 구르시다.)

우리 중생이 幻으로 왔다가 환을 따라 모두 가버리니 가고 오는 것이 다 환 가운데의 사람입니다. 환 속에 환 아닌 것이 있으니 그것이 바로 나의 본래면목이요, 본래의 몸입니다.

---

11) 採: 『선가귀감』에는 '꿏'로 되어 있음.
12) 功: 『선가귀감』에는 '巧'로 되어 있고, 이어서 "業火加薪者는 黸弊色香致火之具也라." 는 구절이 있으나 혜암 대종사는 인용하지 않았음.
13) 貪世浮名은~鑿氷雕刻不用之功也라. 『선가귀감』에서 인용해 온 구절.
14) 『청허당집』 원문에는 "坐必向西坐, 行須視地行"으로 되어 있음. 선정일치를 유지해온 조선불교계의 전통을 비판하는 혜암 대종사의 입장으로 보여진다.
15) 出家修道輩는~安得尙虛名이리오. : 『청허당집』1권(示明鑑尙珠彦和諸門輩)에서 인용해 온 구절.
16) 『청허당집』1권에서 인용해 온 구절로, '天鑑禪子'에게 준 게송.

내가 나의 물건을 마음대로 줄 수 있고 남이 내 물건을 마음대로 뺏을 수 있으나 줄 수도 없고 어느 누구도 빼앗을래야 빼앗을 수 없는 한 물건이 있으니 이것이 무엇입니까? 항상 법문하여도 글자나 말만 다를 뿐, 이것밖에는 다른 법문이 없습니다. 그것이 무엇이겠습니까?

趙州 스님[17])께서 南泉 스님[18])께 물으시되,
"무엇이 道입니까?" 하니,
남전 스님께서 이르시되 "平常心이 도니라." 하였습니다.
조주 스님께서 물으시되 "도리어 긍정하십니까, 아니하십니까?" 하니,
남전 스님께서 이르시되 "마음으로 헤아린 즉 법을 어기느니라." 하였습니다.
조주 스님께서 물으시되 "헤아리지 아니하고 어떻게 이 도를 알 수 있습니까?" 하니,
남전 스님께서 이르시되 "도는 아는 데도 속하지 아니하고 모르는 데도 속하지 아니하니라. 아는 것은 망령된 깨달음이요, 알지 못하는 것은 無記니라. 만약 참으로 마음으로는 헤아릴 수 없는 도를 통달하면, 비유하건대 마치 太虛空과 같아서 확연히 탁 트이리니 어찌 가히 굳이 옳다 그르다 하리오." 하였습니다.
이에 조주 스님께서 言下에 몰록 깨달으셨습니다.

無門 스님[19])께서 평가하시어 가로되, "조주 스님이 남전 스님에게 물어서 바로 불속에 얼음 녹듯이 깨달았으나 아직 이것으로는 만족하지 못하다. 조주 스님이 비록 깨달았다 하더라도 다시 30년을 참구하여야 비로소 옳다 할 것이다."라고 하셨습니다.

---

17) 趙州 스님 : 조주 종심(778~897) 선사는 남전 보원 선사의 제자. 문집으로 『조주록』이 유통되고 있음.
18) 南泉 스님 : 남전 보원(748~834) 선사는 남악 회양 선사의 제자. 육조 혜능-남악회양-마조 도일-남전 보원-조주 종심으로 이어지는 전등 계보.
19) 無門 스님 : 무문 혜개(1183~1260)는 남송대의 선승으로 『무문관』을 남겨 후세 선 불교 독서계에 많은 영향을 미쳤다.

왜 그렇게 말하셨겠습니까? 단도직입이라야 합니다. "平常心是道다."라고 말하였을 때 바로 즉시 깨달아 버렸어야하는데, 이렇게 저렇게 물어서 깨닫게 되었으므로 그러한 깨달음으로는 힘이 미약하기 때문에 30년을 더 닦아야 된다고 하신 것입니다.

무문 스님이 頌하여 가로되

봄에는 온갖 꽃이 피고 가을에는 밝은 달이 뜨고
여름에는 시원한 바람이 불고 겨울에는 흰 눈이 내리네.
만약 쓸 데 없는 일에 신경 쓰지 아니하면
문득 이 사람이 인간 세상의 좋은 시절을 만난 것이니라.

산승이 인천 용화사 法寶禪院에서 안거에 들었을 때 있던 일입니다, 모 비구니 스님이 대중공양을 올린 후 본인이 직접 법문 할 수 있도록 田岡 조실 스님에게[20] 허락을 받고 신도님 전에서 법문하는데 산승이 듣자하니, '평상심이 도'라는 법을 편견에 따른 분별심으로 집착하여 말하는 것이었습니다.

견성한 분상에서는 과실이 없지마는 범부의 입장에서 말하면 자연외도[21]라고 합니다. 언어도단이나 불가피하게 말하자면, '평상심이 도'라는 것은 造作이 없고 是非가 없고 取捨가 없고 斷常[22]이 없으며 범부와 성인이 없는 것이니, 진실하게 정진하여야 합니다.

'평상심이 도'라고 하니 영리한 사람이 언하에 알면 바로 해탈할 수 있는 것입니다. 그러나 세상 사람들은 스스로 天眞面目을 가지고 있으면서 無生

---

20) 田岡 조실 스님 : 전강 대우(1898~1975) 선사는 전남 곡성 출신으로 해인사 제산 선사에게 득도. 『전강법어집』이 있음.
21) 자연외도 : 불교에서는 '인연'을, 유교에서는 '오상'을, 도교에서는 '자연'을 각각 숭상한다. 자연이란 일체의 인위적인 노력을 배제하고 있는 그대로를 진라고 주장하는 것으로 불교에서는 이를 외도라고 배척한다.
22) 斷常 : 단견과 상견.

의 묘한 이치(깨달음)를 알지 못하니 어찌 능히 생사윤회의 고를 벗어나겠습니까? 그 원인은 일체중생이 자기의 본래 근원된 자성을 昧却하여[23] 無明 六識을 반연하여 생각을 삼아 곧 塵勞心(分別妄想·無明心)에 얽혀서 업을 지어 고를 받는 것이니 이것은 평상심이 아닌 것입니다. 곧 뒤바뀐 생각의 습성 업력이니, 그렇다면 어떤 것이 옳은 것이겠습니까? 잘 살피고 살핍시다. 불가피하게 말하자면 大地가 본래 일이 없거늘 깨달은 사람과 깨닫지 못한 사람이 몇이나 되겠습니까.

배움을 끊은 한가한 도인은
망상을 제거할 것도 없고 眞을 구할 것도 없는지라.
배고프면 밥 먹고 잠 오면 잠자는 것을
어찌 하필이면 마음 밖을 향하여 도를 구한단 말입니까.

산승이 하동 칠불암에서 안거 중에 있었던 일입니다. 쌍계사 受戒山林에 證師로 갔더니 강진 백련사 선원대중이 비구수계를 하기 위해 와서 말하기를, "모 선사님에게서 '禪答을 받지 못하면 入寺를 금한다(백련사로 다시 오지 말라)'는 엄명을 받아 왔습니다."고 하면서 봉투를 주었습니다.

개봉하니 백지 가운데 冬栢一葉을 발견하게 되었습니다. 수좌들에게 "그렇다면 불가피하게 입사하게 하여 주겠다."하고 일구를 써서 답했습니다.

"設使 一葉이라도 三十棒이요, 雖然이나 一葉이 十方春이라."

그렇게 써서 보냈더니 그 후 재차 서신상으로 "如何是生死解脫입니까?" 라고 물어 와서, "以上不犯하리라." 하고 생각하여 擧量을 거절하였습니다.

수도자는 진실이 제일이니 대오로 법칙으로 삼아 역시 정진하여야 합니다. 정진, 두 글자가 成佛之母라 아니할 수 없습니다.

---

23) 昧却하여 : '~을(에) 미혹하다'의 뜻.

세상의 허망한 이름을 탐함은 쓸데없이 몸만 괴롭히는 것이고, 몸을 이롭게 하기 위하여 세상의 이익을 구하는 것은 업장의 불 속에 마른 섶을 더 보태는 것과 같습니다.

세상의 허망한 이름을 위하여 욕심을 내는 것을 고인이 비유하여 말씀하셨습니다. "기러기는 하늘 멀리 날아갔으나 발자취는 모래 위에 남아 있고, 사람은 황천객으로 갔으나 아직 이름은 집에 있더라." 세상의 이익을 구하는 것을 고인이 비유하여 말씀하셨습니다. "벌이 온갖 꽃에서 꿀을 따다가 가득 실은 후에 그 고생한 것도 아랑곳없이 누가 먼저 이 꿀을 먹는가."
　그릇되게 몸을 괴롭히는 것은 얼음을 조각하여 예술품을 만들려고 하는 것과 같아서 쓸데없는 일인 것입니다. 업장의 불속에 마른 섶을 보탠다는 것은, 모든 물건이 우리를 좋게 해주는 것 같아도 욕심의 불을 더 치성하게 하는 재료가 될 뿐인 것입니다.[24]

　출가한 修道大衆은 財色을 가장 먼저 멀리 금하고 대중처소에서는 모름지기 입을 조심하며, 혼자 살면서는 번뇌 망상의 도적을 막아야 합니다. 고명한 스승을 항상 모시고 섬기며 악한 벗은 같은 이불을 덮지 말 것이며, 말을 할 때는 마땅히 희론하여 웃지 말고, 잠자되 또한 마음 놓고 자지 말아야 합니다. 正法 活句을 만나기는 바다에서 거북이가 나뭇조각에 오르는 것과 같고, 사람 몸 받기는 바다 속에서 바늘 찾는 것과 같이 어려운 일입니다.
　廻光反照하는 것이 참으로 즐거운 일이라, 모든 것을 참지 아니하고 어찌 좋은 세월을 헛되이 보내려고 합니까? 뜻과 원은 높은 산과 같이 세우고 넓은 바다와 같이 아량을 베풀어서 究竟의 大覺을 이루는 데 기어이 뛰어올라 갑시다.

---

24) 이 문단은 앞에서 인용한 『선가귀감』의 원문을 혜암 대종사께서 의미만을 추려서 번역한 것임.

스승을 가리고 벗을 가려서 자세하고 묘하고 밝은 법을 깨달을 것이며, 앉아서는 반드시 활구를 참구하고 행할 때는 모름지기 간단없이 공부지어 가야하며, 몸을 도와주는 데는 하루 한 때만 먹고, 잠은 밤 열두시가 넘어서는 자지 말라 하였습니다.

경전을 여의지 말고 외도의 서적은 마음에 두지 말아야 합니다. 사람들이 세상의 낙을 비록 즐겁다고 하나 죽음이라는 마군이 문득 괴롭혀 놀라게 할 때가 있을 것이니, 우리 모두 本分事[25]를 논할지언정 어찌 헛된 이름을 숭상하겠습니까.

(한 번 할을 하시다.)

평소 아무 것도 한 것이 없이
헛되이 머리 흰 노인이 되었도다.
八萬의 장경만을 보아 眞覺을 구하고
모래를 쪄 밥을 만들려고 하는 망령된 공만 쌓았구나.

(주장자를 세워 한 번 구르고 곧 자리에서 내려오시다.)

佛紀 2530년 11월 16일. 陰 10월 15일.

---

25) 本分事 : 앞에서 한문으로 기록한 '實事'를, 이곳에서는 '本分事'로 고쳤음. 本分은 자신에게 부여된 본래의 자기 몫. 본분사는 자신에 부여된 자신만의 일. 수행은 남이 대신해 줄 수 없음을 의미.

2

1987년 12월 5일

용도 : 동안거 결제 법어
출전 : 〈친필사본〉①1~3쪽

(陞座良久하고 擧拄杖子一下云)

結時에 結無이오 解時에 亦無解로다.
結解俱分明하면 行無知行하고
坐不知坐하여 處處無碍로다.

不作一兮物이 名爲作道요
不見一兮物이 名爲見道요
不修一兮物이 名爲修道요
不得一兮物이 名爲得道니라.

山僧[26]恁麼도 鄕關萬里이니 假使棒與雨點하고 喝似雷霆이라도 向上一
路[27]는 即不敢斟酌이로다. 三世諸佛도 只可自知오 歷代祖師도 全提不起이

---

26) 山僧 : 수행승이 자신을 낮추어 부르는 1인칭대명사. 여기서는 혜암 대종사 자신을 지칭.
27) 向上一路 : 『경덕전등록』 권제7 〈반산보적〉조에 "向上一路千聖不傳, 學者勞形如猿捉
影."이라는 말이 등장하여 선어록에 자주 인용. '끝없이 초월하는 한 길'의 뜻으로 일체

며 一大藏敎도 詮注不及이니 明眼衲僧도 持出不得이니라.[28] 向上一路는 千聖도 不傳이니라.[29] 以故로 句外에 明宗하고 機外에 明旨라야 始得이로다. 到這裏하여는 纖毫有佛見法見하면 箭過西天[30]이니라.

畢竟에 如何오?

(頌云)

撒手到家人不識인대 一輪明月掛窓前이로다.

若未透祖師關인댄 抑不得已하야 九旬安居中에 更加發大信心大疑心大勇猛心하여 頓入無心三昧하면 如木人相似하여 心身頓忘處에 豁然大悟하면 永劫不昧하여 生死解脫하며 廣度衆生하야 作人天大福田하리니 切須勉之어다. 諸法이 從本來로 常自寂滅相이라 佛子行道已하면 來世得作佛하리라[31]. 魚行水濁이오 鳥飛毛落[32]이로다.

(頌云)

의 사량분별과 자취 없음을 비유하는 말

28) 임제의 '喝'과 덕산의 '棒'이 선어록에 등장하면서, 상당법어를 시작할 때에 자주 활용되었다. 대표적으로 『벽암록』의 다음 구절을 들 수 있다. "垂示云. 乾坤窄, 日月星辰一時黑. 直饒棒如雨點, 喝似雷奔, 也未當得向上宗乘中事. 設使三世諸佛, 只可自知. 歷代祖師, 全提不起. 一大藏敎詮注不及, 明眼衲僧自救不了. 到這裏, 作麼生請益."

29) 이 구절은 『벽암록』제3칙 본칙 평창에 거량된 화두로, 원래는 『전등록』(반산보적)조에 등장. '向上一路'는 '끊 없이 초월하는 외 길'의 뜻. 일체 흔적이 사라진 경지.

30) 箭過西天 : 화살이 과녁을 적중하지 못하고 전혀 다른 쪽으로 벗어난 것에 비유하여, 대답이나 행동이 잘못되었음을 뜻함. '箭過新羅'로도 사용됨.

31) 『법화경』 사구게로 조선의 경우는 각종 의례문에 사용되어왔다.

32) 魚行水濁, 鳥飛毛落 : 어느 선사가 처음 사용한지 모를 정도로 선어록에 자주 등장한다. 무심하지 못하고 마음이나 행동에 티가 남는 것을 비유함. 조선 이후 이 지역에서는 『선문염송』(130, 184, 759, 1207, 1375, 1442話)에 등장하는 수많은 선사들의 거량을 통해 접했다. 서산 대사의 『선가귀감』에는 "僧問趙州, 如何是祖師西來意. 州答云, 庭前栢樹子. 此所謂格外禪旨也. 魚行水濁, 鳥飛毛落." 격외의 선 도리 조차도 넘어서는 무심을 강조한다.

不到最高峰이면 爭知許多事이리오.

(喝一喝 後에 便下座하다.)

(법좌에 올라 양구하고 주장자를 들어 한 번 내려치고 이르되)

결재하여 맺을 때에도 맺음이 없고 풀 때에도 풀음이 없도다. 맺고 풀음
을 함께 분명히 하면 가도 가는 것을 아지 못하고 앉아도 앉음을 아지
못하여 곳곳에 참으로 걸림이 없도다.
　한 물건도 짓지 아니함을 이름하여 도를 지음이라 하고
　한 물건도 보지 아니함을 이름하여 도를 본 것이라 하고
　한 물건도 닦지 아니함을 이름하여 도를 닦는다 하고
　한 물건도 얻지 못한 것을 이름하여 도를 얻은 것이라 하나니라.

　산승이 이렇게 하는 것도 본 고향하고는 거리가 먼 것이니, 가사 아무리
'방' 쓰기를 비 오듯 하고, '할'을 하기를 우레 소리 같이 하더라도 '향상일
로'는 감히 짐작도 못하는 것이니라. 삼세 제불도 자기만 알 것이요, 역대
조사도 온통 드러내지는 못하는 것이며, 팔만대장경으로도 주를 붙이지
못하고, 눈 밝은 납자라 해도 이것을 집어내지는 못하느니라.
　이 향상일로는 모든 성인도 전하지 못하는 것이니, 한 마디 밖에 근본을
밝히고 한 기틀 외에 종지를 밝혀야사, 비로소 되는 것이다. 여기에서 만일
털끝만치라도 '佛見'이나 '法見'이[33] 있다면 화살은 벌써 서쪽 하늘로 지나
가 버린 것이니라.
　필경에 어떤 것인가?

---

33) '佛見'이나 '法見' : 부처가 있다는 견해 또는 진리가 있다는 견해. 그 밖에도 戒見, 多聞
　　見 등의 용례도 있는 데, 이 모두는 티 있는 것으로 수행에 방해가 된다고 한다. 『대보적
　　경』 권제2 (律儀會) 부분에 자세한 내용이 나온다.

(송하여 이르되)

손을 털고 집에 오니 사람들은 몰라보나
둥글고 밝은 달은 창문을 비치어주네.

만일 조사관을 꿰뚫지 못하였으면 또한 부득이 해서 구십일 중에 대신심
과 대의심과 대용맹심을 더욱더 내어 몰록 무심삼매에 들어가 나무 사람이
나 돌 여자 같이 마음과 몸을 몰록 잊어버리는 곳에서 활연대오를 하면
영겁에 매하지 아니하여 생사 해탈하며 널리 중생을 제도하여 인간 천상에
큰 복 밭이 되리니 간절히 힘써 노력할지어다.
　　모든 법이 근본으로 쫓아오므로 항상 적멸한 모습이니라. 불자가 도를
행하여 마치면 돌아오는 세상에 부처가 되리라. 고기가 지나가니 물이 흐리
고 새가 나니 털이 떨어지도다.

(송하여 이르되)

최고봉에 이르지 못했으면
어떻게 허다한 일을 알 것인가.

(할을 하고 하좌하다.)

정묘년(1987) 동안거 결제

3

1990년 12월 1일

용도 : 동안거 결제 법어
출전 : 〈친필사본〉①4~5쪽

生死解脫到彼岸이여 浮生人間不相干하며
爲法忘軀加精進하여 此身透案得涅槃을.

彼此將幻身으로 俱生於幻世로대
如何幻幻中에 復與爭幻事리오.

行住坐臥間에 寸景莫虛擲하야
勇猛加勇猛하며 如我本師釋하라.

幻人來入幻人鄉하야 七十餘年作戲狂이라
弄盡人間榮辱事하고 脫僧傀儡上蒼蒼을.

來與白雲來하고 去隨明月去하니
去來一主人이여 畢竟在何處오?

衆苦不到處에 別有一乾坤이라
且聞是何處오 大寂涅槃門이로다.

生死無盡日하며 去來幾多時오?
自有不錯路이면 行之卽涅槃을.

莫與心爲伴하라 無心心自安이라.
若將心作伴하면 動卽被心謾을.

此心本自離邊際한대 爭奈時人局限何아?
況著區區陰界리오 看來不免笑呵呵로다.

松筠節操凌霜雪커니 水月精神豈染塵가?
莊哉深包大夫志하야 須訪名山作主人을.

*****34)

生死解脱到彼岸이여 浮生人間不相干하며
爲法忘軀加精進하여 此身透案得涅槃을.

彼此將幻身으로 俱生於幻世로대
如何幻幻中에 復與爭幻事리오.

行住坐臥間에 寸景莫虛擲하야
勇猛加勇猛하며 如我本師釋하라.

---

34) 이상은 〈친필사본〉①4쪽이고, 이하는 〈친필사본〉①5쪽이다. 내용에 중복되는 부분이 있다.
혜암 대종사께서 당시 실제 법문에서 어느 부분을 사용했는지는 확인할 필요가 있다.

禪學妙方別無有하야 勇猛精進四字頭라.
若人忘軀臨鐵壁하면 不借一拳倒須彌로다.

莫與心爲伴하라 無心心自安이라
若將心作伴하면 動卽被心謾을.

此心本自離邊際한대 爭奈時人局限何아?
況著區區陰界리오 看來不免笑呵呵로다.

松筠節操凌霜雪커니 水月精神豈染塵가?
莊哉深包大夫志하야 須訪名山作主人을.

佛紀 2534년 陰 10월 15일.
三冬結制日
於三笑窟 慧菴 謾說

4

1993년 9월 1일

용도 : 하안거 해제 법어
출전 : 〈친필사본〉①6~7쪽

結時에 結無結이요 解時에 亦無解로다. 結解俱分明하면 行不知行하고 坐不知坐하야 處處眞無碍로다.

맺을 때에 맺는 것이 없이 맺고 풀 때에 푸는 것도 없도다. 맺고 푸는 것을 모두 분명히 안다면 가도 가는 것이 없고 앉아도 앉은 것이 없으며 곳곳 어디서나 眞이 걸림이 없도다.

本地家風35)에 있어서는 결제니 해제니 하는 말이 잠꼬대에서 하는 말이다. 마음의 눈을 뜨지 못한 사람들의 분상에서는 禪定을 닦기 위하여 있을 뿐인데, 해제라 하면 자유스럽게 쉬라는 뜻이 아니라. 여기서 못하였던 공부를 선지식 찾고 좋은 도반 찾고 좋은 처소 찾아가서 보다 더 공부를 잘하기 위한 해제인 줄을 알아야 합니다.

(拄杖子一下.)

---

35) 本地家風 : '본지'는 '본래'의 뜻으로 인연에 의해 만들어지기 이전의 본바탕.

이것이 맺음인가, 이것이 푸는 것인가?36)

(拄杖子一下.)

맺음도 또한 可히 얻지 못할 것이요.
풂도 또한 可히 얻지 못할 것이요.
이미 다 얻지 못할진대 畢竟是什麽?37)

(喝一喝.)

山上에 白雲過하고 巖下에 淥水聲이로다. 死中有活이 未是活人이요 活中有死는 未是死人이니, 死中常死는 正是活人이요 活中常活이 正是死人이니라. 恁麽去하면 便會得三世諸佛은 地獄滓요 一切衆生은 妙覺尊이라. 歷代祖師와 天下善知識이 向什麽處去오?

(拄杖子一下.)

生來便悲啼하고
死去默默客이로다.38)

산 위에 흰 구름이 지나가고 바위 앞에 맑은 물소리라. 죽음 가운데 삶이 있음은 산 사람이 아니요, 삶 가운데 죽음이 있음도 죽은 사람이 아니다. 죽음 가운데 항상 죽은 것이 참으로 산 사람이요, 삶 가운데 항상 산 것이 참으로 죽은 사람이다. 이렇게 가면 삼세의 모든 부처님은 지옥의 찌꺼기

---

36) 맺을 '結' 자와 풀 '解' 자를 활용한 법문은 『나옹화상어록』(상당법어) 등장 후, 조선에서도 자주 애용됨.
37) 畢竟是什麽 : 한글로 번역하면 "결국은 무엇인가?"라는 뜻으로, 한 마디 먼저 던져놓고 상대의 반응을 추궁하는 것. 반응이 없자 혜암 대종사가 이하에 대신 대답.
38) 生來 : '生來'의 '生'은 동작을 지속시키는 방향보어. '死去'의 '去'도 동일한 용법.

요, 일체중생은 미묘하게 깨친 부처님이다. 역대 조사와 천하 선지식이 어느 곳으로 갔는가?

(주장자를 한 번 치고)

올 때에는 슬피 울고
갈 때에는 묵묵한 나그네로다.

法界衆生過百年이나 此心無見夢中眼이라
淸淨法身外求遠가 公案打破在目前이로다.

온 누리 중생들이 백 년을 살지라도
이 마음 보지 못하면 꿈속에 잠꼬대로다.
청정 법신을 밖으로 구할 것인가
의심을 타파할 때 눈앞에 있도다.

伽倻消息誰能說이냐 白雲去來山不動이요
莫道此時玄妙旨하라 說法聽法古道通이로다.

가야산 소식을 누가 능히 말하랴.
흰 구름 오고 가나 산은 동함이 없네.
이때 현묘한 뜻을 말하지 말라.
법을 설하고 듣는 데 옛 길이 열리도다.

佛紀 2537년(1993)년 9월 1일. 陰 7월 15일.
海印叢林 副方丈 慧菴

5

1993년 11월 28일

용도 : 동안거 결제 법어
출전 : 〈친필사본〉①8~10쪽

(拈拄杖子하여 良久云)

結制解制는 此是佛勅이라 古今不別이니 昔日靈山이 卽今日伽倻요 今日伽倻가 卽昔日靈山이라. 世尊은 拈花示衆[39]하시고 今日山僧은 拈拄杖子하여 示衆하니 世尊의 拈花示衆과 같은가 다른가?

(대중의 답이 없으므로 스스로 대답해 말을 하기를)[40]

金襴之外更何傳가 倒却門前刹竿著하니[41]

---

39) 拈花示衆 : 이 고사는 『경덕전등록』(석가모니불)조에 등장하고, 『선문염송』(5. 拈花話)에 많은 선승들의 송고가 소개되면서, 조선 이후 고승들의 법어에 자주 인용됨.

40) 법주가 상대에게 질문을 던졌을 경우 상대가 답이 없거나 못하면 대신 답하는 것을 頌古의 형식으로 '代'라고 한다. 대답은 있었지만 그와는 다른 측면에서 대답하는 것은 '別'이라 한다. 남의 이야기를 끌어들여 자기 이야기의 話柄을 삼는 것을 '擧' 또는 '拈'이라 하고, 남의 말에 평가를 내리는 것은 '評'이라 하고, 운문조로 게송을 붙이는 것을 '頌'이라 하고, 설법 시작 첫 머리에 화제를 던지는 것을 '垂示'라 한다. 혜암 대종사의 상당법어는 이런 형식을 자유자재로 활용하니, 독자들은 살펴 읽어야 한다.

41) 이 고사가 최초로 등장하는 것은 『역대법보기』로서 그 후 각 시대마다 여러 傳燈史書

入夜雪風吹大緊하야 滿天星彩月中寒이로다.

鐵樹開花未爲妙요 寒灰發燄亦奇哉로다[42]
路逢死蛇莫打殺하고 無底籃子盛將歸어다.[43]

水山山水水山空은 卽不問이어니와 如何是衲僧行履處오?

(良久)

明月淸風自去來한데
庭前松柏万年靑이로다.

靈山會上에 世尊이 拈花示衆하시니 迦葉이 破顔微笑라. 世尊이 云하사
吾有正法眼藏 涅槃妙心하야 付囑摩訶迦葉하노라 하시다.[44]

山僧이 云하되 世尊은 但知其一이오 不知其二며, 迦葉은 但知其二요 不知
基一이니, 高天星月雙光輝하고 大厚地底二輪紅이로다. 正法眼藏 涅槃妙心
은 是什麼乾屎橛고?[45]

에 자주 등장하는 고사이다. 조선의 경우는 『선문염송』이 보급된 이후 이 책에서 주로
인용하고 있다. 물론 『전심법요』와 『벽암록』과 『무문관』 등에도 이런 내용의 구절이
있으니, 혜암 대종사께서 『선문염송』에서 인용했다고 단정할 필요는 없다.
42) 영명 연수 선사의 『註心賦』에 등장하는 注로서, 고려 후기 영명 연수의 영향 이후 조선
의 선가에서 많이 인용하는 구절. 그곳에서는 "亦如枯樹生華, 寒灰發燄矣."로 되어 있
으나 의미는 동일.
43) 『경덕전등록』(홍주불일)조에 등장하는 구절로, 협산 선사가 불일 선사의 차 따르는 모
습을 보고 내린 촌평.
44) 이 고사는 『대반열반경』 제2권의 내용을 가려 뽑아 온 말인데, 역시 『선문염송』(5. 拈花
話)의 유행과 함께 조선 이래 선승들의 법어에 자주 등장.
45) 이 대목은 기존의 평창과는 다른 입장에서 혜암 대종사께서 수행자를 지도하기 위하여
다른 입장에 이야기를 비틀어 그들을 시험하는 대목.

(卓拄杖子一下云)

青山自不動하고 白雲自去來로다.

(喝一喝, 遂下座.)

佛紀 2537년 陰 10월 15일 結制日

(법상에 올라 주장자를 잡고 한참 묵묵한 후에 말하였다.)

결제 해제는 부처님의 법칙이라 고금이 다름이 없으니, 옛날 영산이 오늘의 가야산이요, 오늘의 가야가 옛날 영산회상이다.

(주장자를 잡아 일으켜 대중에게 보이고 이르되)

옛날 영산회상에서 세존이 꽃을 들어 대중에게 보이고, 오늘 산승이 주장자를 잡아 대중에게 보이니, 세존의 꽃을 들어 대중에게 보인 것과 같은가 다른가?

(대중이 말이 없으므로 스스로 대답해 말하기를)

금란 가사 말고 무엇을 전했나?
문 앞의 찰간을 꺼꾸러뜨리노니,
밤이 되자 눈바람 크게 불어서
하늘 가득히 별빛이 달 속에 차네.

무쇠 나무에 꽃이 핌은 묘함이 되지 못하나
찬 재에서 불꽃이 일어남은 또한 기이하도다.
길에서 죽은 뱀을 만나거든 때려죽이지 말고
밑바닥 없는 광주리에 담아 가지고 돌아오라.

물이 산이 되고 산이 물이 되니
물과 산이 공한 것은 묻지 않거니와
어떤 것이 납자의 행동하는 곳인가?

(한참 묵묵한 후 말하되)

명월청풍은 스스로 오고 가는데
뜰 앞의 송백은 항상 푸르도다.

영산회상에서 부처님께서 꽃을 들어 대중에게 보이시자, 가섭 존자가
얼굴을 가득히 미소 지으니, 부처님께서 말씀하셨다. "나에게 정법안장 열
반묘심이 있으니 그것을 대가섭에게 부촉하노라."

세존은 그 하나만 알고 둘은 모르며,
가섭은 둘만 알았지 그 하나는 모르니,
높은 하늘 별과 달의 두 빛이 빛나고
두터운 땅 아래 둥근 해가 붉도다.

정법안장 열반묘심은 이 무슨 마른 똥 막대기인고?

(주장자를 한 번 내려치고 말하였다.)

청산은 스스로 동하지 않고
백운은 스스로 오고 가도다.

(한 번 할을 하고 자리에서 내려오다.)

佛紀 2537년 11월 28일. 陰 10월 15일.

6

1993년 12월 12일

용도 : 동안거 시월 그믐 법어
출전 : 〈친필사본〉①11~15쪽

(拈拄杖하여 良久云)

丈夫將欲敵生死인댄 徑截疑團著意疑하라.
到此若生些子念하면 轉頭46)鷂子過新羅47)로다.

參禪無別事이니 當人勇猛工이라.
驀然48)忘性命49)하면 法法一毫通이로다.

(주장자를 들고 한참 묵묵한 후 이르기를)

---

46) 轉頭 : '轉頭換腦' 또는 '轉頭換面'의 생략형. '머리를 돌리다', '생각을 굴리다', '사량분별하다'의 뜻. 남종선 특히 화두 참구 수행에서는 금기시함.

47) 鷂子過新羅 : '새 사냥하는 송골매는 저 멀리 신라 땅으로 날아가버렸다'고 번역되는데, 핵심에서 멀어졌다는 뜻. '箭過新羅'로도 사용. '鷂子'나 '箭'이나 모두 사냥할 때 사용하는 도구. 같은 게송이 229쪽에도 나옴.

48) 驀然 : '정면으로', '홀연히'. 언행을 무심하게 할 것을 주문할 때 사용하는 표현.

49) 性命 : 목숨.

대장부가 나고 죽음을 대적하고자 할진대
화두에 의심을 일으키되 애쓰고 노력하라.
이에 있어 추호도 딴 생각을 내면
공부는 썩 멀어지고 동떨어지리라.

참선은 원래 별다른 일 없고
본인의 용맹정진 하는 일이라.
생명을 돌아보지 말고 곧장 나아가면
일체 모든 법이 한 터럭으로 통하리라.

潙山 스님께서50) 하루는 香嚴 스님에게51) 물으셨다.52)
"그대는 百丈 스님의 처소에 살면서, 하나를 물으면 열을 대답하고 열을 물으면 백을 대답했다고 하던데 이는 그대가 총명하고 영리하여 이해력이 뛰어났기 때문일 줄 안다. 그러나 바로 이것이 생사의 근본이다. 부모가 낳아주기 전 그대의 본래면목에 대해 한마디 말해 보아라."
향엄 스님은 질문을 받고는 말문이 막혀버렸다. 방으로 되돌아와 평소에 보았던 책을 뒤져가며 적절한 대답을 찾으려고 애를 써보았으나, 끝내는 찾지 못하였다. 그래서 그는 스스로 탄식하여 말하였다.
"그림 속의 떡은 주린 배를 채워주지 못한다."
그런 뒤로 향엄 스님은 이윽고 평소에 보았던 책들을 태워버리면서 말하였다.
"금생에서는 더 이상 불법을 배우지 않으리라. 이제부터는 그저 멀리 떠돌아다니면서 얻어먹는 밥중 노릇이나 하면서 이 몸뚱이나 좀 편안하게

---

50) 潙山 : 위산 영우(771~853). 백장 회해 선사의 제자로서 훗날 제자 앙선 혜적과 함께 선풍을 날려 위앙종의 일가를 이룸. 호남성 대위산에 주석하면서 앙산 혜적, 향엄 지한, 영운 지근, 왕경초 등 유명한 제자를 제접.

51) 香嚴 : 향엄 지한(?~898). 어린 시절 백장 회해 문하에 출가했으나 백장 선사가 입적하고 나서는 위산 영우 선사를 만나 그의 법을 이었다.

52) 이하의 한글 번역은 『위앙록』(백련선서간행회, 장경각, 1989, 53~57쪽)에서 인용해 온 구절. 원문은 『담주위산영우선사어록』(대정장47)에 실림.

지내리라."

이리하여 눈물을 흘리며 스님을 하직하였다.

곧바로 南陽 지방을 지나다가 慧忠 國師의[53] 탑을 참배하고는, 마침내 그곳에서 쉬게 되었다. 하루는 잡초와 나무를 베다가 우연히 기왓장 한 조각을 집어던졌는데, 그것이 대나무에 딱 부딪치는 소리를 듣고는 단박에 깨닫게 되었다.

향엄 스님은 급히 처소로 돌아와서 목욕 분향하고 멀리 계시는 위산 스님께 절을 올리고는 말하였다.

"스님의 큰 자비여! 부모의 은혜보다 더 크십니다. 만일 그때 저에게 말로 설명해 주셨더라면 어찌 오늘의 이 깨달음이 있을 수 있겠습니까."

이에 게송을 읊었다.

一擊忘所知하니 更不假修時로다
動容揚古路하니 不墮悄然機로다.

處處無蹤跡하고 聲色外威儀니
諸方達道者는 咸言上上機를.

딱 소리에 알던 바를 잊으니
다시는 닦을 필요 없게 되었네.
덩실덩실 옛 길을 넘나드니
초췌한 처지에 빠질 리 없어라.

곳곳에 자취를 남기지 않고
빛과 소리를 벗어난 몸짓이니

---

53) 慧忠 國師 : 남양혜충(?~775). 6조 혜능의 법을 이음. 『경덕전등록』에 많은 기사가 실린 것으로 보아, 송대 이후의 선종사 평가와는 달리 이 책이 만들어지던 당시 높이 평가되고 있었음을 알 수 있다.

제방의 도를 아는 이들은
모두가 상상기라 하더라.

스님께서 들으시고는 仰山 스님에게 "향엄이 확철대오했구나." 하시자,
앙산 스님은 "이 게송은 알음알이로 따져서 쓴 것입니다. 제가 직접 확인해
볼 터이니 기다리십시오."라고 하였다. 앙산 스님이 그 후 향엄 스님을
보고 말하였다.
"스님께서 사제가 깨달은 일을 칭찬하셨는데, 그 일을 한 번 말해보게."
향엄 스님이 일전에 읊었던 게송을 다시 들먹이자 앙산 스님이 말하였다.
"이는 지난 번 일을 기억으로 말하는 것이네. 정말로 깨쳤다면 달리 설명
해보게."

향엄 스님이 또 게송을 지어 말하였다.

去年貧은 未是貧이오 今年貧이 始是貧이라.
去年貧은 猶有卓錐之地더니 今年貧은 錐也無로다.

지난해 가난은 가난이 아니고
금년의 가난이 진짜 가난이네.
작년의 가난은 바늘 꽂을 땅이라도 있더니
금년의 가난은 바늘마저 없구나.

앙산 스님이 말하였다.
"如來禪은 사제가 알았다고 인정하겠네만 祖師禪은 꿈에서도 보지 못하
고 있군."

향엄 스님은 다시 게송을 지어 말하였다.

我有一機하야 瞬目示伊로다.
若人不會면 別喚沙彌리오.

나에게 한 기틀 있어
남에게 눈을 깜빡이는 사이에 그것을 보내
이 이치를 깨치지 못하는 자에게
더 이상 사미라 부르지 말지어다!

앙산 스님은 이에 스님께 보고드리고 말하였다.
"반갑게도 智閑 사제가 조사선을 알았습니다."

*****54)
玄覺(665~713) 스님이 말하였다.
"말해보라! 여래선과 조사선이 나뉠 수 있는지 없는지."

長慶 慧稜(854~932) 스님은 말하였다.
"한꺼번에 눌러버렸다."

雲居 淸錫 스님은 따져 물었다.55)
"대중 가운데서 여래선은 얕고 조사선은 깊다고 생각하는 향엄 스님의 경우, 당시에 어째서 무엇이 조사선입니까 하고 묻질 않았을까? 이 한 마디를 질문하였더라면 어느 곳에 조사선이 있으랴?

---

54) 이하 세 명(玄覺, 長慶, 雲居)의 착어까지는 『위앙록』(선림고경총서)에서 인용한 내용. 한편, 이상의 화두는 『선문염송』(598. 去年話)에도 등장하는데, 그곳에는 위 세 명의 착어 말고도 많은 선사들의 착어가 소개되어 있음.
55) 따져 물었다: 원문은 '徵'으로 알면서도 추궁하는 질문. 거량의 독특한 형식의 하나.

*****56)

信得家中如意寶하라 生生世世用無窮이라
雖然物物明明現이나 覓則元來卽沒蹤이로다.

집안에 있는 여의보를 믿어라.
세세생생에 그 작용이 무궁하다.
비록 모든 물건에 분명히 나타나나
찾아보면 원래 그 자취 없다.

人人有介大神珠하야 起坐分明常自隨라
不信之人須着眼하라 如今言語是爲誰오.

누구에게나 이 큰 신주 있어
서거나 앉거나 항상 분명히 따르네.
믿지 않는 사람은 부디 자세히 보라.
지금 이렇게 말하는 그것은 무엇인가.

(喝 一喝. 遂下座하다.)

癸酉 冬安居 陰 10월 29일. 陽 12월 12일.

---

56) 이하의 게송은 혜암 대종사께서 『위앙록』과 입장을 달리하여 지으신 것으로, 이런 착어
   의 형식을 '別'이라 한다.

1

1993년 12월 27일

용도 : 동안거 동짓달 보름 법어
출전 : 〈친필사본〉①16~19쪽

山中禪定은 無爲難이나 對境不動이 最爲難이라.
可言不語가 大人行이요 難行苦行이 菩薩行이로다.

오대산 漢岩 스님[57] 會上에 淸白家風은 白月 望日과 黑月 末日에『禪要』,
『都序』,『書狀』,『普照語錄』[58]을 上堂 法床에서 순번으로 설법하시었습니
다. 그리고 특수 가풍은 사부대중이 한 禪房에서 안거하면서 아침마다 三時
부터 공양시간 까지 관음정진을 했습니다.

사미계 수계의식을 책에 있는 절차대로 하시지 않고 노스님께서 법상에
올라앉아 행자에게 네 마음으로 스님이 될 생각을 낼 때에 벌써 스님이
된 것이다. 그러니 법복을 입어라 하시면서 장삼 가사를 입고 삼배 올리면
수계의식이 끝납니다. 그리고 노스님께서는 엄중하시면서 자비심이 친 어

---

57) 漢岩 : 한암 중원(1876~1951). 금강산 장안사에서 금월 행름 선사 문하에 출가하여 주로
   오대산에서 수행하고 학인을 제접했다. 1929년에 조선불교선교양종의 교정으로 추대
   된 뒤, 종단의 대소사를 많이 수행했다. 문집으로『한암일발록』이 있다.
58) 조선 후기 강원의 교과과정으로 4집이 형성되었는데, 오대산에서는『절요』대신에『普
   照語錄』으로 수행자를 지도했음을 알 수 있다.

머니와 같고 일일에 평생 二食主義로 지냈습니다.

그 당시 일을 회고해본다면 정말 꿈속 같습니다. 먹고자 해도 먹을 것이 없어서 나물밥 무밥에다 잡곡밥도 못 먹고, 치약도 없고 소금도 못쓰고 溪川 버들강아지를 깎아 이를 닦고, 옷을 빨아 풀도 할 수 없이 살아가지만 마음은 너무나 편안하였습니다. 환경에 지배를 받는 인생이기에 고생들을 하고 사니 서로가 동정심이 많을 뿐이었고, 좌우간 눈물겨운 광경은 지금도 눈물이 날만큼 마음에 느껴집니다. 수도인은 가난한 것부터 배우고 고해중 생을 부처님 섬기듯이 해야 합니다.

一切法不生하고 一切法不滅하나니
若能如是解하면 諸佛常現前이로다.[59]

自心이 본래 청정하여 無煩惱하고 無漏智의 성품이 本自具足하여 此心이 卽佛로서, 필경에 無異함을 깨달아 此를 의지하여 닦는 선이 最上乘禪이며 또 如來淸淨禪이라 한다. 정법 계통의 달마 문하에 展轉하여 相傳하는 것은 바로 이 禪이다.

守本眞心하면 勝念他佛이라. 何以故요. 常念彼佛이라도 不免生死라. 守我本心卽到彼岸하며 守本眞心은 是三世諸佛之祖라 한다.[60]

臨濟 스님은 頓悟漸修를 부정하고 頓悟頓修를 주장한 것은 六祖 慧能, 馬祖, 百丈, 黃壁, 또는 육조의 선을 정맥으로 계승한 역대 조사와 다를 바 없다. 生死의 自己는 修할 것이 있지만, 생사가 없는 진실한 자기는 修할 것이 없다.

그러기에 임제 스님은 修하는 입장은 莊嚴門이요, 佛事門이오, 方便門이오, 小乘門이오, 敎家에서 하는 법이지 佛法은 아니라 하고, 이것은 업을

---

59) 80권본 『화엄경』 「須彌頂上偈讚品」 "一切法無生, 一切法無滅, 若能如是解, 諸佛常現前."에 나오는 일체혜보살의 게송으로, '無'와 '不'의 차이는 있으나 의미는 동일.

60) 이 문단은 『선가귀감』에서 간추려 인용해 온 구절. 원문은 다음과 같다. "評曰, 五祖云, 守本眞心, 勝念十方諸佛. 六祖云, 常念佗佛, 不免生死, 守我本心, 卽到彼岸." 그러니 혜암 대종사가 말하는 '他佛'은 아미타불로 보아야 함.

조작하는 것을 면하지 못하여 생사를 해탈할 수 없다고 역설하였다.[61]

만일 도를 修한다고 하면 이것은 외도법이다. 임제 스님의 見處를 가져 말하면 佛도 衆生도 없고 古今도 없다. 得者는 直得하여 오랫동안 수행하였 다는 세월이 필요 없다. 그러므로 정통적 조사선을 체험함에는 돈오돈수의 입장이라야 한다. 참선은 발심을 해야 하는 것이며, 발심은 불조의 어머니 와 같으니 모든 성현이 이로 쫓아 나오기 때문입니다.

生者必滅하고 會者定離라 하고, 있는 것은 파괴되고 마나니, 세상 모든 법은 夢幻이요 泡影이니, 공부하는 사람들이 세상사에 집착하여 시비하는 것은 한심할 일이고 참으로 공부하는 사람이 아닙니다.

信心은 불조의 말씀대로 자기 마음을 믿는 것인데, 세상일도 자신이 없이 는 성취되는 일이 없으니, 불조를 원수와 같이 생각하고 오직 大悟로 爲則을 삼아야 합니다.

고인이 이르기를 "상근기는 도가 자기에 있는 것이 말을 듣지 않고도 알고, 중근기는 말을 듣고서야 알고, 하근기는 닦아서 안다."[62]고 하였습니 다. 그러기에 本師 世尊이 오시기 전에도 부처님은 변함이 없습니다.

말로 하는 선으로 어찌 생사를 물리치랴. 언어를 따르는 자는 죽고 文句 에 住하는 자는 迷하는 것입니다. 생사해탈은 여래선을 단박에 깨치는 禪定 에 있고 화두의 정답은 의심을 타파하는 데에 있습니다. 다문제일 아난이 비사리에서 설법하니 부처님 당시와 같이 운집하였다. 跋耆 비구가 다락 위에서 좌선을 하는데 요란하야 해탈삼매에 방해로워서 아난에게 게를 설 호되,

靜住空樹下하야 心思於涅槃하야
坐禪莫放逸하라 多說何所作가?

---

61) 이 문단은 『임제록』(시중) '祖師西來意' 대목에 나오는 "祇如諸方說六度萬行, 以爲佛 法, 我道, 是莊嚴門佛事門, 非是佛法."의 내용을 추려서 인용한 것.
62) 출전 미상.

如此 警策한 이후 一週 용맹정진 중 6일 하고 疲極하니 卽座하야 欲臥中寧可休息이라 하고, 頭上이 枕頭에 이르기 前에 廓徹大悟하였다고 합니다.[63]

화두는 의심 타파가 생명이니, 千疑萬疑가 只是一疑니, 話頭上에 疑破하면 千疑萬疑가 一時에 破하리라. 現存大衆들도 속히 奮發心하여 皆共成佛道합시다.

法界衆生過百年이나 此心無見夢中眼이라
行者莫言難行道하라 忽然疑破本來眼이로다

(遂下座.)

佛紀 2537년 12월 27일. 陰 11월 15일.

---

63) 위에 인용된 게송을 포함한 아난의 고사는 『사분율』 권54 「集法毘尼五百人」에 나오는 내용으로, 혜암 대종사께서 의미만 간략하게 추려 인용한 것.

8

1994년 1월 11일

용도 : 동안거 동짓달 그믐 반살림 법어
출전 : 〈친필사본〉①20~23쪽

오늘은 半山林에다가 내일 새벽 세 시면 산중 모두에서 납월 팔일 成道齋의 일주일 용맹정진이 시작되는 날입니다. 한산림은 '摧折人我山, 長養功德林'이란 뜻이요, 반산림은 90일 동안에 견성할 목적이라면 날짜로 보아 반이 되었으니 공부를 절반 했는지 못했는지를 점검하는 때입니다. 만약 반산림의 정진이 여의치 못했으면 보다 더욱 분발하여 용맹정진하자는 다짐을 하는 때입니다. 이런 기회에 학인들도 諸行無常하여 무상이 신속하니 업장을 소멸하고 생사를 해탈해야지, 항상 人我相만 기르고 생사 죄만 쌓으면 원한이 끝이 없을 것입니다. 西山 스님[64]께서도 金剛山 中 內院에서 10년을 정진하시고 그 경지를 이렇게 읊었습니다.

坐斷諸人不斷頂하니 許多生滅竟何歸아[65]

---

64) 西山 스님 : 청허 휴정(1520~1604). 묘향산을 서산으로도 부르는데, 이로 인해 서산 대사로 불림. 승과에 급제하여 선교 양종 판사에 이름. 제자에 사명 유정 선사가 있다. 저서로는 『선가귀감』, 『선교석』, 『삼가귀감』, 『청허당집』, 『선교결』 등이 전한다.
65) 출전 미상.

앉아서 모든 이들이 끊지 못할 최후 다한 곳을 끊으니
허다한 분별망상 마침내 어디로 갔는고?

　정진하는 사람들이 앉으면 망상이 생기고 졸음이 와서 혼침산란에 시달
리고 '이뭣고' 하던 것이 그만 망상이 생겨서 그 망상을 따라다니다가 어느
때는 話頭가 있고 어느 때는 화두가 없고 하는 것이 지금은 망상을 찾아보려
고 해도 도무지 없었다는 말입니다.

　세상만사도 피땀을 흘려 참고 이겨서 성공하는데, 하물며 無價寶인 自己
寶藏을 찾는 이 공부는 생명을 걸고, 죽은 폭 대고, 이 세상에 나오지 않은
폭 잡고, 精進一念이라야 합니다. 고인들이 먹을 것 다 먹고 잘 것 다 자고
공부한 사람은 한 분도 없을 것입니다.

　首座들의 공부가 가나 오나 서나 앉으나 누우나 한결같이 쉬지 않고
물 흐르듯이 해야 되고, 夢中一如가 되고, 熟眠一如가 되어서, 잠이 꽉 들어
서도 一如한 데서 깨쳐야만 해탈한다는 것이지, 그 전에는 見性할 수 없다는
것이 근본적으로 딱 서야 합니다. 動靜一如도 안 되고 夢中一如도 안 되는
그런 깨우침은 깨친 것이 아니고 실제 생사에는 아무 소용도 없습니다.[66]

　깨침은 실재로 생사에 자재한 능력을 가질 수 있는 깨침이어야지, 생각으
로만 깨쳤다고 하는 것은 생사에 아무 이익도 없고, 그것은 깨침이 아니고
불교의 병이요, 증상만인입니다. 그러니 우리의 공부가 실재로 寤寐一如가
되어, 永劫不忘이 되도록 爲法忘軀하여 정진으로 不思議解脫境界를 성취하
고 미래 겁이 다하도록 고해 중생의 다생부모를 제도합시다.

　古祖師가 말씀하시기를 "대자비심으로써 六途萬行, 곧 남을 도우는 큰
불사를 지어 공부를 성취하려는 사람은 송장을 타고 큰 바다를 건너려는
사람과 같다."[67]라고 하시었습니다.

---

66) 寤寐一如 등의 이야기는 나옹 혜근의 「공부십절목」을 비롯하여 송대의 선어록에 등장
　　하지만, 이것이 주목 받은 계기는 퇴옹 성철 선사가 『선문정로』(1987년) 책에서 '돈오돈
　　수'를 주장하면서였다.
67) 출전 미상.

伊庵 權 선사는[68] 공부할 적에 해가 지면 눈물을 흘리며 "오늘도 또이렇게 헛되이 보냈구나."[69] 하며 울지 않는 날이 없었으며, 누구와도 절대로 말을 하지 않고 지내면서 정진하였습니다.

慈明 선사는 汾陽 화상 밑에서 지내면서 추운 겨울에도 밤낮으로 정진하며 밤이 되어 졸리면 송곳으로 허벅다리를 찌르며 탄식하기를 "고인들은 도를 위하여 먹지도 아니하고 자지도 않았거늘 나는 또한 어떤 놈이기에 게으르고 방종하여 살아서는 모든 일에 도움이 없고 죽어서는 후세에 이름이 없으니, 너는 무엇하는 놈이냐?" 하였습니다. 이렇게 정성을 다하여 공부하더니 후일에 크게 깨쳐 분양 선사의 도풍을 크게 떨쳤습니다.[70]

鏡虛[71] 스님께서도 해인사 堆雪堂에서 공부하실 때 면상에 바가지를 쓰고 대장간에서 斫刀를 둥글게 만들어서 목에 걸고 공부하였다고 하며, 그 당시에는 대중적으로 아침은 죽 공양, 巳時에는 正食供養 一日, 오후 불식, 잠은 두 시간 선방에서 정진 중 가사를 수하고 정진하였다고 합니다. 그 당시 경허 스님을 모시고 정진하시었다고 하신 구십 이상의 노스님들에게서 직접 들은 말입니다.

靜坐無心心은 勝造七寶塔이라
有心成生死나 無心永不滅이로다.

고요히 앉은 무심한 마음은
칠보탑을 세운 것보다 공이 승하네.

---

68) 伊庵 權 선사: 伊庵有權(?~1180) 선사. 임제종 양기파의 선승으로 절강인이다. 『인천보감』에 간단한 행장이 보인다.
69) 『인천보감』에서 인용해 온 구절. 원문은 "今日又只麼空過, 未知來日工夫如何."이다.
70) 『선관책진』〈引錐自刺〉조에 나오는 고사로 원문을 인용하면 다음과 같다. " 慈明, 谷泉瑯琊三人, 結伴參汾陽. 時河東苦寒, 衆人憚之. 慈明志在於道, 曉夕不忘, 夜坐欲睡, 引錐自刺. 後嗣汾陽, 道風大振, 號西河師子."
71) 경허 성우(1846~1912)는 9세에 경기도 광주 청계사로 출가. 동학사 만화 강백에게 글을 배워 23세 때에 전강. 문하에 만공, 수월, 한암 등의 제자를 두어 근세 한국의 선풍을 진작. 말년에는 산수 갑산에서 자취를 감추었다. 문집으로 『경허집』이 있다.

분별심은 생사에 윤회하지만
무심은 길이 생사가 없도다.

學道無多子요 當人決定心이니
忽然都方下하면 物物是知音이로다.

도를 배우는 것은 별것 아니요
당사자의 굳은 결심에 있나니,
이 모든 집착을 놓아버리면
물건 물건마다 내 친구 되네.

佛紀 2537년 1월 11일. 陰 11월 30일.

9

1994년 2월 9일

용도 : 동안거 섣달 그믐 법어
출전 : 〈친필사본〉①27~30쪽[72]

閃光影裡一年過하니 却嘆鬢邊漸白何리오
歲月無私公道去하니 奮發精進敵生死[73]하라.

번쩍하는 그림 속에서 한 해를 지났으니
귀밑의 흰머리 많아짐을 탄식한들 어찌 하리.
세월은 사정없어 공평하고 바른 길로만 가니
분심을 발하여 정진으로써 생사를 해결하라.

去年如是하고 今年如是하고
昨日如是하고 今日如是로다.
日日是好日이오 年年乃芳年이라

---

72) 〈친필사본〉①24~26쪽 부분은 해인사 방장 취임 법어이기 때문에, '일반법어' 부분에 편
집하기로 함.

73) 生死 : 생·노·병·사의 준말로서 윤회를 뜻한다. 중생의 윤회를 표현할 때는 '생·
노·병·사', 중생이 사는 세계를 말할 때에는 '성·주·괴·공', 한 찰나 마음의 윤회
를 표현할 때에는 '생·주·이·멸' 등으로 쓴다.

人自妄分別하고 夢中歡又憂로다.

거년도 이와 같고 금년도 이와 같고
어제도 이와 같고 오늘도 이와 같도다.
매일 좋은 날이요 매년 좋은 해로다.
사람이 분별하여 꿈속에서 기뻐하고 근심하도다.

年年年去無窮하고 日日日來不盡來로다.
年去日來來又去는 天時人事此中催로다.

매년 해가 가도 감이 끝이 없고
매일 날이 와도 옴이 끝이 없도다.
해가 가고 날이 오고 왕래하는 것은
계절이 사람의 죽음을 재촉하도다.

秦皇漢武沒何塵가 淸淨法身物外身[74]이라
頓忘甲子浮雲客하야 時變那關舊與新이라.

진시황과 한무제는 어느 티끌에 묻혔는가
청정법신은 물건 밖의 몸이었네.
세월을 잊고 사는 뜬구름 같은 신세이기에
계절 변하는데 어찌 옛과 새 것에 관계하리.

一衣一鉢一平生에 夢幻夢中夢事成하야
今日今時今大晦하니 道業未成長無明을.[75]

---

74) 物外身 : '성주괴공하거나 생주이멸하는 소위 윤회현상(物)을 초월해있는 몸'이라는 뜻. 주로 詩文에 등장하는 표현으로 『全唐詩』에 약간의 용례가 있고 불교 문헌에는 '本來人'과 짝이 되어 사용된다.

옷과 발우 한 벌씩을 한평생에
몽환같은 꿈속에서 꿈같은 일을 하다가
금일 금시에 그믐을 당하고 보니
도는 이루지 못하고 나고 죽는 죄만 쌓았네.

君旣知非去名利하야 此生須報佛祖恩하라.
若也今日三明日四하면 幾時了斷無明根이리오.

그대는 그릇을 알아 명리를 버렸으니
이 몸으로 불조의 은혜를 갚으라.
만약 오늘도 이렇쿵 내일도 저렇쿵 하면
어느 때에 생사를 해탈하리오.

부처님 전에 참괴하는 마음을 가지고 잘못을 뉘우치고 금생에 인간을
속박하는 고정관념을 일체 부정하며, 現行을 역행하면 과거의 業種이 소멸
하여 미래의 業因이 소멸하리라.

噫라, 夫欲離三界호데 而未有絶塵之行하니 徒爲剃頭之身이오 而無僧
道76)之志라. (但以終朝擾擾, 竟夜昏昏, 道德未修, 衣食斯費.77)) 上乖弘道하고
下闕利生하며 中負四恩하니 誠以爲恥로다.78)

---

75) '庚' 자 운으로 압운이 되어 있는 7언절구. 한편 "今日 今時今大晦하니 道業未成長無明
    을"에 붙인 토 '하니'와 '을'은 아무래도 부자연스럽다. 아마도 원문의 '晦'는 '悔'를 차용
    한 것인 듯. 이렇다면 혜암 대종사의 원 뜻은 "도업은 아직 완성을 못하고 무명만 기르
    는 지금의 신세를, 오늘 지금 이 순간 크게 후회한다."가 될 것이다. 운으로 보아도 '晦'
    보다는 '悔'가 적절.
76) 僧道 : 『선종영가집』 원문은 '丈夫'로 되어 있음.
77) 『선종영가집』 원문에는 있지만, 혜암 대종사의 사본에는 생략되었기에 독자의 이해를
    위해 교주 과정에서 ()속에 첨부하였다.
78) 噫라~誠以爲恥로다. : 『선종영가집』(戒憍奢意第二)에서 인용해 온 구절.

當捨名利하고 隱遁山林하여 隨綠養性하며 放曠平生하고 遠追眞人達士之
高行이니라. 寧有法死언정 不無法生하라.[79]

세속은 윤회의 길이요 출가는 해탈의 길이니 해탈을 위하여 세속을 단연
코 끊어버려야 한다. 부모의 깊은 은혜는 출가수도로써 보답한다. 만약
부모의 은혜에 끌리게 되면 이는 부모를 지옥으로 인도하는 것이니 부모를
남과 같이 대하여야 한다.

黃檗 希運 선사가 수천 명의 대중을 거느리고 황벽산에 주석하였다. 그때
노모가 의지할 곳이 없어서 아들을 찾아갔다. 황벽 선사가 그 말을 듣고
대중에게 명령을 내려 물 한 모금도 주지 못하게 하였다. 노모는 하도 기가
막혀 아무 말도 못하고 세상만사를 반성해보니, 아들에게만 속은 것이 아니
고 영감이나 일가친척 살림살이 세상만사에 속았다는 것을 자각하고, 집으
로 돌아가다가 大義江가에 가서 배가 고파 엎어져 죽었습니다.[80]
그리고 그날 밤 황벽 스님에게 현몽하여 "내가 너에게서 물 한 모금이라
도 얻어먹었던들 다생으로 내려오던 모자의 정을 끊지 못해서 지옥에 떨어
졌을 것이다. 그러나 너에게 쫓겨나올 때 모자의 깊은 애정과 세상만사에
모든 반연이 다 끊어져서 그 공덕으로 죽어 천상으로 가게 되니 너의 은혜
를 다 말할 수 없다."고 하며, "上堂說法할 때 우치한 고해중생들을 위하여
이번 일의 자초지종을 말하여, 청법자들이 보리심을 발하여 모두 다 해탈하
도록 하여달라."고 부탁하며 절을 하고 갔다고 한다.[81]

白頭望斷万里山하니 曠劫恩波盡底乾이요
不是胸中藏五逆이면 出家端的親報難이로다.[82]

---

79) 寧有法死언정 不無法生하라 : 『선종영가집』(戒憍奢意第二)에서 인용해 온 구절.
80) 원문은 "至大義渡頭, 失脚攧死."(『五家正宗贊』, 신찬속장 78권)라 되었으니, 발을 헛디
   뎌 죽은 것임.
81) 이상의 고사는 『오가정종찬』(황벽희운)조에 등장하는데, 『오가정종찬』상(선림고경총
   서간행회, 장경각, 1991, 65~66쪽)이 번역 출간된 뒤, 해인사 선승들의 법어에 등장.

백발 노인이 만 리 길을 찾아가 소망이 끊어지니
무량겁 은애의 파도가 모두다 말라버렸네.
이 마음속에 오역죄를 감추지 말라.83)
출가한 목적을 친히 갚기 어렵도다.

佛紀 2537년 2월 9일. 陰 12월 29일.

---

82) 이 게송은 『선종잡독해』〈大義渡〉 게송에 등장하는 다음의 원문을 변형시킨 것으로 의
   미는 같다. "白頭望盡萬重山, 曠劫恩波徹底乾, 不是胸中藏忤逆, 出家端的報親難." 『선
   종잡독해』는 송원대의 송고를 모은 것으로 원대에 만들어졌으나, 지금 전하는 것은 순
   치 14년(1657) 870송으로 梅谷 行悅 선사가 개편한 책. 조선에는 유통된 바가 없고 일본
   에서 많이 유통됨. 혜암 대종사는 일본 책을 참고한 듯.
83) 번역을 "마음에 오역죄를 간직하지 않으면"으로 해야 옳을 듯. 오역죄를 감수하고 야멸
   차게 수행에 몰두하라는 뜻. 대승과 소승에 각각 5역죄가 있다. 여기서는 소승의 5역죄
   로, 아버지, 어머니, 아라한 등을 죽이거나, 승단화합을 깨거나, 부처님의 몸에 피를 내
   는 일. 이들은 원천적으로 수계 불가.

10

1994년 2월 24일

용도 : 동안거 해제 법어
출전 : 〈친필사본〉①31~33쪽

有心人是結制人이오 無心人是解制人이라
有心無心畢竟何야 千年林下笑石人이로다.

유심한 사람이 곧 결제하는 사람이요
무심한 사람이 곧 해제하는 사람이네.
유심과 무심이 필경에 무엇인가?
천 년 묵은 숲 아래에 석인이 웃고 있네.

藥病이 相治하니 釋迦는 是病이요 迦葉은 是藥이라.
阿彌陀佛이 爲什麼하야 臥在棘林中고?

약과 병이 서로 다스리니 석가는 병이요 가섭은 약이라.
아미타불이 어찌하여 가시넝쿨 수풀 속에 드러누웠는고?

(良久)

同門出入하나 宿世寃家로다.[84]

(한참 뒤에 말하되)

같은 문으로 드나드나 옛적부터 원수로다.

本地風光에 이르러서는 결제도 없거니 어찌 해제가 있었겠습니까?

出家爲僧이 豈細事乎아. 非求安逸也며 非求溫飽也며 非求利名也라. 爲生
死也며 爲斷煩惱也며 爲續佛慧命也며 爲出三界度衆生也니라.[85]

출가하여 중이 되는 것이 어찌 작은 일이겠습니까? 몸의 안일을 구하려
는 것도 아니고 따뜻이 입고 배불리 먹으려는 것도 아니며 명예와 재물을
구하려는 것도 아니다. 나고 죽음을 면하고 번뇌를 끊으려는 것이며 부처님
의 지혜를 이으려는 것이며 삼계에 뛰어나서 중생을 건지려는 것이니라.

衲子라고 하면 옷만 누덕누덕해진 누더기만 입는 것이 아니라 집도 음식
도 모든 것이 누더기 옷처럼 검소하게 수용하는 것이라고 생각합니다. 오직
화두를 생명으로 삼고 분심 노력하여도 무량겁에 익힌 습기 때문에 계란으
로 바위를 치는 것처럼 어렵거늘 애써 정진하는 마음은 희박하고 일상
수용에만 팔리고 혹은 안일주의에 빠져서야 어찌 공부하는 납자라고 하겠
는가?

---

84) 同門出入하나 宿世寃家로다 : 『고존숙어록』권제20(次住海會語錄)조에 나오는 구절로,
선문에 자주 인용되고 있다. 퇴옹 성철의 『本地風光』(불광출판사, 1982)에도 등장.
85) 『선가귀감』에서 인용해 온 구절. 한편, 조선시대 강원 사미시절 읽는 백암 성총 강백이
편수한 3권본 『치문경훈』상권(釋難文)에 실린 원문은 다음과 같다. "知子莫若父, 知父
莫若子, 若予之參已, 非爲僧器. 蓋出家爲僧, 豈細事乎. 非求安逸也, 非求溫飽也, 非求
蝸角利名也. 爲生死也, 爲衆生也, 爲斷煩惱, 出三界海, 續佛慧命也. 去聖時遙, 佛法大
壞, 汝敢妄爲爾."

설사 결제 중에 약간의 정진을 했다 하더라도 해제 3개월 동안에 동분서
주로 타락한다면 해제의 뜻을 모르는 사람입니다. 해제라는 것은 결제 때
못한 공부를 더 잘 하기 위하여 선지식을 찾고 도반을 찾고 처소를 가려
공부를 더 잘하고 거주지에서 하는 사람들은 청산과 같이 요지부동하고
간단이 없이 용맹정진하는 데 뜻이 있습니다.

오늘도 이만 내일도 그만 금년도 이대로 명년도 그대로 허송세월하니
세월은 사람을 기다려주지 않기에 허망하게 왔다가 허망하게 죽을 때에
누구나 후회한들 무엇하겠습니까?

不行芳草路하면 難至落花村이로다.86)

꽃다운 풀밭 길을 걷지 않으면
꽃이 지는 마을에 가긴 어려워.

(拄杖一下.)

이다음 철부터는 오후에 不食하고 용맹정진하여 다 같이 공부에 得力하
고 확철대오하기를 바랍니다.

中後不食六福87)

少淫, 少睡, 無下風, 身安, 無病, 得一心.

---

86) 『선가구감』에서 인용해 온 구절. 운문 선사의 "透過法身" 법문에 대한 서산대사의 평가임.
87) 『沙門日用』(신찬속장 60권)에 "一少婬, 二少睡, 三得一心, 四少下風, 五身得安隱, 亦不作
病."이라고 나오는데, 이 책은 일본에서 유통되던 책으로 조선에서 유통된 사례는 안 보임.

饘十利[88)

資色, 增力, 益壽, 安樂, 辯說, 除風, 消宿食, 辭淸, 除饑, 消渴.

佛紀 2538년 2월 24일. 陰 정월 15일.
解制說法

---

88) 『사문일용』(신찬속장 60권)에 "一增色, 二增力, 三益壽, 四安樂, 五詞淸, 六語辨, 七消 宿食, 八除風, 九消饑, 十消渴."라고 나온다.

1994년 5월 25일

용도 : 하안거 결제 법어
출전 : 〈친필사본〉①34~36쪽

毒蛇는 戴角하고 猛虎는 揷翼하니 荊刺林中에 下脚하고 栴檀窟裏에 翻身이로다.
會麽아?

文殊白 普賢黑이요, 一手擡一手搦이로다.[89)]

독사는 뿔을 이고 맹호는 날개 돋히니, 가시덤불 속에 발을 디디고 전단굴 속에 몸을 뒤친다.
알겠느냐?

문수보살은 희고 보현보살은 검으니, 한 손은 들고 한 손은 내린다.

萬法生於何處來하며 萬法畢竟歸何處오?

---

89) 一手擡一手搦 : 자유자재하게 수행자를 지도하는 모습을 형용. 『벽암록』 제73칙에서 '서당 지장의 머리는 희고 백장 해회의 머리는 검다[藏頭白海頭黑]'라는 설두 선사의 송고에 대해, 원오 선사는 '一手擡一手搦'라고 촌평을 붙이고 있다.

了知如是去來處인댄 山頭白石千年石이다.

만법이 본래 어느 곳에서 생했으며
만법이 마지막에는 어느 곳으로 돌아가는고?
이와 같이 가고 오는 곳을 알고자 한다면
산위에 흰 돌이여 천 년이 넘었도다.

"心卽是佛이라 하니 나도 마음을 갖고 있는데, 나는 어찌 중생으로 생사
고를 받게 되었나요? 마음이 부처라는 것을 잘 말씀하여 주옵소서."
白雲 禪師는 큰 소리로 "法宗아!" 하니 "네!" 하고 대답한다.
"알아들었느냐?"
"무엇을 알아들었어요?"
"마음이 부처라 한 일은 없다."[90]

何人妄言心是佛고 心卽是佛罪如山이라.
石人若聞眞如佛이면 心卽是佛佛是心이라.

어떤 사람이 망녕되이 마음이 부처라하였는고?
마음이 곧 부처라 하면 죄가 수미산과 같으리라.
돌 사람이 만약 진여불을 묻는다면
마음이 부처요 부처가 마음이라.

智明比丘尼云,
"心卽是佛이라 한 것이 아니다."
"그러면 무엇인지요?"
"깨닫게 되면 心卽是佛 도리를 알게 되리라."

---

90) 이상은 문맥으로 보아 法宗이 질문하고 白雲 禪師가 대답하는 방식으로 이루어져 있다.
분명 출전이 있을 테인데 확인하지 못하겠다.

"도대체 心卽是佛 도리가 무엇인지요?"

"雁飛靑山山不知라."
기러기 청산에 날아갔지만 산은 알지 못하도다.

자기가 자기를 알지 못하니 남이 나를 알 수 있나?

祖師云,
夜夜抱負眼하고 早朝還同起라.[91]
求不得者是什麼?

"조사께서 말씀하시기를, '밤마다 (부처님을) 안고 자고, 아침에도 다시 일찍이 같이 일어난다.'라고 했다."고 했다.
그런데 아무리 찾아보아도 얻어 볼 수 없으니, 이것이 무엇인고?

山在山하고 水在水라.
산은 산에 있고 물은 물에 있도다.

求心不得待心知라.[92]
마음을 구하고 마음을 기다리지 말라.

---

91) 부 대사의 게송으로 각종 선어록에 자주 인용. 조선에서 널리 읽혀 온 『선문염송』(1431. 夜夜話)에는 "傅大士云, 夜夜抱佛眠, 朝朝還共起. 起坐鎭相隨, 語默同居止. 纖毫不相離, 如身影相似. 欲識佛去處, 祇這語聲是."로 기록. 혜암 대종사께서 화두를 인용함에 글자의 착간은 있어 보이지만, 취지는 부합. '佛眠'을 '負眼'으로 誤記한 듯.
92) 『달마대사혈맥론』에서 부분 인용한 것으로 게송 전체를 인용하면 다음과 같다. "心心心難可尋, 寬時徧法界, 窄也不容針. 我本求心不求佛, 了知三界空無物. 若欲求佛, 但求心只這心, 這心是佛. 我本求心心自持, 求心不得待心知, 佛性不從心外得, 心生便是罪生時."

但知不會이면 即是見性이니라.93)

다못 알지 못할 줄 알면 이것이 곧 견성이니라. 설사 알지 못한 줄 알아도 꼭 견성이라 할 수 없다.

如何是見性고?

어떠한 것이 견성인고?

山高谷深하고 流水無窮이로다.

산은 높고 골짜기는 깊은데 물은 한 없이 흐르도다.

(喝一喝, 下座.)

佛紀 2538년 5월 25일. 陰 4월 15일.
夏安居法語
海印叢林 方丈 慧菴

---

93) 『보조수심결』에서 인용해 온 것으로 전후를 더 인용하면 다음과 같다. "自己靈知亦復
   如是, 旣是自心何更求會. 若欲求會便會不得, 但知不會是即見性."

12

1994년 6월 8일

용도 : 하안거 사월 그믐 법어
출전 : 〈친필사본〉①37～39쪽

(上堂하여 주장자를 들어 法床을 치고 이르기를)

이것도 옳지 못하고 喝도 십만 팔천 리로다.

(다시 할을 한 번 하고)

一二三四五六七[94]이라.

불법의 진리는 미묘한 것이다. 왜 둘 다 옳지 못하다고 해놓고서 일이삼 사오륙칠이라고 하는가? 누구든지 이 이치를 바로 볼 줄 안다면 佛祖에게 속지 않으리라.

[95]하루는 潙山 선사께서 제자 仰山 스님과 함께 차밭에서 일을 하면서,

---

94) 一二三四五六七 : 보여지는 있는 그대로의 현상을 셀 때 쓰는 말. 때로는 연꽃을 보면서 이렇게 세기고 하고, 때로는 손가락을 꼽으면서 이렇게 세기도 한다.
95) 이하에 등장하는 '摘茶'의 일화는 『潭州潙山靈祐禪師語錄』에 등장한다. 조선 이후 이

"종일토록 차를 따도 그대의 소리만 들리고 그대의 모습은 보이지 않으니, 그대의 본래면목을 보여주게." 이에 앙산 스님이 차나무를 한 번 흔들자, 위산선사께서 말씀하시되, "그대는 用을 얻었을 뿐 體는 꿈속에서도 보지 못했다." 그러자 앙산 스님이 대답하기를, "그렇다면 스님께서는 어쩌하시겠습니까?"하니, 위산 스님께서는 한참 동안 묵언하시었다. 이에 앙산 스님이, "스님께서는 體는 얻었을 뿐 用은 얻지 못하셨습니다." 하자, 위산 스님께서 이르되, "그대에게 30 봉을 놓았노라.[96]" 하시었다.

두 분의 大機大用에 있어서는 能殺能活하고 能縱能奪하며 隨處作主하며 或主或賓이나 本分事에 있어서는 이것도 開口卽錯이라, 無風起浪이요 抓肉發腫이라. 畢竟에 이 作麽生고?

(良久云)

白雲江上去하고 綠水岩前來로다.
心馬跳走暫不停하면 捉來捉來又捉來하라.
如是久久日久深하면 不捉自來在目前이라.
始到如是境界時에 不意自覺本自性이라.
傍人若問心在處하면 月到天心夜三更이로다.

백운은 강물 위로 가고
녹수는 바위 사이로 흐르더라.
마음 말이 잠시도 머물지 않고 뛰어 달아남에
잡아오고 잡아와 또 잡아와서
이같이 오래오래 날이 오래 깊어지면

지역에서는 『선문염송』(371. 摘茶話)로 선사들의 거량에 자주 쓰였다.
96) 그대에게 삼십 방을 놓았노라. : 원문은 "放子三十棒"이다. 전통적으로는 "네놈에게 몽둥이 30대를 때려야겠구나."로 번역한다.

잡지 않아도 스스로 와 눈앞에 있으리라.
비로소 이같은 경계에 이르게 될 때
뜻밖에 본원자성을 깨닫게 되리라.
옆 사람이 마음 있는 곳을 묻는다면
달은 하늘 복판에 이르렀고 밤은 삼경이로다.

참선 공부하는 법을 방편으로 비유를 하자면, 산중에 황금 소가 한 마리 있는데 이 소를 잡아내면 행복하게 살고 그렇지 않으면 내가 죽는다는 입이다. 그렇다면 제일 먼저 첩첩산중에서 소 발자국의 흔적을 발견한 후 발자국을 쫓아가다가 소를 만나면 잡으러 쫓아가는데, 잡으러 가는 사람도 힘이 들지만 쫓겨 가는 소도 불리하여, 은신처를 구하다가 필경에 막다른 골목에 몰려 돌아서 최후로 발악할 때, 상대편에도 위법망구로 용맹정진하여 승리를 거두는 것이 견성이다. 즉, 話頭當處가 소의 발자국인 동시에 불성자리이다. 황금 소를 악업으로나 선업으로 인해 잃어버려도 결국에는 생사를 면하지 못하니, 후회하지 말고 운수납자는 일도양단하여 대오로 법칙을 삼아야 한다.

莫謗如來淸淨身하라 火湯地獄在目前이라.
若人要得言中意하면 火湯忽變蓮花池라.

여래의 청정법신을 비방하지 마라
화탕지옥에 갈 것을 모르는가.
혹시 어떤 사람이 욕하는 가운데 뜻을 알면
화탕지옥이 홀연히 연꽃 못이 되리라.

佛紀 2538년 陰 4월 29일.

13

1994년 6월 12일

용도 : 하안거 오월 보름 법어
출전 : 〈친필사본〉①40~44쪽

山窮水盡疑無路한데 柳暗花明又一村이로다.[97]

산이 다하고 물이 다해서 길이 없는가 했는데
버들은 우거지고 꽃이 핀 마을이 또 있네.

通玄峰頂은 不是人間이요 心外無法하니 滿目靑山이라.
向上一路는 千聖不傳이어늘 學者勞形은 如猿捉影이로다.[98]

깊은 도를 깨달은 묘리는 인간의 경계가 아니요
마음 밖에 법이 없으니 청산이 눈에 가득하도다.
위로 향하는 한 길은 모든 성현도 전하지 못하는데
배우는 사람의 수고로움은 원숭이가 물에 빠진 달 건지는 것과 같네.

---

97) 禪門에서 한생각도 일어나기 이전을 체득하라는 간절함을 전할 때에 많이 사용되고 있다.
98) 『경덕전등록』(반산보적)조에 보이는 구절이다. 『종경록』, 『벽암록』, 『고존숙어록』 등
훗날 선문에서 많이 인용된다.

『頓悟入道要門論』을 지은 이는 馬祖 道一 스님의 제자인 大珠 慧海[99) 스님입니다.

*****100)

稽首和南十方諸佛과 諸大菩薩衆하노이다. 弟子今作此論하노니 恐不會聖 心커든 願賜懺悔하고 若會聖理어든 盡將廻施一切有情하야 願於來世에 盡得 (成佛101))하노이다.102)

시방의 모든 부처님과 보살님들께 머리 숙여 예배를 올립니다. 부처님의 제자인 제가 이 논을 지었으나 부처님의 마음을 알지 못하였을까 두려우니 부디 참회를 받아주십시오. 만약 부처님의 이치를 알았거든 일체 유정의 중생들에게 모두 회향하여 내세에 다 함께 성불하기를 바라옵니다.

*103) 대주 스님이 확철히 깨친 안목으로 불교의 근본적인 이론을 논으로 짓기는 지었지만 혹시 잘못된 것이 있으면 부처님께 참회하고, 또 잘못된 가운데서도 좋은 말이 있으면 일체 중생에게 베풀어 모두가 성불하게 되면 얼마나 다행이겠느냐는 겸양의 말씀으로 서언을 대신한 것입니다.

問 欲修何法하야사 卽得解脫고
答 唯有頓悟一門하야 卽得解脫이니라.

---

99) 생몰 연대는 미상. 마조 도일(709~788)의 제자로서 저술로는 『돈오입도요문론』과 『대 주선사어록』이 있다. 『경덕전등록』(대주해회)조에 전기가 실려있음.
100) *****로 표시된 이하에서 뒤에 다시 *****로 표시된 부분 까지는 모두 『돈오입도요문 론강설』(퇴옹 성철 강설, 장경각, 1986, 15~18쪽)에서 인용해 온 구절. 참고로 이 책은 이 책의 뒤에 달린 〈후기; 원택〉에 의하면, 성철 스님이 해인총림 초대 방장에 취임한 1967년 동안거 동안에 하신 법문을 정리한 것이라 한다. 당시 혜암 스님은 유나.
101) 成佛 : 혜암 대종사의 사본에는 없으나 『頓悟入道要門論』의 원문에 따라 보충.
102) 『돈오입도요문론』의 첫 대목으로 귀경계의 일종이다.
103) 『돈오입도요문론강설』(퇴옹 성철 강설, 장경각, 1986)에는 '대주 혜해의 본문'과 '성철 스님의 강설'을 구분하기 위해, 강설의 시작 부분에 [*]를 표기했다. 이에 따라 〈친필사 본〉에는 [*]표가 없지만 교주과정에서 보충해 넣었다. 이하 동일.

"어떤 법을 닦아 곧 해탈을 얻을 수 있겠습니까?"
"오직 돈오의 한 문만이 해탈을 얻을 수 있느니라."

  * 불법의 근본 목표가 바로 생사 해탈에 있다는 것은 누구나 다 아는 일입니다. 그러나 해탈에 이르는 방법에는 여러 가지가 있어서 범부 중생에게는 혼란을 야기시키고 있습니다.

  부처님의 가르침에도 8만 4천 법문으로 시설되어 있어서 중생의 근기에 따라 이 문으로 들어갈 수 있고 저 문으로 들어갈 수 있는 것입니다. 그런데 그 가운데서도 근본적으로 어떤 법을 닦아야만 곧 바로 쉽게 해탈을 얻을 수 있느냐 하는 것이 중요합니다. 이러한 뜻에서 이 물음을 끌어온 것입니다.

  이에 대한 대답으로 진정한 해탈을 얻으려면 頓悟라는 한 문에 의지해서 眞如自性을 바로 깨쳐야 얻을 수 있다는 것을 강조하고 있습니다.

  해탈이란 일체 번뇌 망상을 다 여읜 가운데서 구경각을 성취해야만 얻을 수 있는 것입니다. 구경각을 성취하기 전에는 실질적인 해탈이라고 할 수 없습니다.

  그리고 실질적인 해탈을 얻는다는 것은 돈오, 즉 證悟가 되어야 합니다. 解悟가 되어서는 해탈을 얻었다고 할 수 없습니다.

  십지보살이 설법을 구름일 듯 하고 비 오듯이 잘 하더라도 근본무명을 완전히 끊은 해탈이 아니니, 구경각을 성취해야만 진정한 해탈이 되는 것입니다.

  또 돈오하면 해탈한다고 했으므로 돈오의 내용과 해탈의 내용은 똑같아서 돈오가 증오이며 바로 구경각인 것입니다.

  云何爲頓悟?
  答 頓者는 頓除妄念이오 悟者는 悟無所得이니라.

"어떤 것을 돈오라고 합니까?"
"頓이란 단박에 망념을 없앰이요, 悟란 얻은 바 없음을 깨치는 것이다."

* 이것은 돈오의 근본 내용을 표현한 것입니다. 여기서 망념을 없앤다는 것은 제8 아뢰야식의 미세망념까지도 포함해서 모든 망념을 다 없앤다는 뜻입니다. 보통 우리가 생멸적인 無心을 말해서 망념을 없앤다고 하는데 이것은 전체적으로 망념을 다 없앤 것이 아닙니다.

그러면 어떻게 해서 頓이라고 하는가 하면, 頓이란 시간적으로 일찰나를 의미하는 것입니다. 망념을 없애는 데 있어서 점차적으로 조금씩 조금씩 단계적으로 없애는 것이 아니라, 참으로 바른 법을 알아서 시간적으로 일찰나간에 근본 무명을 완전히 끊고 구경각을 성취할 수 있다는 뜻입니다. 그러므로 시간적으로 여유를 두지 않고 눈 깜박할 사이에 전체 망념이 다 떨어졌기 때문에 돈이라고 하는 것입니다.

'얻은 바 없다'고 하는 것은 교가에 있어서는 십지 등각 보살이라도 아직까지 공부의 자취가 남아 있어서 어느 경에서도 십지 등각 보살을 무소득이라고 말하지 않았으며, 참으로 구경각을 이룬 것을 무소득이라고 하였습니다.

제8 아뢰야 근본무명을 끊고 십지·등각을 넘어서 구경각을 성취한 것이 돈오이니, 삽삼조사로부터 시작하여 천하 선종의 정맥에서는 구경각을 돈오라고 했지, 그 중간의 解悟를 돈오라고 한 분은 아무도 없다는 것을 이 간단한 문구에서 표현하고 있습니다.
*****104)

入此門內莫存知解하라.
但莫憎愛洞然明白하리라.105)

이 문 안에 들어와서는 지해를 두지 말라
다만 미워하고 사랑하지 않으면 분명히 깨치리라

---

104) 여기 까지가 『돈오입도요문론강설』(퇴옹 성철 강설, 장경각, 1986, 15~18쪽)의 인용이다.
105) 앞 구절은 『경덕전등록』(平田普岸)조에서, 뒷 구절은 승찬의 『심신명』에서 각각 인용해 온 것.

數片白雲籠古寺하고 深谷綠水繞靑山이로다.[106]
몇 조각 흰 구름은 옛 절에 떠 있는데
깊은 골짜기 푸른 물은 청산을 둘러 흐르네.

(喝一喝.)

佛紀 2538년 陰 5월 15일.

---

106) 『고존숙어록』(낭야혜각)조의 상당법어에 등장하는 "數片白雲籠古寺, 一條淥水繞靑山."를 기초로, 혜암 대종사께서 '一條'를 '深谷'로 변용하여 거량한 것으로 추정됨.

14

1994년 6월 27일

용도 : 하안거 오월 그믐 법어
출전 : 〈친필사본〉①45~49쪽

目無所見無分別이요 耳聽無聲絶是非라.
分別是非都放下하면 靑山寂寂夜月明이라.

눈으로 보아도 보는 상이 없으면 분별이 없고
귀로 듣고도 듣는 분별상이 없으면 시비가 끊어진다.
시비 분별심을 한꺼번에 모두 놓아버리면
청산은 적적한데 밤 달만 밝도다.

*****107)

趙州 從諗 선사가 南泉 스님을 처음 만났을 때, 마침 남전 스님은 침상에
누워 쉬는 참이었습니다. 젊은이를 보자 그냥 누운 채로 물었다.
"어디서 왔느냐"
조주 스님이 대답했다.
"瑞像院이라는 절에서 왔습니다."

---

107) ***** 이하의 일화는 『경덕전등록』(조주종심)조에 나온다.

이에 남전 스님이 다시 물었습니다.

"서상원이라, 그래 祥瑞로운 모습을 보기나 했나?"

"상서로운 모습은 못 보고 다만 누워서 졸고 있는 如來를 보았을 따름입니다."

조주의 뜻밖의 대답에 남전 스님은 벌떡 일어나 앉으며 그에게 다시 물었습니다.

"자네에겐 스승이 있는가, 없는가?"

"스승을 모시고 있습니다."

남전 스님은 스승이 누구냐고 물었고 조주는 대답 대신 절을 하고 나서 이렇게 말했다.

"겨울이라 날씨가 차오니 스승께선 건강을 살피십시오."

이렇게 해서 조주 스님은 남전 스님을 스승으로 모시게 되었습니다. 남전 스님으로서도 뜻밖의 비범한 제자를 만나 무척 기뻤습니다.

한 번은 조주가 스승에게 "道가 무엇인가?" 하고 묻자 남전 스님은 이렇게 대답했다.

"平常心이 곧 도니라."

조주 스님이 다시 물었다.

"어떤 방법으로 거기에 도달할 수 있습니까?"

"도달하겠다고 생각하는 순간, 이미 빗나간 것이다."

"하겠다는 생각을 버린다면 어떻게 도를 알 수 있겠습니까?"

"도라고 하는 것은 알고 모르고에 달린 문제가 아니다. 안다고 해야 어리석은 생각에 지나지 않으며, 모른다는 것은 단순히 혼란일 뿐이다. 만일 네가 터럭만큼의 의심도 없이 도를 깨쳐 안다면 너의 눈은 허공처럼 모든 한계와 장애물에서 벗어나 일체를 다 볼 수 있을 것이다."

이 말을 듣고 조주 스님은 홀연히 깨쳤다. 그리하여 정식으로 계를 받고 스님이 되었다.

하루는 조주 스님이 남전 스님에게 여쭈었다.

"有를 깨달은 사람은 의당 어디로 가야 합니까?"

그러자 남전 스님은 엉뚱한 대답을 했다.

"산에서 내려가 아래 마을의 한 마리 소가 되어야 한다."

그런데 더욱 놀라운 것은 조주 스님의 반응이었다. 어리둥절해 하기는커녕 그는 스승에게 "친절히 깨닫게 해주어 감사하다."고 말했다. 그러자 남전 스님이 이 말을 받았다.

"어제 밤 삼경에 달이 창문으로 비치었도다."

여기에 平常心은 번뇌망상의 평상심이 아니고, 造作도 없고, 是非도 없고, 取捨心도 없고, 無常하다는 斷見과 不變하다는 常見도 없고, 凡夫와 聖人도 없는 淸淨無垢한 평상심으로 알아야 한다.

처음에 조주 스님이 부엌의 화부로 일하고 있었다. 어느 날 그는 부엌문을 꼭꼭 닫고 연기가 자욱하도록 불을 지폈다. 그리고는 "불이야 불! 사람 살려라." 소리쳤습니다. 이 소리에 놀라 절이 발칵 뒤집히면서 모두들 부엌문으로 몰려들자, 그는 이렇게 말했다.

"그대들이 바른 말을 하기 전엔 이 문을 열지 않겠다."

대중들은 놀라 말문이 막혔습니다. 이때 남전 스님이 다가와 말없이 문틈으로 열쇠를 건네주었다.

이것이 바로 조주 스님이 심중에 두고 있던 바른 말이었으며, 그래서 그는 곧 문을 열고 나왔다. 이러한 방편이 남을 깨닫게 하기 위한 것이다.

어느 날 조주 스님이 오대산에 있는 淸凉寺로 떠나려고 하는데, 어느 스님이 다음과 같은 시를 지어 운수행각하고 다니는 것을 놀렸다.

何處靑山不道場이야 何須策杖禮淸凉이리오

雲中縱有金毛現이라도 正眼觀時非吉祥을.

어느 곳 청산이 도량 아님이 없건만
구태여 지팡이 짚고 청량사를 찾다니
구름 속에 황금 털 사자가 나타난다 해도
바로 보면 문수보살이 아닐텐데.

이 시에 대해 조주 스님 이렇게 되물었다.
"바로 본다는 건 대체 무엇인가?"
그러자 그 스님은 말이 막혔다. 正眼을 갖춘 후에도 여러 해 동안 각 지방을 행각하며 선사들을 방문했다.

한 스님이 조주 스님의 초상화를 그렸다. 그것을 선사받자 조주 스님이 이렇게 말했다.
"이것이 진정 나의 모습이라면 너는 나를 죽여 없앨 수가 있을 것이다. 그러나 그렇지 아니하니 내다 태워버리게."

새로 온 제자가 말했습니다.
"이렇게 빈손으로 왔습니다."
"그렇다면 거기 내려놓게."
"아무 것도 가져오지 않았는데 무엇을 내려놓으라는 말씀입니까?"
"그럼 계속해서 들고 있게나."

무엇보다 중요한 것은 마음을 비우는 일입니다.

한 스님이 조주 스님에게 물었다.
"스님의 禪風은 무엇입니까?"
"안으로는 아무 것도 가진 게 없고 밖으로는 구할 게 아무 것도 없다."

한 스님이 물었다.
"거지가 오면 우린 무엇을 줘야 합니까?"
"거지에겐 부족한 게 없네."

한 스님이 조주 스님에게 물었다.
"우주만물과 벗하지 않는 사람은 누구입니까?"
"그는 사람이 아니다."

한 스님이 물었다.
"부처는 어떤 분입니까?"
"너는 누구냐?"

제자 한 사람이 죽어 장사지내는데 조주도 장례행렬에 끼어가면서 이렇게 말했다.
"수많은 죽은 사람이 단 하나의 산 사람을 따라 가는군."
*****108)

조주 스님의 일상생활은 대단히 금욕적이었다고 하고, 40년 동안 한 번도 새 가구를 들여놓은 적이 없고, 신도들에게 시주를 권하는 일이 없던, 아주 수완이 없는 주지였던 것이다.
천하 사람들이 다 아름다운 것을 아름답다고 하지만, 그것은 추한 것이 있기 때문이다. 착한 것을 착하다고 여기는 것은 착하지 않음이 있기 때문이다. 그런 까닭에 有와 無가 서로를 낳고, 어려운 것과 쉬운 것이 서로를 만들며, 긴 것과 짧은 것이 서로 겨루고, 높은 것과 낮은 것이 서로 견주며, 목과 소리가 서로 어울려 조화를 이루며, 앞과 뒤는 서로가 서로를 따르는 것이다. 이렇게 대립되는 짝들은 모두 상대세계의 번뇌 망상의 괴로운 일이다.

---

108) 이상은 모두 『경덕전등록』(조주종심)조에 등장하는 일화를 활용하여 혜암 대종사께 서 단간하게 설명을 붙이는 형식으로 이루어졌다.

時會大衆은 속히 확철대오하여 원융무애한 中道에 입각하여, 남과의 대화에서도 밖으로는 現象에 초연하며, 안으로는 空 가운데 있어도 空을 초연해야 한다. 만일 현상에 집착하면 어리석은 생각만 늘어날 것이고, 공에 집착하면 어둠의 구렁으로 더 깊이 빠진다.

萬事無如退步休하라 百年虛幻夢中軀로다.
趙州不是爭胡餠하야 要使時人劣處求로다.[109]

세상 모든 일을 한 번 쉬어라
한평생 일이 꿈속이로다.
조주는 만사를 쉬고
그때에 어리석은 사람을 찾았을 뿐.

佛紀 2538년 陰 5월 30일.
牛山林

---

[109] 이 게송은 『慈受深和尙廣錄』에 전고가 있고 원래는 "萬事無如退步休, 百年浮幻水中漚, 趙州不爲爭餬餠, 要得時人劣處求."이다. 인용함에 약간의 글자 출입은 있으나 의미상에는 차이가 없다. 주목할 점은 이 책은 조선에서 유통된 바가 없고, 일본인들의 책에는 종종 인용된다. 혜암 대종사도 이쪽의 영향을 받은 듯.

15

1994년 7월 12일

용도 : 하안거 유월 보름 법어
출전 : 〈친필사본〉①50~54쪽

三世諸佛이 莫不皆從此門出入이라.

(且道호데)

今日山僧이 說法耶不說耶?
山僧이 不說法無不說이라고 하면 作麽生是不說法無不說的道理오?

(拄杖子一下.)

放下萬事端하고 須度趙州關하라. 參到百不會하면 便是露團團이로다
直截如斯去하면 須臾破疑團하리니 衲僧家中事가 如是乃案閑을[110]

삼세의 모든 부처가 모두 이 문[111]을 따라 출입하지 않음이 없었다. 그런

---

110) 을 : 혜암 대종사께서 붙인 따인데, 의미가 불명.
111) 이 문 : 이하의 법문에 등장하는 '조주의 관문'을 지칭.

데 오늘 산승이 법을 설한 것인가, 설하지 않은 것인가? 법을 설하지도 않고, 설하지 않음도 없는 것이라면, 어떤 것이 설함도 설하지 않는 도리인가?

(이렇게 말하고는 주장자를 한 번 내려쳤다.)

온갖 일을 모두 놓아버리고 오직 조주의 관문[112]을 통과하라. 참구해서 일백 번 모르는 데 이르면 거기에 원만히 드러나리라. 이렇게 걸어가면[113] 잠깐 사이에 의심덩어리를 부수리니, 납승의 집안 일이 이쯤 되면 편안하고 한가하지.

어떤 스님이 趙州에게 묻기를
"개에게도 부처의 佛性이 있습니까, 없습니까?"
조주가 대답하기를 "無."라 하였다.

이 '無'라는 글자는 마치 한 알의 還丹[114]과 같이 쇠에 대면 금이 되듯 하여서 조금만 '무' 자를 들어도 삼세의 모든 부처들 면목이 뚜렷이 뛰쳐나오게 된다. 그대들은 이 道理를 긍정하는가 마는가? 만일 긍정하여 믿어지지 않는다면 이 큰 의심 속에 몸과 마음을 온통 내 놓아라. 마치 천 길 만 길의 낭떠러지에 떨어진 때처럼 아무 계교나 다른 생각이 없으며, 또

---

112) 조주의 관문 : 이하에 거론되는 '무자화두'야말로 깨침의 세계로 들어가는 관문으로 간주한 것임. 趙州 從諗(778~897) 선사는 선종의 전등 계보로는 육조 혜능→남악 회양→마조 도일→백장 회해→남전 보원→조주 종심으로 기록되지만, 그는 젊은 시절부터 여러 곳을 참방하여 폭 넓게 사람을 만나 수행을 하다가, 80이 넘어 하북성 서부에 위치한 조주의 관음원에 주석하였다. 많은 화두가 유행하나 그 중에 '무자화두'가 유명하여, 고려 진각 혜심은 「狗子無佛性話看病論」을 지었고, 다시 조선의 백파 긍선은 『선문수경』에서 그 과목을 나누고 해설하기도 했다. 조선과 현재 한국의 선사상 이해에 '무자화두'는 매우 중요.
113) 이렇게 걸어가면 : 원문은 "直截如斯去"이다. 이 원문에서 '截去'의 '去'는 방향보어로 동사 '截'의 동작이 진행됨을 표시. 원문대로 번역한다면 "이렇게 곧바로 끊으면"이 된다.
114) 還丹 : 중국 도가에서 말하는 신선이 되는 약의 일종.

죽은 사람마냥이어서, 이렇게 한다, 저렇게 한다는 생각을 버리고, 단 하나 '무' 자만을 들어서 하루 종일 온갖 행위 가운데 다만 화두만을 생명의 뿌리로 삼아서 항상 昧하지 않도록 하고 때때로 점검하여 살펴야 한다.

화두를 들어서 눈앞에 두기를 마치 닭이 알을 품을 때 따뜻한 기운이 늘 계속되듯이 하고, 고양이가 쥐를 잡을 때 몸과 마음을 움직이지 않고 눈을 잠시도 팔지 않듯 하면, 몸과 마음이 있는지 없는지 조차 알지 못하고 마음과 눈과 화두가 한 덩어리가 되리라. 다만 이렇게 惺惺寂寂하고 寂寂惺惺하여 은밀히 參詳하기를 마치 어린애가 어머니를 생각하듯 하고, 배고픈 이가 먹을 것을 생각하듯 하며, 목마른 이가 마실 것을 생각하듯 하여서, 그만둘래야 둘 수 없고, 생각하고 더 생각한다면 이것이 어찌 일부러 지은 마음이겠는가? 이렇듯 진실하게 功力을 들이면 곧 힘을 얻은 곳, 得力處이다.

화두가 저절로 純一하게 익어서 한 덩어리가 되면 몸과 마음이 텅 비어서 凝然히 움직이지 않고 마음이 더 갈 데가 없어진다. 여기가 바로 當人[115]뿐이니, 당인이 다른 생각을 낸다면 결정코 그림자에 홀림을 당할 것이니, 천 번 만 번 털끝만치라도 딴 생각을 내지 말고 바로 저것이 이뭣고가를[116] 돌이켜보아야 한다.

또는 조주 스님이 '無'를 말씀한 뜻이 무엇인가를 살펴서 이 한 말씀에 無明을 쳐 없애면 마치 사람이 물을 마시어 차고 더운 것을 스스로 아는 것과 같으리라. 그러나 이것을 투철하지 못하면 다시 더 정신을 차려서 오직 화두만을 꾸준히 가지어 間斷이 없어야 한다. 의심이 있고 없음을 따지지 말고, 맛이 있고 없음을 가릴 것 없이, 곧 이 큰 의심 밑에 화두만을 들어서 단 하나로 昧하지 말고, 밀어오고 밀어가서[117] 다닐 때에도 이러하

---

115) 當人 : 당사자, 본인의 뜻. 당나라 시대의 선어록에 '自己'와 더불어 자주 쓰인다. 당시 선종에서는 깨달음은 당사자 본인의 몫이라는 의식이 확산되기 시작했다.

116) 이뭣고가를 : '이것이 무엇인가를'을 표현한 혜암 대종사 특유의 언어. 여기서 말하는 '이것'은 '무자화두'를 지칭. 한국의 선방에서 전래되는 '이뭣고 화두'라고 단정할 필요는 없다.

117) 밀어오고 밀어가서 : 선어록에 자주 등장하는 용어로 '推來推去'에서의 '~來~去'는 동작의 진행이 반복됨을 뜻함. 계속 밀어가다는 뜻. '推去推來'로도 사용. 여기서는 '무

고, 앉을 때에도 이러하며, 죽을 먹고 밥을 먹을 때에도 이러 하고, 사람을 대하여 이야기 할 때에도 이러하여서, 온갖 하는 짓의 움직이고 고요한 경계에서 모두 한결같으면 곧 성취되지 않음이 없으리라.

그대들이여, 네 가지 은혜[118]가 깊고 두터운 줄을 아는가?

四大로 이루진 더러운 肉身은 생각 생각에 쇠해지고 썩어 가는 줄을 아는가?

그대 목숨이 숨 한 번 들이쉬고 내쉬는 사이에 있는 줄을 아는가?

부처와 조사가 세상에 출현하였음을 만났는가?

살아있을 때에 가장 높은 宗乘[119]을 듣는가?

이 높은 종승을 듣고 희유한 마음을 내었는가?

僧堂 안에서 쓸데없는 말을 조심하는가?

조사들의 語錄을 보는가?

승당을 함부로 떠나지 않고 節制를 지키는가?

다니고 머물고 앉고 누울 즈음에 늘 화두를 점검하여서 하루 종일 간단함이 없는가?

죽을 먹고 밥을 먹을 때에도 화두를 점검하는가?

사람을 대하여 이야기를 나눌 때에도 화두를 昧하지 않는가?

엎치락뒤치락 할 때에도 화두를 가지는가?

승당에 앉을 때에 이웃사람과 귓속말로 소곤대지 않는가?

때로는 사람들과 어울리어 부질없는 수작으로 옳고 그름을 선동하지 않는가?

남의 허물을 보지 않고 남의 잘못을 말하지 않는가?

때때로 힘을 더 써서 진보하게 되는가?

보고 듣고 깨달아 알 때에 화두가 또렷하여 昧하지 않고 한마음이 되는가?

자화두'를 계속 드는 것을 뜻함.

118) 네 가지 은혜 : 부모, 중생, 국왕, 삼보 등의 은혜.

119) 宗乘 : 가장 으뜸이 되는 가르침이라는 뜻으로 주로 선종의 가르침을 지칭.

좋은 시절을 만날 적에 自己를 돌이켜보는가?
자기의 면목을 어떻게 하여야 조주 스님을 붙잡게 되는가?
조주 스님이 '無'라고 말씀한 뜻이 어떤 것인가?
이 생에서 부처님의 慧命을 잇게 되는가?
윗자리와 아랫자리의 次序가 서로 공경하는가?
일어나고 앉음이 편할 때에 지옥의 괴로움을 생각하여 보는가?

이것들은 모두 참선하는 사람들이 날마다 생활하는 가운데 점검하는 도리이다. 진실하게 참선하는 이는 반드시 이렇게 공부해야 할 것이다. 물음을 따라 이러한 조목들을 낱낱이 말하여 보았거니와 말을 내릴 수 없는 곳을 더욱 有心하여서 그냥 내쳐 지나지 않도록 하여야 한다.

君旣知非去名利니 此生須報佛祖恩하라.
若也今日三明日四120)하면 幾時了斷無明根가?

그대 이미 그름을 알아 명리를 버렸으니
이 생에서 반드시 불조 은혜 갚아야지.
오늘도 내일도 이러쿵저러쿵 지내면
어느 때에 무명 뿌리 끊어 없앨까?

佛紀 2538년 陰 6월 15일.

---

120) 今日三明日四 : 『치문경훈』(10권본), 『설암조흠선사어록』, 『석옥청공선사어록』 등 선문헌에 자주 등장하는 용례로, 수행을 않고 세월 녹이는 것을 탓할 때 쓰는 말. 오늘도 제삼 제사, 내일도 제삼 제사. "今日三明朝四"로도 씀.

16

1994년 7월 12일

용도 : 하안거 유월 그믐 법어
출전 : 〈친필사본〉①55~60쪽

(卓拄杖一下.)

寂照一物遍法界하야 恒沙無量功德具요
能殺能活獨有權하니 十方法界一眞常이로다.[121]
太虛茫茫廣無邊한데 地球小小覓難見이라
聖賢達士互相誇하니 顯微鏡中一毫彰이로다.

(주장자를 한 번 내려치시다.)

고요히 빛나는 한 물건 온 누리에 가득 차
항하사 모래 수와 같은 공덕을 갖추었네.
죽이고 살리는 권한이 네게 있으니
시방 법계의 진면목이로다.

---

121) 이 구절을 글자 대로 번역하면, "죽이냐 살리냐는 오직 방편[權]에만 존재하고, 시방 법
계는 하나의 진실[實]로서 항상한다."이다. 방편의 측면에서 보면 작용이 자재하지만,
진실의 측면에서 보면 본체는 영원하다.

텅 빈 하늘은 아득하여 끝이 없는데
지구는 작고 작아 찾아볼 수 없네.
성현 군자들이 내 잘났다고 서로 뽐내니
현미경 속의 티끌만한 그림자로다.

우리 모두가 이 허공보다 비유할 수 없이 더 큰 한 보물을 가지고 있으니,
대장부다운 용기를 내어 이번 용맹정진에 확철대오합시다. 도는 신변에
가까이 있는데 學者[122]들이 이를 모르고 헛되이 高遠한 곳에서 구하므로
마침내 얻지 못한 병폐가 있다. 마음 밖에서 도와 행복을 구하지 말지어다.

洪州 太安寺의 주지는 經과 論을 강론하는 講師였는데[123], 오직 馬祖
스님을 비방하기만 하였다. 하루 밤은 삼경에 鬼神使者가 와서 문을 두드리
니 주지가 물었다.
"누구시오?"
"귀신세계의 사자인데 주지를 데리러 왔다."
"내가 이제 예순일곱 살인데 40년 동안 경론을 강하여 대중들에게 공부
하게 하였으나 말다툼만 일삼고 수행은 미처 하지 못했다. 그러니 하룻
밤, 하루 낮만 말미를 주어 수행케 해주시오."
"40년 동안 경론을 강의하기를 탐하면서도 수행을 못했다면 이제 와서
다시 수행을 해서 무엇에 쓰겠는가? 한창 목마른데 우물을 파는 격이니
무슨 소용이 있으랴. 주지가 아까 말하기를, '경론 강하기만을 탐하여 대중
에게 공부하게 했다.' 하였는데, 옳지 못하다. 무슨 까닭인가? 경전[124]에
분명히 말씀하시기를, '스스로를 제도한 뒤에 남을 제도하고, 스스로가 해
탈한 뒤에 남을 해탈케 하고, 스스로를 조복한 뒤에 남을 조복시키고, 스스
로를 고요하게 한 뒤에 남을 고요하게 하고, 스스로가 편안한 뒤에 남을

---

122) 學者 : 선원의 참선 수행자.
123) 이하에 등장하는 강사와 귀신 사자와의 고사는 출전 미상.
124) 미상.

편안케 하고, 스스로가 더러움을 떠난 뒤에 남에게 더러움을 떠나게 하고, 스스로가 깨끗한 뒤에 남을 깨끗하게 하고, 스스로가 열반에 든 뒤에 남을 열반에 들게 하고, 스스로가 즐거운 뒤에 남을 즐겁게 하라.' 하셨는데, 그대는 자신을 편안하고 고요하게 하지 못했는데, 어찌 남에게 道業을 이루게 할 수 있겠는가?

듣지 못했는가? 金剛藏菩薩이 解脫月菩薩에게 말하기를, "내가 바른 행을 닦은 뒤에야 남에게 바른 행을 닦게 할 수 있다. 무슨 까닭인가? 만일 스스로가 바른 행을 닦지 못하고서 남에게 수행케 함은 옳지 못하기 때문이다."125)라고 하였다. 그대는 더러운 生死心으로 입을 놀리고 따지기만 하여 불교를 잘못 전하여 어리석은 중생을 속였다. 저 세계의 왕이 화가 나서 그대를 잡아다가 그 세계의 칼 숲 지옥에 잡아넣어 혀를 끊으라 했으니 끝내 피할 도리가 없을 것이다. 또 부처님의 말씀을 듣지 못했는가?

言詞所說法을　小智妄分別하니
是故生障碍하야　不了於自心이라.
不能了自心거니　云何智正道리요.
彼由顚倒慧하야　增長一切惡이로다.126)

말로써 설한 법을 작은 지혜로 망녕되게 분별하니
그러므로 장애를 일으켜서 자기 마음을 알지 못한다.
자기 마음도 알지 못하거니 어찌 바른 도를 알리오.
저 뒤바뀐 지혜 때문에 온갖 죄악을 더한다.

그런데 그대는 40년 동안 구업을 지었으니 지옥에 들지 않으면 또 어찌하겠는가? 또 옛부터 경전에 분명한 글이 있다. 즉, '말로써 모든 법을 말씀하

---

125) 『화엄경』「십지품」의 말.
126) 『화엄경』제16권 「승수미산정품」 제13에는 다음과 같이 표기. "言辭所說法, 小智妄分別, 是故生障礙, 不了於自心. 不能了自心, 云何知正道, 彼由顚倒慧, 增長一切惡."

여도 실상을 나타내지 못한다.'고 하였는데, 그대는 망상으로 입을 놀려 어지러이 말했다. 그러므로 반드시 죄를 받아야 하니, 다만 자신을 탓할지언정 남을 원망치는 말라. 지금 어서 빨리 가자. 만일 늦으면 저 왕께서 나를 꾸짖을 것이다."

그러자 둘째 사자가 말했다.
"저 왕께서 벌써 이런 사실을 아실 터이니, 이 사람에게 수행하게 해준들 무방하지 않겠는가?"

첫째 사자가 말했다.
"그렇다면 하루쯤 수행하도록 놓아주겠소. 우리들이 돌아가서 왕에게 사뢰어 허락해 주시면 내일 다시 오겠고, 만일 허락하지 않으시면 잠시 뒤에 다시 오겠소."

사자들이 물러간 뒤에 주지가 이 일을 생각했다. '귀신 사자는 허락했으나 나는 하루 동안 어떤 수행을 해야 하는가?' 아무 대책도 없었습니다. 날이 밝기를 기다릴 겨를도 없이 開元寺로 달려가서 문을 두드리니 문지기가 말했다.
"누구시오?"
"太安寺 주지인데, 스님 문안을 드리러 왔소."
문지기가 문을 열어주니, 주지는 곧 마조 스님께로 가서 앞의 일을 자세히 말씀드리고 온몸을 땅에 던져 절을 한 뒤에 말했다.
"죽음이 닥쳐왔는데 어찌해야 되겠습니까? 바라옵건대 스님께서 제 남은 목숨을 자비로써 구제해 주십시오."
(마조) 스님께서는 그를 자신 곁에 있게 하였다.
날이 새자 귀신 사자가 태안사로 가서 주지를 찾았으나 찾지 못하고, 다시 개원사로 와서 주지를 찾았으나 찾지 못했다. 이 때 마조 스님과 주지는 사자를 보았으나 사자는 마조 스님과 주지를 보지 못했다.

한 스님이 이 일을 들어 龍華 스님에게 물었다.

"주지는 그 때 어디로 갔었기에 사자가 찾지 못했습니까?"

"牛頭 스님이니라."

"그렇다면 국사께서는 당시 굉장했겠습니다."

"南泉 스님이니라."

講伯으로 이름을 드날리던 孚 上座127)가 『열반경』을 강의하여 法身의 묘리를 논할 때의 일이었다. 청중 속에서 실소하는 자가 있어서 바라보니 雪中에 길이 막혀서 절에 묵고 있던 禪客이었다. 강의를 마친 뒤에 그 선객을 청해 물었다.

"나는 經文에 의거해 그 도리를 해석한 것뿐인데 아까는 어찌하여 웃으셨소?"

"스님께서는 법신이 무엇인지를 모르시기에 웃었습니다."

"제 말 중에 어디가 잘못이 있었습니까?"

"지적할 테니 다시 한 번 설해주시지요."

그러자 부 상좌가 설했다.

"법신이란 허공과 같으니,

세로는 삼세를 다하고 가로는 시방에 미치되,

緣을 따라 어디에나 나타나 중생을 구하니

실로 미치지 않음이 없다 해야 합니다."

그러자 선객이 말했다.

"스님의 설법이 그르다는 것은 아닙니다. 다만 법신의 무변한 작용만을 알았지, 법신 자체가 무엇인지는 모르고 계신 듯합니다."

이에 부 상좌는 선객의 충고를 받아들여 좌선하던 중, 五更에 이르러

---

127) 孚 上座 : 이하에 등장하는 부 상좌의 일화는 『벽암록』 제47칙과 제99칙 본칙의 평창에 등장.

문득 대오했다고 하며, 그 때에 지은 오도송도 전해온다.

법신에 관한 이론과 법신 자체는 다르며, '마음이 부처'라는 도리와 '마음이 부처'임을 깨닫는 체험과는 거리가 있는 것이니, 이것이 공안과 교리적 해석의 차이다.

廣劫障道因睡眠이니 幸得今身莫睡眠하라.
一死一生在此戰하니 何不退賊肯睡眠이리오.

광겁에도 못 이룸은 졸음 때문이니
사람 몸을 받았을 때 졸지를 마소.
생사대사 이 한판의 싸움에 있으니
어찌 싸우지 않고 졸기를 즐기랴.

佛紀 2538년 陰 6월 29일.

17

1994년 7월 12일

용도 : 하안거 해제 법어
출전 : 〈친필사본〉①61~63쪽

結制解制解制結이요 知結人是知解人이요.
若得解結不二道하면 凡夫超越作聖人이로다.

如何是不二道오?
坐看白雲起하고 出門聽鳥歌로다.

결제가 곧 해제이고 해제가 결제로다.
결제할 줄 아는 자가 해제할 줄도 안다네.
만약 해제와 결제가 둘이 아닌 도를 알면
범부를 초월하여 성인이 되리.

어떤 것이 不二의 도인가?
앉아서 구름 일어나는 것 보다가
문 밖에 나가서 새가 노래하는 것을 듣네.

禪은 發心한 자의 소유물이니 고생하고 노력 없이는 성취할 수 없다. 어떠한 일이 있더라도 오직 이 공부를 성취하고 만다. 이러한 결심이 아니면 도저히 이 공부는 성취하지 못한다. 發心은 불조의 어머니요 공덕의 탑이 되나니, 모든 성현이 이로부터 나오기 때문이니라.

生者必滅이요 會者定離하며[128], 有形者破壞하나니 一切萬法이 夢幻泡影이기에[129], 永生不滅의 실상을 求得하려는 마음이 곧 발심인 것이니, 發菩提心하면 처처에 安樂國이니라. 발심은 철저한 신심을 낳게 하나니 신심은 佛果를 이루는 근본이 되는 것이다.

오직 이 한 물건만 믿는 것을 바른 신심이라고 한다. 석가도 쓸 데 없고 達磨도 쓸 데 없다. 八萬藏經이란 다 무슨 잔소리인가? 오로지 마음 깨치는 공부만 할 따름이요, 그 외에는 전부 외도며 마군이들이다.

신심은 불조의 말씀을 믿는 것은 물론이고, 자기가 자기를 믿는 신심이 더욱 철저하여야 하나니, 세상일도 自信 없이는 성취되는 일이 없거니, 하물며 생사를 초월하는 一大事 일이겠는가? 아무리 작은 벌레라도 다 이 물건을 가지고 있다. 깨친 부처나 깨치지 못한 벌레까지라도 똑같이 가지고 있다. 다른 것은 이 물건을 깨쳤느냐 못 깨쳤느냐에 있다. 석가와 달마도 이 물건은 눈을 들고 보지도 못하고 입을 열어 설명하지도 못한다. 이 물건을 보려고 하면 석가도 눈이 멀고 달마도 눈이 먼다. 또 물건을 설명하려고 하면 부처와 조사가 다 벙어리가 되는 것이다.

고인[130]이 사람의 근기를 세 가지로 나누어 말하였으되, "上根機는 자기에게 있는 것이라 말을 듣지 않고도 알고, 中根機는 말을 듣고서야 비로소 알고, 下根機는 칠일 동안을 공부하면 아무리 薄地凡夫라도 깨닫는다."고 하였다.

諸佛 諸祖가 옛날에는 모두 우리와 같은 범부였다. 그가 이미 장부요

---

128) 『문수사리문경』 등의 불교 문헌에 "生者必滅"의 구절이 쓰이고 있으나, "會者定離"는 보이지 않는다. 그와 비슷한 말로 "會必有離"는 쓰인다.
129) 한국 불교계에는 『금강경』 사구게의 하나인 "一切有爲法, 如夢幻泡影, 如露亦如電, 應作如是觀."으로 많이 알려져 있다.
130) 고인 : 미상.

너도 또한 장부거니, 다만 하지 않았을지언정 할 수 없는 것은 아니다. 불조에게 속아서 못난 놈이 되지 마라. 이 세상에는 나보다 더 높은 자가 없느니라.

鐵壁銀山行路絶을 行人到此識情忘이라.
鍾落一聲忽回首하니 山河大地放新光이라.

철벽 은산에 향하는 길이 끊어져서
길 가는 이 여기에 이르러서는 모든 식정을 잊는다.
한 종소리에 머리를 돌려보니
산과 물과 큰 땅이 다 새 빛을 놓더라.

佛紀 2538년 陰 7월 15일.
解制日

18

1994년 11월 17일

용도 : 동안거 결제 법어
출전 : 〈친필사본〉①64~68쪽

伽倻山高天下立하고 洛東江深沙上流라.
元來妙道難可說이오 明日喫茶活眼看하라.[131]

가야상봉이 높다 해도 하늘 밑에 서 있고
낙동강 물이 깊어도 모래 위로 흐르도다.
원래 묘한 도는 말로는 다 설명할 수 없으니
내일 차 마실 때 산 눈을 뜨고 보아라.

身是正法藏이오 心爲无碍燈이라
照露諸法空하니 一切皆明見이로다.

몸은 이 바른 법을 감추었고
마음은 걸림 없는 등불이다.
모든 법이 공함을 다 비추나니

---

131) 같은 게송이 〈36. 1996년 1월 19일〉 법어도 나옴. 이 책의 165쪽.

일체를 모두 환히 보네.

*****132)

佛問諸沙門하시되 人命이 在幾間고 對曰 在數日間이니다. 佛言하시되 子
는 未爲道로다. 復問 一沙門하시되 人命이 在幾間고. 對曰在飯食間이니다.
佛言하시되 子亦未爲道로다. 復問一沙門하시되 人命이 在幾間고. 對曰呼吸
間이니다. 佛言하시되 善哉善哉라. 可爲道矣로다.133)

知非子134)頌하되 佛說因緣一大事하니 世界壞時渠不壞라. 東西南北趙州
門에 普化出入無人會로다.

부처님께서 여러 사문들에게 물으시되,
"사람의 목숨이 얼마 사이에 있는고?"
대답하되,
"며칠 사이에 있습니다."
부처님께서 말씀하시되,
"그대는 도를 닦지 못할 사람이다."
다시 한 사문에게 물으시되,
"사람의 목숨이 얼마 사이에 있는고?"
대답하되,
"밥 먹는 사이에 있습니다."
부처님께서 말씀하시되,
"그대 또한 도를 닦지 못할 사람이다."
다시 한 사문에게 물으시되,
"사람의 목숨이 얼마 사이에 있는고?"

---

132) 이하는 『선문염송』⟨10. 人命話⟩에서 인용해 온 구절.
133) 이상의 고사는 『사십이장경』에 나옴.
134) 본명은 趙抃, 시호는 淸獻, 知非子는 그는 자호이다. 송 지화 년간에 시어사가 되었고,
    淨因 居訥(1010~1071) 선사와 교유했다.

대답하되,
"호흡 사이에 있습니다."
부처님께서 말씀하시되,
"착하고 착하도다. 가히 도를 닦을 사람이다."
라고 하시었다.

지비자가 송하였다.
"부처님께서 인연의 큰일을 말씀하시니
세계가 무너질 때도 그것은 무너지지 않으리.
동서남북 조주의 문에
보화가[135] 출입해도 알아채는 이 없네."
*****[136]

禪客家風에 有三分段하니 動靜一如와 夢中一如와 熟眠一如다 如是點檢하야 努力努力할지어다.

공부하는 데 세 가지 단계 중 행주좌와 어묵동정 일체처 일체시에 일여하느냐, 꿈속에서도 일여하느냐, 잠이 아무리 깊이 들어도 절대 매매하지 않고 여여 불변할 때, 영겁불망이 되는 것이다.

心珠常瑩徹하야 无處非不照로다.
放下正邪想하면 能入古佛堂이로다.

마음 구슬 항상 투명하야
어느 곳이나 비추지 아니함이 없구나.
정도라 사도라 그 생각을 다 놓으면

---

135) 普化 : 반산 보적의 제자로 『조주록』에 특이한 행적을 보이고 있다.
136) 여기까지가 『선문염송』(10. 人命話)에서 인용해 온 구절.

능히 옛 부처님 나타나리라.

지리산 泉隱寺 三日庵 朴性月 스님[137] 회상에 칠십여 세나 된 대처한 湖隱 스님이 선원에 입방을 요청할 때에, 대중스님들이 거부하였으나 대자 대비하신 조실스님께서 허락을 하시어, 감사한 마음으로 家事를 돌보기 위하여 주택에 내왕하면서 趙州 '無' 자 공안을 타파하려고 '무', '무'하며, 入禪 시간에는 방바닥을 치면서 '어째서 무냐?' 하였다.

大疑情으로 정진하던 중, 半山林 경에 즈음하여 수덕사 惠菴 스님[138]께서 조실스님에게 질문하기를,

"소를 타고 소를 찾는다[騎牛覓牛]는데 그것은 어떤 도리입니까?"

하고 여쭈었다.

조실스님은

"그대가 소를 타고 소를 찾는다니, 그 찾는 소는 그만두고 타고 있는 소나 이리 데리고 오너라."

하셨다.

그 때 참선이 무엇인지도 모르고 늦게 공부를 한 호은 스님이 그 자리에서 일어나 춤을 둥실둥실 추며 하는 말이,

"대중스님들은 다 몰라도 나 혼자만은 알았습니다."

하고 큰 소리를 쳤다. 그리하여 조실스님이 여러 공안을 점검해보니 하나도 막힘이 없이 다 대답하므로 깨달았다고 인가를 하셨다.

그 때 그 환경의 영향으로 朴秋月이라는 스님이 분발하여 16일 동안을 불철주야로 단식하여 용맹정진했다고 한다.

호은 스님은 성월 스님 앞에서

---

137) 朴性月 스님 : 자세한 이력은 알 수 없고, 이하에 실린 내용은 惠菴 스님의 『선관법요』에 실린 것으로, 이를 통해 성월 스님의 행적을 알 수 있다.
138) 惠菴(1885~1985) 스님 : 12세에 수락산 흥국사에서 출가한 뒤, 통도사 내원선원의 성월 선사 회상에서 정진했고, 그 뒤 만공 선사와 용성 선사 회상에서 참학했다. 35세에 수덕사 조실 만공 화상으로 부터 전법게를 받은 뒤, 후학을 지도하다 71세에 수덕사 조실로 추대되었고, 101세에 입적했다. 저서로는 『선관법요』가 전함.

"스님께서 제자를 도와주지 않았더라면 영겁으로 무명의 생사윤회 고해를 해탈하였겠습니까?"

하고는 흐느껴 울었다고 한다.

그런 후, 해제하기도 전에 금강산 釋王寺의 조실로 추대되어 갔다. 호은 스님의 오도송은 다음과 같다.

即聞將來騎牛聲하야 頓覺三千是吾家라.
不增不減般若峰에 自去自來太平歌로다.139)

곧 타고 있는 소를 데려오라는 소리를 듣고
문득 삼천대천세계가 내 집임을 깨달았네.
더하지도 않고 덜하지도 않는 반야봉에
스스로 오고가며 태평가를 부르네.

忽有人이 問山僧호대 如何是佛法大意오하면 向伊道호대 朝來共喫粥하고
喫了洗鉢盂로다.

홀연히 어떤 사람이 산승에게 묻되 "어떤 것이 불법의 큰 뜻입니까?"
하면, 그에게 "아침에 함께 죽을 먹고, 먹고 나서는 발우를 씻네."라 하리다.

(喝一喝.)

佛紀 2538년 11월 17일. 陰 10월 15일.

---

139) 『선관법요』에 전하는 오도송은 다음과 같다. "忽聞騎牛覓牛聲, 頓覺即時自家翁, 非去
非來法性身, 不增不減般若峰."

19

1994년 12월 2일

용도 : 동안거 시월 그믐 법어
출전 : 〈친필사본〉①69~75쪽

參禪只在起疑團이오 疑去疑來[140]似火團하고
不覺全身都放下하면 大千沙界一毫端이로다.

隱去復何求리오 無言道心長이로다.

참선은 다만 의단을 일으킴이요
의심하여 오가기를 불무더기 같이 하고
전신을 모두 버리어 없애버리면
대천세계가 한 터럭 끝이로다.

숨어사는 데 다시 무엇을 구하랴. 무언 중에 도심은 커간다.

古人이 말씀하시기를, "小疑之下에 小悟하고, 大疑之下에 大悟하며, 不疑

---

140) 疑去疑來 : '~去~來'에서의 去 또는 來는 동작의 진행을 표시하는 보어. '의심하고 의
심하다'는 뜻.

之下에 悟라."141)하였다.

공안이 1천 7백이로되 화두공부를 해나가는 방식은 동일하기에 화두가 오직 하나라고 생각하고, 본인들이 공부하는 화두에 大信心과 大憤志와 大疑情으로142) 일념 만년으로 노력하고 노력할지어다.

欲趣一乘이어든 勿惡六塵하라.
六塵不惡하면 還同正覺이라.143)

일승으로 나아가고자 하거든 육진을 미워하지 말라.
육진을 미워하지 않으면 도리어 정각과 동일함이라.

兩眼은 日月光明世尊이요, 兩耳는 香積如來이며, 口舌은 法喜如來이며,
身은 盧舍那佛이며, 意는 不動如來大光明佛이니라.144)

*****145)

---

141) 본 내용은 『박산참선경어』에 등장하는 다음의 말을 인용한 것이다. "古德云, 大疑大悟, 小疑小悟, 不疑不悟." 여기서 말하는 '고인'은 『선관책진』에 의하면 설암 조흠 선사로 추정된다.

142) 화두 수행의 '3要'로 고봉 원묘 선사가 제창했다. 본 내용의 원 출전은 『고봉원묘선사어록』으로 다음과 같다. "若謂著實參禪, 決須具足三要. 第一要有大信根, 明知此事, 如靠一座須彌山. 第二要有大憤志, 如遇殺父冤讐, 直欲便與一刀兩段. 第三要有大疑情, 如暗他做了一件極事, 正在欲露未露之時. 十二時中, 果能具此三要, 管取剋日成功, 不怕甕中走鼈. 苟闕其一, 譬如折足之鼎, 終成廢器." 한편, 조선시대 이후 이 땅의 선사들은 주로 『선가귀감』을 통해 '3요'를 이해했다.

143) 이 구절의 출전은 3조 승찬 대사의 『신심명』으로 원형은 다음과 같다. "欲取一乘, 勿惡六塵, 六塵不惡, 還同正覺."

144) 이 부분은 『佛說天地八陽神呪經』에 나오는 다음 구절을 활용한 것으로 보인다. "卽知, 兩眼是光明天, 光明天中, 卽現日月光明世尊. 兩耳是聲聞天, 聲聞天中, 卽現無量聲如來. 兩鼻是佛香天, 佛香天中, 卽現香積如來. 口是法味天, 法味天中, 卽現法音如來. 身是盧舍那天, 盧舍那天中, 卽現成就盧舍那佛, 盧舍那鏡像佛, 盧舍那光明佛. 意是無分別天, 無分別天中, 卽現不動如來大光明佛. 心是法界天, 法界天中, 卽現空王如來."

145) 이하의 내용은 『돈오입도요문론강설』(퇴옹 성철 강설, 18~22쪽)에서 인용해 온 구절.

問 從何而修오
答 從根本修니라.
云何從根本修오
答心 爲根本이니라.

"무엇부터 닦아야 합니까?"
"근본부터 닦아야 하느니라."
"어떻게 하는 것이 근본부터 닦는 것입니까?"
"마음이 근본이다."

*146)

마음을 바로 닦고 마음을 깨치면 돈오할 수 있습니다. 여기서 마음이라고
하는 것은 우리의 眞如自性을 말하는 것이며, 중생의 滅心을 말하는 것이
아닙니다.

云何知心爲根本고?
答 楞伽經云 心生卽種種法生하고 心滅卽種種法滅이라 維摩經云 欲得淨土
인댄 當淨其心이니 隨其心淨하야 卽佛土淨이니라 遺敎經云 但制心一處하면
无事不辨이니라 經云 聖人은 求心不求佛이요 愚人은 求佛不求心이라 智人
은 調心不調身하고 愚人은 調身不調心이니라 佛名經云 罪從心生하야 還從
心滅이라 하니 故知善惡一切 皆由自心이니 所以로 心爲根本也니라 若求解
脫者는 先須識根本이니 若不達此理하고 虛費功勞하야 於外相에 求하면 无
有是處니라 禪門經云 於外相에 求하면 雖經劫數나 終不能成이요 於內覺하
면 如一念頃에 卽證菩提니라.

"마음이 근본임을 어떻게 알 수 있습니까?"

---

146) [*]로 표기한 부분은 『돈오입도요문론강설』에 실린 퇴옹 성철의 강설 부분. 이하의 [*] 동일.

"『능가경』에 이르기를 '마음이 생하면 일체 만법이 생하고 마음이 멸하면 일체 만법이 멸한다'고 하였고, 『유마경』에 이르기를 '淨土를 얻으려고 하면 마땅히 그 마음을 깨끗이 하여야 하나니 그 마음이 깨끗함을 따라 불 국토가 깨끗해진다'고 하였고, 『유교경』 이르기를 '마음을 한 곳으로 통일하여 제어하면 성취하지 못하는 일이 없다'고 하였고, 어떤 경에서는 '성인은 마음을 구하나 부처를 구하지 아니하고, 어리석은 사람은 부처를 구하면서 마음은 구하지 아니하며, 지혜로운 사람은 마음을 다스리나 몸을 다스리지 아니한다'고 하였고, 『불명경』에 이르기를 '죄는 마음에서 일어났다가 다시 마음을 좇아서 없어진다'고 하였다. 그러므로 선악과 일체의 모든 것은 마음으로부터 말미암은 것이니 그런 까닭에 마음이 근본이다. 만약 해탈을 구하는 사람이라면 먼저 모름지기 근본을 알아야 한다. 만약 이런 이치를 통달하지 못하고 쓸데없이 노력을 허비하여 밖으로 나타난 모양에서 구한다면 옳지 않느니라. 『선문경』에 이르기를 '바깥 모양에서 구한다면 비록 몇 겁을 지난다 해도 마침내 이루지 못할 것이요, 안으로 마음을 관조하여 깨치면 한 생각 사이에 보리를 증한다'고 하였느니라."

　　*『능가경』의 말씀은 一切有心造, 즉 일체만법은 오직 마음이 만든 것이어서 마음을 버리고서 법이 없으니 마음이 일체 만법의 근본이 되지 않을 수 없다는 것입니다.
　　『유마경』의 말씀은 불국토란 본래 청정함과 더러움이 없지만 중생이 業見으로 보기 때문에 깨끗하다, 더럽다 한다는 것입니다.
　　이 말씀은 중생 쪽에서 중생을 상대하여 하시는 말씀입니다. 중생들이 더러운 땅[穢土]을 보고 더러움과 깨끗함을 보는 것이고, 또 생멸을 보는 것은 본래 생멸이 있는 것이 아니라 우리 마음이 청결하지 못하기 때문에 더러움과 생멸을 보는 것입니다. 그러므로 자기 마음을 청정하게 닦아서 일체의 망념이 다 떨어지면 본래 청정한 불국토를 볼 수 있는 것입니다.
　　마음을 닦아서 마음을 청정히 해야 불국토를 보고 부처를 볼 수 있는 것이기 때문에 마음이 일체 만법의 근본이 된다는 것입니다.

『유교경』 말씀은 누구든 마음을 한 곳에 모아서 잘 닦으면 무엇 하나 성취하지 못할 것이 없기 때문에 마음이 일체만법의 근본이 된다는 것입니다. 마음을 잘 제어하여 닦으면 부처도 될 수 있고 조사도 될 수 있고 마군도 될 수 있으니 모든 것은 마음에 달린 것이지 다른 것에 있는 것이 아닙니다.

어떤 경에서 하신 말씀은 마음이 부처이지 마음 밖에는 부처가 없으므로 밖으로 무엇이 있는가 하고 구할 것 같으면 영원히 부처를 이루지 못한다는 것입니다. 부처 다르고 마음 다른 것이 아닌데 밖으로 모양과 형상에 치우치는 것을 경계하기 위하여 하신 말씀입니다.

누구든 마음을 바로 깨치면 거기에 부처도 있고 법도 있고 승도 있고 三身四知가 원만 구족하지만, 만약 마음 밖에서 달리 부처를 구하려 한다면 부처는 영원히 성취하지 못하기 때문에 마음이 근본이 된다는 것입니다. 병에도 여러 가지 병이 있는데 병이란 마음에서 나기 때문에 마음을 고치면 병을 고칠 수 있습니다. 몸의 병만 고치려고 해서는 건강한 사람이 될 수 없다는 의학 이론이 현재 강력히 대두되고 있으니, 모든 것이 마음에 있다는 것을 이해해야 합니다.

『불명경』의 말씀은 죄와 복이 모두 마음에서 일어났다가 마음에서 없어지니, 어떤 죄와 복을 따지려 하지 말고 마음을 잘 닦을 것 같으면 죄니 복이니 하는 차별은 자연히 해결될 것이기 때문에 마음을 근본으로 삼는다는 것입니다.

그래서 누구든지 공부를 해서 해탈을 얻으려고 하면 근본 되는 마음을 닦아야지 공연히 지엽적인 것에 쓸데없는 시간과 노력을 낭비해서는 안 된다는 것입니다.

마음이 부처인줄 알고 마음을 닦는 것이 바른 믿음이며 밖으로 무엇을 구하면 삿된 믿음입니다.

그래서 『선문경』에서는 자기 마음이 부처인줄 알고 마음을 바로 닦게 되면 눈 깜짝할 사이에 성불할 수 있다는 것이니, 이것이 돈오하는 비결이며 해탈하는 방법인 것입니다.

그러므로 마음을 닦는 방법 외에는 팔만대장경을 거꾸로 외우고 옆으로

외워도 소용이 없으니 누구든지 마음을 깨치고 바로 닦아 頓悟하여 해탈해
야 합니다.
　*****147)

　　頭頭物物眞如體요　水水山山太古情이라.

　　온갖 만물이 진여의 본 고향이요.
　　푸른 산 흐르는 물은 아주 오랜 옛날의 정일세.

　　(喝一喝.)

　　佛紀 2538년 12월 2일. 陰 10월 30일.

---

147) 여기까지가 『돈오입도요문론강설』(퇴옹 성철 강설, 18~22쪽)에서 인용해 온 구절.

20

1994년 12월 17일

용도 : 동안거 동짓달 보름 법어
출전 : 〈친필사본〉①76~82쪽

分別名相不知休하고　入海算沙徒自困이로다.
却被如來苦呵責하니　數他珍寶有何益고.[148]

이름과 모양 분별함을 쉴 줄 모르고
바닷속 모래 헤아리듯 헛되이 스스로 피곤하였도다.
문득 여래의 꾸지람을 들었으니
남의 보배 세어서 무슨 이익 있을 건가.

伐樹不伐根하면　雖伐猶增長하며
伐貪不盡根하면　雖伐還復生이로다[149]

나무를 베되 뿌리를 끊지 않으면
아무리 베어도 다시 나는 것처럼

---

148) 영가 현각의 『증도가』에서 인용해 온 구절.
149) 『법집요송경』 권제1 「貪品」에서 인용해 온 구절.

탐욕을 뽑되 뿌리 뽑지 않으면
아무리 베어도 도로 다시 남이로다.

남자고 여자고 너의 욕망과 부림을 따라 쾌락을 누리는 저 어리석은
사람들, 악마의 지배를 받아 멸망하고 마나니. 마음아, 그들은 끝내 너의
종이로다. 인생 백 년이 먼 것 같으나 숨 한 번 내쉬고 들이쉬는 데 있는데,
이 몸은 더러운 오물을 담고 있는 가죽주머니로 시각을 두고 썩어가며
죽는 날을 기다릴 뿐, 아무 권리가 없는 가련한 신세니, 죽은 폭대고 용맹정
진을 해야 되고 법문이 귀중하다면 自心을 망각하지 않고 廢寢忘餐하여
일체 시비를 끊고 스물네 시간 화두가 간단이 없이 하되 공부가 잘 안되면,
"幾人이 得道空門裏어늘 汝何長輪苦趣中고150) 今生에 未明心하면 滴水도
也難消니라.151)" 自警하여 憤心을 내야합니다.
無事泰平하며 이 몸이 건강할 때에 地獄苦의 무서움을 생각하고, 무량겁
에 多生父母가 고해에 빠져 고생한 것을 건지기 위하여, 불조의 혜명을 계승
하기 위하여, 수행인의 사명감을 지키기 위하여 매일 점검을 해야 됩니다.
병이 들어 다스리기 전에 미리 예방을 잘 해야 되고, 불이 나기 전에
미리 단속하여 조심해야 되며, 공부에 放逸한 罪와 名利罪가 부모를 죽인
죄보다 더 크다고 하니, 삼악도에 타락하기 전에 해탈을 하는 것이 현명한
일입니다.
오늘 일은 아침에 있고, 내일 일은 오늘에 있고, 내생의 일도 오늘에
있으니 멀리보고 오늘 하루하루를 정진에 노력해서 고해에 빠진 일체중생
을 제도합시다. 人無遠慮하면 難成大業이라. 후회한들 무슨 소용이 있으며
여한이 끝이 없으리라.

---

150) 이 대목은 『筠州洞山悟本禪師語錄』에 나오는 "未了心源度數春, 翻嗟浮世謾逡巡, 幾
人得道空門裏, 獨我淹留在世塵." 게송을 활용한 것으로 보임. 혜암 대종사의 현토에
따라 번역하면 다음과 같다. "몇 사람이 불법 문중에 들어와 진리를 얻었기에, 그대는
어찌하여 삼악도에 오래 빠져있는가?"
151) 『선가귀감』에서 인용해 온 구절.

*****152)

問 夫修根本에 以何法修오?

答 惟坐禪禪定하면 卽得이니라. 禪門經云 求佛聖智인댄 卽要禪定이니 若
無禪定이면 念想이 喧動하야 壞其善根이니라.

"근본을 닦으려면 어떤 법으로써 닦아야 합니까?"

"오직 좌선하여 선정을 하면 얻을 수 있느니라. 『선문경』에 이르기를
'부처님의 성스러운 지혜인 一切種智를 구하려고 하면 선정이 요긴한 것이
니 만약 선정이 없으면 망상이 시끄럽게 일어나서 그 선근을 무너뜨린다'고
하였느니라."

*153) 우리가 진실로 마음을 잘 닦으려면 마음이 선정에 들어 고요하게
하여야 하며 요동치게 해서는 안 됩니다. 번뇌 망상이 자꾸 일어날 것 같으
면 구름이 해를 가리듯이 진여자성을 번뇌가 가려서, 근본은 어둡지 않지만
진여자성을 보지 못합니다.

그러므로 우리가 공부를 성취하려고 하면 참선을 해야 하고, 참선을 하지
않으면 망상이 일어나서 우리의 마음을 밝힐 수 없을 뿐만 아니라, 해탈할
수도 없는 것입니다.

問 云何爲禪이며 云何爲定고

答 妄念不生이 爲禪이요 坐見本性이 爲定이니라. 本性者는 是汝無生心이
요 定者는 對境無心하야 八風不能動이니 八風者는 利衰毁譽稱譏苦樂이 是
名八風이니라. 若得如是定者는 雖是凡夫나 卽入佛位니 何以故오 菩薩戒經
云 衆生이 受佛戒하면 卽入諸佛位라 하니 得如是者는 卽名解脫이며 亦名達
彼岸이라 超六度越三界하야 大力菩薩이며 無量力尊이니 是大丈夫니라.

---

152) 이하는 『돈오입도요문론강설』(퇴옹 성철 강설, 23~27쪽)에서 인용해 온 구절.
153) [*]로 표기한 부분은 『돈오입도요문론강설』에 실린 퇴옹 성철의 강설. 이하의 [*] 동일.

"어떤 것을 禪이라 하며 어떤 것을 정定이라 합니까?"

"망념이 일어나지 아니함이 선이요, 앉아서 본성을 보는 것이 정이니라. 본성이란 너의 無生心이요, 정이란 경계를 대함에 無心하여 八風에 움직이지 아니함이다. 팔풍이란 이로움과 손실, 헐뜯음과 좋은 평판, 칭찬함과 비난함, 괴로움과 즐거움을 말한다. 만약 이와 같이 定을 얻은 사람은 비록 범부라고 하더라도 부처님 지위에 들어간다. 왜냐하면 『보살계경』에 이르기를 '중생이 부처님 계를 받으면 곧 여 부처님들의 지위에 들어간다'고 했으니, 이와 같이 얻은 사람을 해탈했다고 하며, 또 피안에 이르렀다고 한다. 이는 六度를 뛰어넘고 삼계를 벗어난 大力菩薩이며 無量力尊이니 대장부인 것이니라."

* '망념이 일어나지 아니한다'고 하는 것은 흔히 말하는 分別六識[154] 뿐만 아니라 제8 아뢰야식의 미세망념까지 일어나지 않는다는 것을 말합니다. 제6식은 끊어졌으나 제8 아뢰야식이 남아 있으면 선이 아닙니다.

미세망념이 모두 끊어지면 망념의 구름이 걷히고 진여자성인 지혜의 해가 드러나서 자기 본성을 보지 않을래야 보지 않을 수 없으니, 이것이 곧 頓悟이며 해탈이며 성불입니다.

本性이란 제8 아뢰야식의 無記心의 無生心이 아니고, 제8 아뢰야식의 무기심의 무명까지 완전히 끊어진 진여본성이 본래의 구경 무생심입니다. 따라서 이것을 보는 것이 본성을 보는 것이며 불성을 보는 것입니다.

'망상이 일어나지 아니한 것'이 무생심이며 본성이므로 표현은 다르다고 하더라도 그 내용은 똑같습니다.

定이란 모든 경계를 대할 때 무심함을 말하는 것입니다.

일체 망념이 일어나지 아니하고 진여본성이 드러나서 大無心地가 현전하여 行·住·坐·臥와 語·默·動·靜 뿐만 아니라, 자나 깨나 미래 겁이 다하도록 경계에 변함이 없습니다. 그래서 아무리 나를 이롭게 하거나 해롭

---

154) 제6식의 기능에 분별하는 작용이 있기 때문에, 이렇게 이름을 붙인 것이다. '6식을 분별하다'는 뜻은 아님.

게 하거나 헐뜯거나 좋다거나 칭찬하거나 비난하거나 괴롭거나 즐겁거나 하는 팔풍이 거세게 불어 닥친다 해도 여기에 움직이지 아니합니다.

그러므로 누구든지 본성을 바로 깨쳐서 망념이 다 떨어지고 無生法忍을 증득해서 일체처에 무심이 되는 것이니 이런 사람은 설사 겉보기에는 범부 같이 보이지만 究竟覺을 성취한 부처님의 지위에 들어가는 것입니다. 그리고 여기서 범부라고 하는 것은 꼭 사람만 지적하는 것이 아니라, 八世龍女가 성불하듯이[155] 남자든 여자든 축생이든 무엇이든지 간에 무생법인을 증득하면 모두 부처인 것입니다.

그 이유로 『보살계경』의 말씀을 인용한 것입니다. 『보살계경』에서 말하는 '부처님 계'라고 하는 것은 고기를 먹지 말라, 술을 먹지 말라, '~하지 말라'는 등의 名相에 의지해서 계첩을 받거나, 말 몇 마디 듣는 것을 말하는 것이 아니라, 眞如自性戒를 받아서 자성을 바로 깨칠 것 같으면 이것이 부처라는 것입니다.

어떤 사람이든지 마음 닦는 법을 바로 알아서 일체 망념을 다 여의고 자성을 바로 깨쳐서 無生法忍을 증득하여 일체경계에 무심이 되면, 아무리 범부라고 하더라도 이 사람이 바로 부처인 것이고, 이것을 해탈이라 하고 피안, 즉 구경 常寂光土[156]라 하고, '큰 힘을 갖춘 보살'이라 하고, '한량없는 힘을 가진 세존'인 것이니, 이것을 대장부라고 한다는 것입니다.

논의 앞부분에서 이런 말을 하는 이유는 부처님이 가섭에게 전하고 가섭이 아난에게 전하여 삼십삼 조사[157]가 繼繼承承하여 마음으로써 마음을 전한 것은 진여본성, 즉 무심을 전한 것이라는 것을 말하기 위함입니다.

그리고 또 육조 스님 이후에 五家七宗[158]이 벌어져 천하에 선종이 풍미하

---

155) 팔세 용녀의 성불 고사는 『묘법연화경』 「제바달다품」에 나온다.
156) 법신불이 머무는 정토의 일종으로 화엄종에서는 궁극의 이상으로 치지만, 천태종에서는 4종 국토 중의 하나로 친다.
157) 삼십삼 조사 : 인도의 28조와 중국의 제2조 혜가에서 제6조 혜능까지를 합한 선종의 조사. 초조 달마는 인도 쪽으로 셈하였다.
158) 五家七宗 : 5가는 당나라 말기에서 북송 초기에 걸친 위앙종, 임제종, 조동종, 운문종, 법안종을 말하며, 7종은 송대 이후 임제종에서 황룡파와 양기파로 나뉜 2파에 5가를 합친 것.

게 되었지만 실제 禪宗正脈으로 바로 내려온 큰스님네가 모두 해탈하여 무생심을 전하였지 다른 것을 전한 것이 아닙니다.

중간의 解悟라든가 다른 漸次를 밟아서 본성을 보는 것이 아니라 눈 깜짝할 사이에 본성을 바로 보아 성불하는 것이 선종의 비결인 것입니다.

그러므로 대중들은 이런 법문을 많이 듣고 바로 실천하여서 공부를 성취해야지, 만약 그렇지 않고 말로만 듣고 귓전으로 흘려보내 버린다면 도리어 듣지 않은 것만 못한 것이니, 화두를 부지런히 하여 하루 빨리 [깨달아야 일이 없는 도인이 됩니다.]159)

*****160)

三世古今誰是親가 湛然一物本來眞이라.
開花落葉根唯一이요 日月去來絶往還이로다.

삼세 고금에 어떤 것이 참나인가?
청정한 한 물건이 본래 나일세.
꽃피고 잎 지나 그 뿌리는 하나요
해와 달이 뜨고 져도 가고 옴이 없도다.

(喝一喝.)

佛紀 2538년 12월 17일. 陰 11월 15일.

---

159) 마지막 [ ]괄호 속 문장은 『돈오입도요문론강설』(27쪽)에는 "대장부가 됩시다."로 되어 있음.
160) 여기 까지가 『돈오입도요문론강설』(퇴옹 성철 강설, 23∼27쪽)에서 인용한 부분.

21

1994년 12월 31일

용도 : 동안거 동짓달 그믐 법어
출전 : 〈친필사본〉①83～87쪽

오늘 법어는 半山林, 납월팔일 성도재 용맹정진에 양력 을해년 마지막 종점의 송구영신의 법어가 되겠습니다.

(주장자를 一下하고)

이 주장자의 뜻을 밝게 분명히 알면 금일 곧 解脫三昧에 들어 處處頭頭物物이 불국토이며 실상입니다. 불조의 이 법은 해탈이며 '唯以無念으로 爲宗'161)한다. 선정을 닦지 않고 어찌 解脫無念이 되겠는가?

西來一句字가 大千放光明이라.
了得這一句하면 萬劫長不昧니라.

서쪽에서 온 한 토막 글이 대천세계에 항상 광명을 놓는다.
이 한 마디를 요달하면 만겁에 길이 어둡지 않느니라.

---

161) 唯以無念으로 爲宗 : 오직 무념을 으뜸으로 삼는다. 『육조단경』의 핵심 사상.

참선 공부를 할 때에 立志如山하고, 安心似海하며, 귀먹고 눈멀고 어리석으며, 모르는 체하고 바보인 체하여 話頭一念으로 놓치지 말고 간절히 의심하되 머리에 붙은 불을 끄듯이 할지어다.

그리고 信心과 大憤心으로 惺惺寂寂하게 챙기고 의심을 짓고 또 챙기고 의심을 지어가고 억지로라도 노력해야, 일체망상이 침범하지 못하고 惛沈도 달아나 버린다. 거기에 털끝만큼이라도 다른 생각이 있다거나 게으른 생각이 있게 되면 화두는 벌써 십만 팔천 리 밖에 달아나 혼침이 아니면 散亂에 빠지게 된다.

세상만사가 모두 그렇지만 더욱 이 참선은 本心에서 우러나오는 간절한 참구를 해야 되지, 해제와 결제에 집착하든지 흉내나 내고 앉아있는 형식적인 참선은 아무 가치가 없다. 한 번을 생각해도 뼛골에 사무치는 화두를 챙겨야지, 공부에 진취적인 소득이 있는 법이다. 해제하고 어느 곳을 가도 밥 먹고 똥 싸고 잠자고 '이뭣고' 할 일 밖에 없는데, 공부를 못한 양심에 가책이 없으며 부끄러운 줄을 모르고 해제를 기다리는 일을 한 번 두 번도 아니고, 아까운 세월을 허송세월하리오. 하늘을 보아도 땅을 보아도 부끄러움이 없는 削髮爲僧이 되어야 한다.

山僧은 공부해 놓은 것은 없어도 귀신들에게 얕잡아 보일 일은 않는다. 그러기에 귀신이나 호랑이나 사람을 무서워한 일이 없다. 예를 들어 어느 곳이나 안거할 때에 諸天이 如意食이라 했으니, 계행이 청정하고 정진만 하면 양식이나 도업에 장애가 없다는 신념으로 염려한 일이 없고, 욕심내고 안일주의를 허용치 않했다. '선신善神이 옹호하면 不安方이 乃安'이라는 말과 같이, 실지 경험해보니 양식뿐 아니라 소소한 향촉과 불을 켜는 성냥 등은 모두 해결이 된다.

김용사162) 도솔암에서 은거하고 있을 때에, 엄동설중에 입고 있는 누더기가 해어져서 속살이 비쳐 추워서 고생하는데, 대처승 부인이 몽중에 수좌스님이 추위에 고생하는 것을 보고 무명, 베하고 바늘, 실, 향촉을 설중에도

---

162) 경상북도 문경군 산북면 운달산에 있는 절.

돌아보지 않고 가지고 왔더니, '꿈에서 본대로 옷이 다 해졌구려. 어쨌든지 기분이 좋게 잘 왔다'고 하였다. 이런 말을 다 할 수는 없고 두어 가지만 더 말하지요.

한 번은 오대산 史庫庵子에 불이 나 소실되었는데, 임시로 네 치 각기둥으로 홑집을 지어 놓으니 추위에 못 견뎌 누구든지 못살게 되었다. 그때 산승이 좋은 계기가 왔다고 생각하고 양식도 불 땔 나무도 없이 냉방에 나무토막을 하나 갖다놓고, 그 위에서 밤낮으로 잣 잎 하고 콩 열 개씩 하고 물만 마시고 정진하고 있으니, 그때 월정사에서 쌀을 가지고 왔기에 필요 없으니 가지고 가라 해도 안 가져가기에, 새나 쥐나 먹으라고 마루에 두고, 5개월 간을 금식하고 정진했더니 身心一如가 되었다.

그때 큰 구렁이나 산에 사는 멧돼지가 나오면 이상한 생각이 없고, 한 산중에 같이 사는 대중이니 아무쪼록 즐겁게 살자는 발원을 했다. 그리고 봄에 감자를 심어 꽃이 피고 캘 때가 되어도 멧돼지가 감자밭 근처를 샅샅이 뒤지기만 하지 감자를 해치지 아니하니, 오는 사람마다 놀라지 않는 사람이 없었다.

그리고 전생 업보로 오대산에서 중상을 입어 고통이 극심할 뿐 아니라 사경에 이르렀다. 그리하여 바다에 고기밥으로 보시를 하려는 생각이 비일비재였다. 남의 신세지지 않으려고 獨處에 은거하고 있을 때마다, 文殊菩薩과 普賢菩薩같은 분들이 찾아와서 음으로 양으로 도움을 주는 일들을 말로 다 할 수 없기에, 山僧은 자연히 비양심적인 처사는 못하게 되었습니다. 이런 말의 동기는 자랑삼아 한 것이 아니고, 인과법이나 工夫가 모두 공짜가 없다는 격려사에 도움이 되라고 했을 뿐이다.

大梅 선사는[163] 대매산에서 40년을 은거하셨고, 藥山 선사는[164] 石頭 선사 회하에서 40년을 참구하여 대오하고 석두 선사의 상수제자가 되셨으

---

[163] 대매 법상(752~839)은 남악 회양 선사 문하의 선승으로, 절강성 영파부에 있는 대매산에 30여년을 은거하여, 그것으로 이름 되었다. 『명주대매선사어록』이 전한다.
[164] 약산 유엄(745~828) 선사는 석두에게 인가를 받고 13년 간을 시봉하다가 호남성 예주에 있는 약산으로 들어가 정진했다.

며, 靈雲 선사는 潙山 선사 회상에서 30년 동안 여의지 않고 참구하여 확철대오하셨다.[165] 生死一大事[166]를 해탈할 대장부들은 오직 一念萬年으로 정진하되, 이 세상에 태어나지 않은 셈치고, 죽은 셈치고, 세상만사의 반연을 일도양단하고, 全生涯에 직업적으로 화두를 생명으로 삼아, 세세생생 外邊에 떨어지지 않고, 확철대오하여 광도중생합시다.

雨滴濕衣不穿身하니 橋下避這洪水殘이로다.
奸計成功雖似好나 不知後火落跟前이로다.

빗방울이 옷을 적시나 살은 뚫지 못하는데
다리 밑에 비 피하다 큰물에 죽으리라.
잔꾀를 내는 것이 좋은 것 같으나
발등에 떨어진 불을 어이 할 줄 모르네.

佛紀 2538년 12월 31일. 陰 11월 29일.

---

165) 靈雲見挑라 하여 복숭아꽃을 보고 깨친 것으로 선문에 유명하다. 『선문염송』(329. 桃花話)는 선사들의 거량에 애용된다.
166) 生死一大事 : '생사'는 생노병사의 준말로 윤회를 지칭. '일대사'는 '큰 일'이라는 뜻. 윤회를 벗어나는 큰 일이라는 뜻. 『법화경』의 '佛之知見開示悟入'이 유명하다.

22

1995년 1월 15일

용도 : 동안거 섣달 보름 법어
출전 : 〈친필사본〉①88~94쪽

是非海裡橫身入하야 豹虎群中自在行이여
莫把是非來辨我하라 平生穿鑿不相關이로다.[167]

시비의 소용돌이에 몸을 던지고
호랑이 떼 속에 겁 없이 다녀
나에게 시비장단 가리지 말라.
평생에 세상살이와 관계없도다.

三佛形[168]儀總不眞이요 眼中瞳子面前人이라
若能信得家中寶하면 啼鳥山花一樣春이로다.[169]

법보화 삼신이 모두 가짜요.
눈 속의 동자가 참 사람일세.

---

167) 『선문염송』(1. 도솔화)의 '竹庵珪'의 송에서 인용해 온 구절.
168) 形 : 대본에 따라 '容', 또는 '威' 등으로 차이가 있지만 의미는 동일.
169) 『금강반야바라밀경주』권상, 「정신희유분 제6」의 게송에서 인용해 온 구절.

제 집에 있는 보물 찾아낸다면
새소리와 산과 꽃이 모두 부처일세.

여러 대중이 많이 운집하여 총림에 함께 수행하는 이유는 어디에 있느냐?

부처님 당시에 부처님께서 천 이 백 제자들을 모아 놓고 물으시길, "개개인의 공부를 대중이 얼마나 시켜주느냐?" 아난 존자가 일어나서 말씀드렸습니다. "대중이 반을 시켜줍니다." 그러자 부처님께서, "네가 잘 알지 못했다. 대중이 전체를 시켜주느니라."고 말씀하셨다.[170]

대중의 힘이라는 것은 이와 같이 무섭다. 게으름이 용납될 수 없는 것이다. 그리고 여러 대중이 모여서 공부를 하게 되면 그 중에 신심과 용맹심을 내어 애쓰고 노력하는 이나, 화두일념으로 시간 가는 줄 모르고 하는 분들이 있기에, 이런 분위기를 보고 자기 자신을 반성하여 助道의 결과, 순간적으로 발심하여 공부를 다져 나갈 수 있는 것이다. 그렇기 때문에 부처님께서도 대중이 공부 전체를 다 시켜준다고 하셨던 것이다.
그러면 이 많은 대중이 모여 함께 수행해 나가는 데 있어서 각자가 어떠한 자세로 임해야 하겠느냐? 여기에는 무아의 정신으로 개개인이 대중의 은혜를 알아서 뜻을 편안하게 받드는 자세로 해야지, 반대로 대중에게 내 뜻을 따르라고 한다면, 그런 사람은 대중생활을 할 수 없으며, 후생에 그러한 과보로 人身難得이요 佛法難逢하리라. 불법은 자비가 위주가 되고, 대중생활은 화합이 근본이기 때문이다. 그러기에 수행자의 기본 자세는 下心하고 은거생활을 해야 합니다.
은거법에 두 가지가 있으니, 하나는 무인지경이나 보이지 않게 몸을 숨는 법이 있는데, 이것은 작게 숨는 법이요, 크게 숨는 법은 많이 모여 있는 인파 속에서 병신같은 녀석이 되어 공부 일념으로 하는 법이 크게 숨는 법이라고 한다.

---

170) 출전 미상.

나라는 것을 다 놓아버려야지, 아상을 가지고 나만 위대하다고 아만심이 있으면 공부가 십만 팔천 리 밖으로 떨어져 있는 사람이다. 무조건 최하의 하심으로 침착하며 최상의 위없는 법을 구하는 대원을 가져 공부를 지어간다면 일체시비도 끊어지고 정진이 날로 새로워진다.

*****171)

問 心住何處卽住오.

答 住無住處卽住니라.

"마음이 어느 곳에 머물러야 바로 머무는 것입니까?"

"머무는 곳이 없는 데 머무는 것이 바로 머무는 것이니라."

* 머무는 것이 있으면 머무는 것이 아닙니다. 일체 망상이 다 끊어졌으니 어떻게 머물 수 있겠습니까? 허공에 나무를 심었으면 심었지 일체 망상이 다 끊어진 여기에는 부처도 설 수 없고, 조사도 설 수 없고, 마구니도 설 수 없고, 외도도 설 수 없고, 일체가 모두 머물지 못합니다. 왜냐하면 여기에 조금이라도 부처를 세울 수 있고, 조사를 세울 수 있고, 마구니를 세울 수 있고, 중생을 세울 수 있다면, 이것은 머무는 곳이 있게 되므로 전체가 모두 망념이 되어 名相이 있기 때문입니다.

問 云何是無住處오.

答 不住一切處가 卽是住無住處니라.

"어떤 것이 머무는 곳이 없는 것입니까?"

"일체처에 머물지 아니함이 곧 머무는 곳이 없는데 머무는 것이니라."

---

171) 이하는 『돈오입도요문론강설』(성철 선사 강설, 28~31쪽)에서 인용해 온 구절.

* '일체처에 머물지 않는다'고 하는 것은 일체처에 無心이라고 하는 말과 같습니다. 마음에 머무름이 있으면 有心이 되고 맙니다. 無心이 곧 머물지 아니함이요, 머물지 아니함이 곧 무심이니, 앞에서 '無心'이라고 한 것이나 여기서 '無住'라고 한 것이나 표현이 다를 뿐이요 그 내용은 같습니다. 다만 마음이 조금이라도 머물 것 같으면 머무는 곳이 생겨서 머무는 곳이 없음이 되지 못하는 것이니, 無心이 無住이고 무주가 무심인 줄 알면, 여기서 말하는 내용을 잘 알 것입니다.

問 云何是不住一切處오.
答 不住一切處者는 不住善惡有無內外中間하며 不住空하며 亦不住不空하며 不住定亦不住不定이 卽是不住一切處니 只箇不住一切處가 卽是住處也라. 得如是者는 卽名無住心也니 無住心者는 是佛心이니라.

"어떤 것이 일체처에 머물지 아니하는 것입니까?"
"일체 처에 머물지 아니한다 함은 선악·유무·내외·중간에 머물지 아니하며, 공空에도 머물지 아니하며, 공 아님에도 머물지 아니함이, 일체에 머물지 아니함이니, 다만 일체처에 머물지 아니하는 것이 곧 머무는 곳이니라. 이와 같이 얻은 것을 머무름이 없는 마음이라 하는 것이니, 無住心이 부처님의 마음이니라."

* 邊見을 떠나서 中道를 정등각하지 않을 것 같으면, 무심을 얻을 수 없고 머무름 없음이 될 수 없으며 구경해탈을 할 수 없습니다.
선악이나 유무나 내외나 중간이나 공과 공 아님이나 선정과 선정 아님이나 모두 양변이므로 여기에 머물지 아니한다는 것입니다.
일체 양변에 머물지 않니 할 것 같으면, 이것이 무주처이며 中道이며 眞如입니다. 그래서 머무는 곳이 없다는 내용은 실제로 중도를 말하는 것입니다.
일체 양변에 머물지 아니한다는 것이 일체 처에 머물지 아니한다는 것이며, 이것을 곧 바로 머무는 곳이라고 말하였는데, 이렇게 표현한 것은 언어의 한계에 부딪쳐 할 수 없이 그렇게 말 한 것이지, '머무는 곳'이 있는 머무는 곳을 말하는 것이 아닙니다. 여기서 '머무는 곳'이라고 하는 것은 '마땅히 머무는 바 없이 그 마음이 난다'는 것입니다. '마음이 난다'고 하니까 머무는 곳이 있어서 나는 줄 알면, 그 사람은 근본적으로 頓悟를 모르는 사람입니다. 그래서 머문다는 것은 머무름이 없이 머문다는 것이니 眞空妙有입니다.

결국 이 말을 종합해보면, 앞에서 양변의 전체를 부정하고, 뒤에서는 일체 처에 머물지 아니함이 곧 머무는 것이라고 하여, 양변을 긍정하여 일체가 걸림이 없는 세계가 되어 서로서로 원융자재한 것을, 머무는 곳이 없다라고 하고 無心이라고 하는 것입니다.

전체를 이렇게 마음에 잘 이해함을 머무름이 없는 마음이라 하고, 또 부처님 마음이라고 한다는 것입니다. 그래서 이『돈오입도요문론』에서 주장하는 '頓悟'의 내용은 부처님 마음을 말하는 것이고, 부처님 지위를 말하는 것이지, 절대로 중간의 解悟를 말하는 것이 아닙니다.
*****172)

身在海中休覓水하고　日行嶺上莫尋山하라.
鶯吟燕語皆相似하니　莫間前三與三三하라.173)

바다 속에 있으면서 물 찾지 말고
영마루에 오르면서 산 찾지 말라.
꾀꼬리 제비 소리 모두 부처의 설법
전삼삼과 후삼삼을 따로 묻지 마소.

한 번 할을 하시다.

佛紀 2539년 1월 15일. 陰 12월 15일.

---

172) 이곳 까지가『돈오입도요문론강설』(성철 선사 강설, 28~31쪽)에서 인용해 온 구절.
173)『금강반야바라밀경주』권상,「여리실견분 제5」의 게송에서 인용해 온 구절.

23

1995년 1월 30일

용도 : 동안거 섣달 그믐 법어
출전 : 〈친필사본〉①95~100쪽

生死死生塵世夢이어 寃親同道步冥府라
到黃泉驛當除夕한데 胡不猛省急回頭리오.

나고 죽고 죽고 나는 것이 티끌세상의 꿈이어서
원수나 친한 이나 함께 저승으로 가네.
섣달 그믐이 되어 죽음의 역에 가까운데
어찌 깊이 반성해 빨리 마음을 돌리지 않으리오.

秦皇漢武沒何塵가 雲水衲子物外身이라.
頓忘甲子無心客하야 送迎那關舊與新이리오.

진시황과 한 무제는 어느 티끌에 묻혔는가
한가한 납자들은 세상 밖의 몸이로다.
세월을 잊고 사는 무심한 신세이기에
송구영신에 어찌 옛 것과 새 것에 관계하리.

달마 대사께서 말씀하시기를, "心是卽佛이요 佛是卽道요 道是卽禪"174)이라고 하시니, 禪是卽衆生心이라는 것을 알 수 있다. 대체로 중생심에는 두 가지 차별이 있으니, 하나는 淸淨心이요, 또 하나는 染心이다. 염심은 무명 삼독의 마음이요, 청정심은 無漏眞如의 본성이다.

무릇진여를 염하고 不二를 수순하는 것은 諸佛과 같아서 동요가 없는 해탈이요, 무명삼독을 좇아서 많은 악업을 지은 자는 六趣에 빠져 영겁에 윤회하는 것이니, 청정심은 사람의 정도요, 활로요, 편안한 집이며, 염심은 사람의 사도요, 험한 길이요, 불구덩이다. 어찌하여 지혜로운 자가 정도를 버리고 편안한 집을 비워둔 채 험한 길로 나아가며 불구덩이에 빠져 만겁에 고통을 받으려고 하는가. 그대는 이 점을 깊이 생각하여야 할 것이다.

참선이란 특별한 일이 아니다. 參이란 合함이니, 자성에 합하여 청정심을 보양하고 바깥으로 치달려 구하지 않음이다. 오직 일체중생이 다 함께 身心을 바르게 하여 무상대도를 깨달아서 다시는 삿된 그물에 떨어지지 아니하고, 속히 佛果를 증득하기 바라는 바이다.

참선하는 사람이 生死一大事의 인연을 밝히고자 한다면, 맨 처음에 자신의 마음이 부처이며, 자신의 마음이 법이며, 구경에 다름이 없음을 믿어서 철저하게 의심이 없어야 한다. 만일 이와 같이 스스로 판단하지 못하면, 비록 만겁 동안 수행을 한다 할지라도 마침내 진정한 대도에 들어갈 수 없다. 이 때문에 모든 조사들께서 말씀하시기를, "만일 마음 밖에 부처가 있고 성품 밖에 법이 있다고 말하여, 이러한 마음을 굳건히 고집하면서 불도를 구하고자 한다면, 비록 진겁이 지나도록 燒身燃臂하며 뼈를 부수어 골수를 내고 피를 내어 경전을 베끼며, 장좌불와하고 巳時에 식一中食을 하며, 그리고 一大藏經을 모두 독송하며 갖가지 고행을 한다 할지라도 모래를 쪄서 밥을 짓는 격이기에 스스로 수고로움만 더할 뿐이다."175)라고 하셨

---

174) 달마 대사의 언구 중에 이 말과 일치하는 부분은 없고, 비슷한 내용으로 『소실육문』에 "心卽是佛, 佛卽是心, 心外無佛, 佛外無心."이 있다.
175) 보조 국사의 『수심결』에 나오는 대목으로 원문은 다음과 같다. "若言心外有佛, 性外有法, 堅執此情欲, 求佛道者, 縱經塵劫, 燒身鍊臂, 敲骨出髓, 刺血寫經, 長坐不臥, 一食卯齋, 乃至轉讀, 一大藏敎, 修種種苦行, 如蒸沙作飯, 只益自勞."

으니, 이는 스스로 깨닫고 스스로 닦아서 스스로 불도를 이루는 것이 제일의 요체임을 알아야 한다. 만일 마음 밖에 부처가 있다고 한다면 부처는 外佛이니, 나에게 어찌 부처가 있겠는가. 그러므로 諸佛이 나의 도가 아니라고 말한다.

상근기의 큰 지혜를 가진 이는 하나의 기연과 경계에서 이를 잡아 곧바로 사용하므로 굳이 많은 말이 필요하지 않지만, 만일 참구를 논한다면 마땅히 趙州의 '無'176) 자와 '뜰 앞의 잣나무'177)와 洞山의 '麻三斤'178)과 雲門의 '마른 똥막대기'179) 등 맛이 없는 말을 의심하고 또 의심하며, 이 화두를 끊임없이 들어 마치 모기가 무쇠소에 앉아 주둥이를 박지 못할 곳에까지 몰입하듯 하여야 한다.

만일 조금이라도 차별하는 생각과 터럭끝만한 계교와 헤아림이 그 사이에 동하면 옛사람이 말한 "잡독(雜毒)이 마음에 침투하여 지혜를 손상한다"180) 함이니 학인은 이를 가장 먼저 깊이 경계해야 한다.

懶翁 조사께서181) 말씀하시기를, "한 생각이 일어나고 한 생각이 멸하는 것을 生死라 하니, 생사의 즈음에 당하여 힘을 다해서 화두를 들면 생사가

---

176) '狗子無佛性話'를 말한다. 『선문염송』(417. 佛性話)로 조선 이래 이 땅의 선객들의 거량에 자주 등장한다. 백파 긍선의 『선문수경』에도 재론되고 있다.
177) 원문은 '庭前栢樹子'. 『선문염송』(421. 栢樹話)로 채록되어 많은 선객들의 거량이 소개되어 있다.
178) 麻三斤 : 이 화두의 출전은 『전등록』권제22 〈隋州雙泉山師寬明敎大師〉조인데, 한 객승이 동산 수초 선사에게 부처가 무엇이냐는 질문을 던진다. 이에 대한 답변이 "마 세근"이다. 『벽암록』제12칙으로도 유명하다. 조선 이래로 이 지역에서는 『선문염송』〈1230. 麻三斤話〉로 각종 게송이 인용되었다.
179) 원문은 '乾屎橛'. 『전등록』권제12 〈臨濟義玄〉조에 실려있다. 대화의 원문은 다음과 같다. "時有僧問, 如何是無位眞人. 師便打云, 無位眞人, 是什麽乾屎橛." 우리나라에는 『선문염송』(617. 無位話)로 널리 보급. 그런데 혜암 대종사께서는 『운문광록』에 등장하는 내용을 사례로 들고 있다. 운문 문언 선사도 '乾屎橛'을 용례로 많은 문답을 남기고 있다.
180) 대혜 종고는 『대혜보각선사보설』에 "一向求知見覓解會, 這般雜毒纏入心. 如油入麵, 永取不出."이라고 말하고 있다.
181) 나옹 혜근(1320~1376) 선사. 원나라 연경에 유학하여 지공의 지도를 받고 귀국. 52세에 공민왕사가 되었고 회암사를 중수하기도 했다. 지공-나옹-무학으로 칭해지는 3화상의 한 분으로, 『나옹화상어록』과 『나옹화상가송』이 전한다.

곧바로 다할 것이니 생사가 곧바로 다한 것을 적寂이라 한다. 적 가운데 화두가 없는 것을 무기(無記)라 하고, 적 가운데 화두가 어둡지 않은 것을 靈이라 말하나니, 空寂靈知가 부서짐이 없고 혼잡됨이 없으면, 곧바로 이루어진다."[182] 고 하니, 학인들은 이 말씀을 지침으로 삼아야 한다.

옛 스님이 말씀하시기를 "힘이 안 드는 곳이 곧 힘을 얻는 곳이다."[183]라고 하니, 화두를 의심하지 않아도 스스로 의심이 되고, 화두를 들지 않아도 스스로 들어짐에 이르러서야, 육근의 문이 자연히 툭 열리어 홀로 드높고 드높으며 평탄하고 평탄하게 되어, 마치 달빛이 시냇물 속에 투사되어, 부딪쳐도 흩어지지 아니하고 흔들려도 잃지 않음과 같을 때에 이르러야, 대오에 가깝다. 여기에 이르러서 터럭끝 만큼이라도 知覺의 마음을 내면 순일한 오묘함이 끊어져서 대오를 얻을 수 없을 것이니, 간절히 이 점을 경계해야 합니다.

고인이 말씀하시기를, "분명하고 분명하게 깨달은 법이 없을지언정 깨달은 법이 있으면 곧 미혹한 사람이다[184]"라고 하였고, 또 다시 "깨달으면 도리어 깨닫지 못했을 때와 같다.[185]"고 하였으니, 만일 깨달음의 철저한 경지가 있다면 곧 이것은 깨달음의 철저한 경지가 아니다. 그렇다면 靈雲 선사가 복사꽃을 보고 깨우친 것과[186] 香嚴 선사가 潙山에게 절을 올린 것과[187]

---

182) 원문의 출전은 『나옹화상어록』(示覺悟禪人)으로, 그 내용은 다음과 같다. "念起念滅, 謂之生死, 當生死之際, 須盡力提起話頭. 話頭純一則起滅, 卽盡, 起滅盡處, 謂之靈, 靈中, 無話頭則, 謂之無記. 靈中不昧話頭則, 謂之靈. 卽此空寂靈知, 無壞無雜, 如是用功, 不日成功."

183) 고봉 원묘의 『고봉원묘선어록』(示淨修侍者)조에 나오는 "總只是箇疑團, 疑來疑去, 疑至省力處, 便是得力處, 不疑自疑, 不擧自擧. 從朝至暮, 粘頭綴尾, 打成一片."을 두고 한 말.

184) 출전 미상.

185) 선어록에 자주 등장하는 말인데, 『전등록』권29의 (龍牙和尚居遁頌一十八首)의 제4게송이 유명하다. "悟了還同未悟人, 無心勝負自安神, 從前古德稱貧道, 向此門中有幾人."

186) 靈雲志勤 선사(생몰 연대 미상). 위산 영우 선사의 제자. 『전등록』권11에 봉숭아꽃을 보고 깨친 유명한 고사가 게송으로 전한다. "三十來年尋劍客, 幾逢落葉幾抽枝, 自從一見桃華後, 直至如今更不疑." 조선 이래 이 땅에서는 『선문염송』(590. 桃花話)로 많은 게송이 소개되어 전한다.

187) 향엄 지한(?∼898)의 고사로서 『경덕전등록』권11 (香嚴智閑)에 나온다. 당시의 감회를

玄沙 스님이 발가락을 접질린 것과[188] 長慶 스님이 주렴을 걷어 올렸던 것[189] 등, 많은 큰스님들이 깨쳤던 일은 모두 거짓으로 전해온 것일까?

仰山이 말하기를, "깨달음이란 없지 않으나 제이의 경지가 됨을 어찌하리오.[190]"라고 말하니, 절반쯤 깨달음을 말한 것입니다. 玄沙 스님이 말하기를 "감히 老兄을 보니 아직은 철저하지 못합니다.[191]"라고 말하니, 실로 노파심이 간절한 것이다. 여기에 이르러 깨달음의 철저한 경지가 있다는 것이 옳은 것일까, 깨달음의 철저한 경지가 없다고 말하는 것이 옳을까? 어떻게 하면 이를 알 수 있을까?

古鏡本無塵이나 唯人造點琢이로다.
會麽아.

옛 거울에는 티끌이 없으나 다만 사람들이 더럽히고 닦을 뿐이네.
알겠는가?

伽倻山水如差別이나
中天明月照大千하고
蜂蝶喚友任上下하야
柳綠紅花遊山川이로다.

게송으로 지어 올리고 스승께 감사드렸다. "一日因山中芟除草木, 以瓦礫擊竹作聲. 俄失笑間廓然惺悟, 遽歸沐浴焚香遙禮潙山. 贊云, 和尚大悲恩逾父母, 當時若爲我說却, 何有今日事也. 仍述一偈云, 一擊忘所知, 更不假修治, 動容揚古路, 不墮悄然機."

188) 『선림류취』권11(참학)에 나오는 고사로 "携囊出嶺, 築著脚指頭, 流血痛楚."를 지칭.
189) 장경 혜릉(長慶慧稜; 854~932) 설봉의 법을 이음. 『조당집』권10에 주렴을 걷어 올리는 순간 깨침을 얻은 고사가 나옴. "師說衷情偈曰, 也大差, 也大差. 卷上簾來滿天下."
190) 『경덕전등록』권11(영운지근)조에 나오는 "悟卽不無, 爭奈落在二頭"를 두고 한 말.
191) 영운 지근 선사가 위산 영우 선사에게 봉숭아꽃 보고 깨치고 게송을 바친 것은 위에서 말한 대로 이다. 이 게송을 어떤 객승으로부터 전해들은 현사 사비(835~908) 선사가 평했던 내용으로, 『경덕전등록』권11에 이렇게 나온다. "有僧擧似玄沙, 玄沙云, 諦當甚諦當, 敢保老兄猶未徹." 이 게송은 훗날 『선문염송』〈590. 桃花話〉에도 실린다.

가야산과 물은 다른 것 같지만
중천에 뜬 밝은 달은 대천세계를 비추고
벌 나비는 벗을 찾아 오락가락하여
버들과 꽃 우거진 산천에서 즐겁게 노네.

(喝一喝.)

佛紀 2538년 1월 30일. 陰 12월 30일.

1995년 2월 14일

용도 : 동안거 해제 법어
출전 : 〈친필사본〉①101~106쪽

　禪院結制解制는 只爲生死一大事니 打破無明漆桶하고 發明眞性하야 上報四重恩하고 下濟三途苦가 只在當人法力하고 不在於佛祖하니 大衆은 且道하라 還可了事否아 於此에 若也不實인댄 云何解制리오.

　丈夫自有沖天氣하니 不向如來行處行이요[192]
　秋至落葉黃菊發하고 冬去春來草自生이로다.

　夫做工時에 妄想은 起滅不停하고 話頭는 與昏沈掉擧로 葛藤未息時에 過如何做工夫去오. 只是無始劫來에 業力所纏이니 自作五種病身하되, 一曰無明衆生이니 有心不伴이요, 二曰盲漢이니 有眼不見이요, 三曰聾漢이니 有耳不聞이요, 四曰啞漢이니 有口無言이요, 五曰口禍漢이니 有口不貪食이어다. 與自作三痴이니 獸痴漢頑痴漢愚痴漢하라.
　復作是願하되 寧以鐵鎚로 打碎此身하여 從頭至足히 令如微塵이언정 終不以此放逸之身으로 受於信心檀越의 恭敬禮拜하리라.

---

192) 『경덕전등록』(동안상찰선사10현담)에 나오는 "丈夫皆有衝天志, 莫向如來行處行."는 선문에 널리 회자된다. 이 책에는 조선시대 김시습이 주석을 붙인 『十玄談註』가 전한다.

193) 復作是願하되 寧以百千熱鐵刀矛로 挑其兩目이언정 終不以此放逸之身으로 視他好色하리라.

復作是願하되 寧以百千鐵錐로 劖刺耳根하여 經一劫二劫이언정 終不以此放逸之心으로 聽好音聲하리라.

復作是願하되 寧以百千刃刀로 割去其鼻언정 終不以此放逸之心으로 貪嗅諸香하리라.

復作是願하되 寧以百千刃刀로 割斷其舌이언정 終不以此放逸之心으로 食人百味淨食하리라.

復作是願하되 寧以利斧로 斬破其身이언정 終不以此放逸之心으로 貪著好觸하리라.

復作是願하되 寧以此身으로 投熾燃猛火와 大坑刀山이언정 終不毀犯三世諸佛經律하여 與一切女人으로 作不淨行하리라.

復作是願하되 寧以此身으로 投熱鐵鑊하여 經百千劫이언정 終不以此放逸之身으로 受於信心檀越의 千種房舍屋宅과 園林田地하리라.

如是作無心而大願하야 善惡諸境에 如木石相似하면 諸緣慮가 自然澹泊하고 心無所得하야 於千萬境에 自然話頭가 一念萬年去하여 前後際斷하고 不擧而自擧하고 不疑而自疑하야 疑團獨露하니 取也不得捨也不得하여 正當恁麼時驀地一聲에 築着嗑着으로 卽到還鄕하니라.

富貴榮華福受用이나 猶未安身立命門이요
煙雲散去家家月하고 霜雪消來處處春이로다.

(喝一喝.)

선원에서 결제하고 해제하는 것은 생사일대사를 위해서이니, 무명의 칠통을 타파하고 진성을 발명하여, 위로 네 가지 중한 은혜에 보답하고 아래

---

193) 이하의 "復作是願"으로 시작되는 부분은 『범망경』 하권에 나오는 '12종류 復作是願'을 응용해서 혜암 대종사께서 변주한 듯.

로 삼악도의 괴로움을 건지는 것이, 각자의 법력에 있으며 불조에게 있지 않으니, 대중은 일러보시오.

가히 일대사를 요달하였는가? 여기에서 만일 이 일을 요달하지 못했다면 어찌 해제라고 할 수 있겠는가?

누구에게나 스스로 하늘 솟는 기상이 있어
부처가 간 곳을 따라가지 않도다.
가을이 되니 낙엽이 지고 누런 국화 만발하고
겨울 가고 봄이 오니 풀이 스스로 새싹이 돋네.

공부를 할 때 망상이 일어났다 사라졌다 멈추지 않고, 화두는 혼침과 산란으로 갈등이 쉬지 않을 때에는 어떻게 공부를 지어 나가야 할 것인가? 이는 끝없는 옛부터 지어온 업력에 얽매여 그런 것이니, 자신이 다섯 가지 병신노릇을 하되, 첫째는 무명중생이니 마음이 있어도 벗하지 않을 것이요, 둘째는 장님이니 눈이 있어도 보지 않을 것이요, 셋째는 귀머거리이니 귀가 있어도 듣지 않을 것이요, 넷째는 벙어리이니 입이 있어도 말하지 말 것이요, 다섯째는 입이 화근이니 입이 있어도 함부로 먹지 말 것이니라.

또 스스로 세 가지, 즉 멍청한 체하여 바보인 체, 모르는 체, 어리석은 체 해야 합니다.

또 서원하되, 차라리 쇠망치로 이 몸을 때려 부수어 머리에서 발까지 가루를 만들지언정 결단코 방일한 몸으로 신심 있는 단월의 공경예배를 받지 않겠다.

또 다시 서원하되, 차라리 백 천 자루 뜨거운 칼이나 창으로 내 두 눈을 도려낼지언정 결단코 방일한 마음으로 좋은 모양을 보지 않겠다.

또 서원하되, 차라리 백 천 자루 송곳으로 귀를 쑤시면서 일 겁 이 겁을 보낼지언정 결단코 방일한 마음으로 아름다운 소리를 듣지 않겠다.

또 서원하되, 차라리 백 천 자루 칼로 코를 베일지언정 결단코 방일한 마음으로 좋은 냄새를 맡지 않겠다.

또 서원하되, 차라리 백 천 자루 칼로 혀를 끊을지언정 결단코 방일한 마음으로 남의 맛있는 음식을 탐하지 않겠다.

또 서원하되, 차라리 잘 드는 도끼로 내 몸을 찍을지언정 결단코 방일한 마음으로 부드러운 촉감을 탐내지 않겠다.

또 서원하되, 차라리 이 몸을 맹렬한 불이나 깊은 구렁, 날카로운 칼날 위에 던질지언정 결코 삼세의 부처님들의 경률을 어기어 온갖 여인들과 부정한 행위를 하지 않겠다.

또 서원하되, 차라리 이 몸을 끓는 가마솥에 들어가 백 천겁을 지낼지언정 결단코 방일한 몸으로 신심 있는 단월의 여러 가지 방과 집과 절과 숲과 땅을 받지 않겠다.

이와 같이 무심하며 큰 서원을 하여 선악 등 모든 경계에 목석과 같이 하면, 모든 반연하는 생각들이 자연히 담박하고 마음에 얻을 바 없어서 모든 경계에 자연히 화두가 한 생각이 만 년이 되면, 앞뒤가 끊어지고 화두를 들지 않아도 저절로 들어지고, 의심하지 않아도 저절로 의심하게 되어 의심덩어리만 드러나니, 취할래야 취할 수 없고 버릴래야 버릴 수도 없을 때 곧 바로 한 소리에 대쪽 맞듯, 맷돌 맞듯 곧 고향에 돌아간다.

재산이 많고 지위 높아 복을 받아 쓰나
오히려 몸과 마음 편안히 쉴 곳이 아니로다.
구름 흩어지니 집집마다 달이 밝고
서리와 눈 사라지니 곳곳마다 봄빛이네.

(할을 한번 하시다.)

佛紀 2539년 2월 14일. 陰1월 15일.

1995년 5월 14일

용도 : 하안거 결제 법어(현장용)
출전 : 〈친필사본〉①107~109쪽[194]

今日結制를 若云結制라도 不是요, 若云非結制라도 不是니라.

오늘 결제를 결제라 하더라도 옳지 않고, 결제가 아니라고 해도 옳지 않다.

何以故오. 若云結制라면 有生有滅하니 非本分事요, 若云非結制라면 不生不滅하니 沈空滯寂이라.

왜 그런가? 결제라고 하면 생과 멸이 있게 되니 본분사가 아니요, 결제가 아니라고 하면 생과 멸이 없으니 공적한 곳에 빠져 치우진 것이라.

---

194) 1995년 5월 14일 행한 2종류의 필사본 〈친필사본①107~109〉와 〈친필사본①110~112〉를 대조해보면, 실제의 법어 순서가 어떻게 되었는지를 알 수 있다. 한문으로 말씀하시고 이어서 그것을 한글로 풀어 말씀하신다. 〈친필사본①107~109〉이 법어의 실제 진행 상황이고, 〈친필사본①110~112〉는 법어를 위한 원고 정리 상황이다. 두 원고의 내용이 일치하지만 준비 상황을 알 수 있는 중요한 자료라고 생각된다.

云何結制리오. 大衆은 且道하라. 如何卽是오.

(良久. 喝 一喝.)

어찌 결제라 하겠는가!
대중들은 일러보시오. 어떻게 해야 옳겠는가?

(잠시 있다가 할을 한 번하고 이르기를)

井底泥牛吼月이요
雲間에 木馬嘶風이로다.[195]

우물 밑의 진흙 소는 달 보고 소리치고
구름 사이 나무 말은 바람에 우는구나.

第一句下에 薦得하면 與佛祖爲師요, 第二句下에 薦得하면 與人天爲師요, 第三句下에 薦得하면 自救도 不了라[196] 하니 臨濟老漢의 好介寐語여 將南作北하고, 認賊爲子하니 非但瞎却天下人眼이요. 亦乃自喪本辰命根이로다.

"제일구에서 깨치면 불조의 스승이 되고,
제이구에서 깨치면 사람과 하늘의 스승이 되고,
제삼구에서 깨치면 자기도 구하지 못한다" 하니,
임제 늙은이의 깊은 잠꼬대여, 남쪽을 가리켜 북쪽이라 하고 도적을 인정하여 자식을 삼으니, 천하 사람들의 눈을 멀게 할 뿐 아니라 자기의

---

195) 『선문염송』(172. 언어화)에 원오 극근의 송으로 다음과 같은 구절이 있다. "井底泥牛吼月, 雲間木馬嘶風. 把斷乾坤世界, 誰分南北西東. 直中曲曲中直, 要平不平憑秤尺."
196) 『임제록』에 나오는 다음의 구절을 인용한 것. "若第一句中得, 與祖佛爲師. 若第二句中得, 與人天爲師. 若第三句中得, 自救不了." 조선에서는 『선문염송』(1323. 月落話)로 널리 알려졌다.

본래 생명도 스스로 죽임이라.

山僧은 卽不然하니 第一句 二句 三句에 薦得하면 生陷地獄하여 不出期約
이로다. 透脫一句作麼生고?

산승은 그렇지 않으니 제일구·이구·삼구에 깨치면 산 채로 지옥에 떨
어져 나올 기약이 없도다. 그러나 해탈 할 한 마디는 어떠한가?

(良久云)

雲散見靑山이요
春來草自靑이로다.

(한참 묵묵한 후에 말하였다.)

구름이 흩어지니 산이 나타나고
봄이 오니 스스로 새싹이 돋네.

損法財滅功德은
莫不由斯心意識이라.
是以로 禪門엔 了却心하고
頓入無生知見力이로다.197)

법의 재물을 잃고 공덕을 없앰은
심의식으로 말미암지 않음이 없음이라.
그러므로 선문에선 마음을 물리치고

---

197) 『증도가』의 다음 구절을 인용해 온 것. "深成認賊將爲子, 損法財滅功德, 莫不由斯心
意識, 是以禪門了却心, 頓入無生知見力."

남이 없는 지견의 힘에 단박에 들어가도다.

一失人身幾是還가
地獄時長豈等閑이리오.
今生若不從斯語하면
後世當然恨萬端하리라.198)

사람 몸을 잃게 되면 언제 다시 돌아오며
지옥고통 긴 세월을 등한히 여길소냐.
금생에 이 말을 따르지 않으면
후세에 한스러움이 만 갈래 되오리.

(頌曰)

身心把定元無動하고
默坐茅庵絶往來어다.
寂寂寥寥無一事하니
但看心佛自歸依어다.

(게송을 읊으되)

몸과 마음 정에 들어 움직이지 말고
토굴 속에 묵묵히 앉아 왕래를 끊으라.
잠잠하고 고요하여 한 가지 일도 없으니
마음의 부처를 보아 자신에게 의지하리.

---

198)『치문경훈』제9의〈宏智禪師示衆〉에 나오는 다음 구절을 활용한 것. "蒿里新墳盡少年, 修行莫待鬢毛斑, 死生事大宜須覺, 地獄時長豈等閑. 道業未成何所賴, 人身一失幾時 還, 前程黑暗路頭險, 十二時中自著奸."

大衆은 珍重하라.

(遂下座.)

대중은 珍重[199]하라.

(법상에서 내려오다.)

佛紀 2539년 5월 14일. 陰 4월 15일.
夏安居結制法語.

---

199) 珍重 : 작별 인사. 현행 (관음시식)의 봉송 대목에서도 쓰임. '잘 가시오'의 뜻.

26

1995년 5월 14일

용도 : 하안거 결재 법어(준비용)
출전 : 〈친필사본〉①110~112쪽

今日結制를 若云結制라도 不是요, 若云非結制라도 不是니라. 何以故오.
若云結制라면 有生有滅하니 非本分事요, 若云非結制라면 不生不滅하니 沈
空滯寂이라. 云何結制리오. 大衆은 且道하라. 如何卽是오.

(良久. 喝 一喝.)

井底泥牛吼月이요
雲間에 木馬嘶風이로다.[200]

第一句下에 薦得하면 與佛祖爲師요, 第二句下에 薦得하면 與人天爲師요,
第三句下에 薦得하면 自救도 不了라[201] 하니 臨濟老漢의 好介麻語여 將南作

---

200) 『선문염송』(172. 언어화)에 원오 극근의 송으로 다음과 같은 구절이 있다. "井底泥牛
吼月, 雲間木馬嘶風. 把斷乾坤世界, 誰分南北西東. 直中曲中曲中直, 要平不平憑秤尺."
201) 『임제록』에 나오는 다음의 구절을 인용한 것. "若第一句中得, 與祖佛爲師. 若第二句
中得, 與人天爲師. 若第三句中得, 自救不了." 조선에서는 『선문염송』(1323. 月落話)로
널리 알려졌다.

北하고, 認賊爲子하니 非但瞎却天下人眼이요. 亦乃自喪本辰命根이로다. 山僧은 卽不然하니 第一句 二句 三句에 薦得하면 生陷地獄하여 不出期約이로다. 透脫一句作麼生고?

(良久云)

雲散見靑山이요
春來草自靑이로다.

損法財滅功德은
莫不由斯心意識이라.
是以로 禪門엔 了却心하고
頓入無生知見力이로다.[202]

一失人身幾是還가
地獄時長豈等閑이리오.
今生若不從斯語하면
後世當然恨萬端하리라.[203]

(頌曰)

身心把定元無動하고
默坐茅庵絶往來어다.
寂寂寥寥無一事하니

---

[202] 『증도가』의 다음 구절을 인용해 온 것. "深成認賊將爲子, 損法財滅功德, 莫不由斯心意識, 是以禪門了却心, 頓入無生知見力."

[203] 『치문경훈』 제9의 〈宏智禪師示衆〉에 나오는 다음 구절을 활용한 것. "蒿里新墳盡少年, 修行莫待鬢毛斑, 死生事大宜須覺, 地獄時長豈等閑. 道業未成何所賴, 人身一失幾時還, 前程黑暗路頭險, 十二時中自著奸."

但看心佛自歸依어다.

大衆은 珍重[204]하라.

(遂下座하다.)

오늘 결제를 결제라 하더라도 옳지 않고, 결제가 아니라고 해도 옳지 않다. 왜 그런가? 결제라고 하면 생과 멸이 있게 되니 본분사가 아니요, 결제가 아니라고 하면 생과 멸이 없으니 공적한 곳에 빠져 치우진 것이라. 어찌 결제라 하겠는가!
대중들은 일러보시오. 어떻게 해야 옳겠는가?

(잠시 있다가 할을 한 번하고 이르기를)

우물 밑의 진흙 소는 달 보고 소리치고
구름 사이 나무 말은 바람에 우는구나.

"제일구에서 깨치면 불조의 스승이 되고, 제이구에서 깨치면 사람과 하늘의 스승이 되고, 제삼구에서 깨치면 자기도 구하지 못한다" 하니, 임제 늙은이의 깊은 잠꼬대여, 남쪽을 가리켜 북쪽이라 하고 도적을 인정하여 자식을 삼으니, 천하 사람들의 눈을 멀게 할 뿐 아니라 자기의 본래 생명도 스스로 죽임이라.

산승은 그렇지 않으니 제일구·이구·삼구에 깨치면 산 채로 지옥에 떨어져 나올 기약이 없도다. 그러하나 해탈 할 한 마디는 어떠한가?

---

204) 작별 인사. 현행 (관음시식)의 봉송 대목에서도 쓰임. '잘 가시오'의 뜻.

(한참 묵묵한 후에 말하였다.)

구름이 흩어지니 산이 나타나고
봄이 오니 스스로 새싹이 돋네.
법의 재물을 잃고 공덕을 없앰은
심의식으로 말미암지 않음이 없음이라.
그러므로 선문에선 마음을 물리치고
남이 없는 지견의 힘에 단박에 들어가도다.

사람 몸을 잃게 되면 언제 다시 돌아오며
지옥고통 긴 세월을 등한히 여길소냐.
금생에 이 말을 따르지 않으면
후세에 한스러움이 만 갈래 되오리.

(계송을 읊으되)

몸과 마음 정에 들어 움직이지 말고
토굴 속에 묵묵히 앉아 왕래를 끊으라.
잠잠하고 고요하여 한 가지 일도 없으니
마음의 부처를 보아 자신에게 의지하리.

대중은 珍重하라.

(법상에서 내려오다.)

佛紀 2539년 5월 14일. 陰4 월 15일.
夏安居結制法語.

27

1995년 5월 28일

용도 : 하안거 사월 그믐 법어
출전 : 〈친필사본〉①113~116쪽

六祖大師云하되 汝爲法而來인댄 可屛息諸緣하야 勿生一念하라. 吾爲汝說하리라. 良久에 謂明日不思善하고 不思惡하라. 正與麼에 那箇是明上座의 本來面目고, 惠明이 言下에 大悟하고, 復問云호대 上來密語密意外에 還更有密意否잇가. 能이 云 與汝說者는 卽非密也니 汝若返照하면 密在汝邊이니라.[205]

육조 대사가 이르되, "네가 이미 법을 위하여 왔을진댄 가히 모든 연을 쉬어서 한 생각도 내지 말라. 내가 너를 위하여 설하리라. (조금 있다가) 명에게 일러 말하되, "선도 생각지 말고 악도 생각지 말라. 정히 이러할 때에 어떤 것이 이 명 상좌의 본래면목인고?" 혜명이 말끝에 크게 깨닫고 다시 물어 이르되, "이제 하신 그 비밀한 말씀과 비밀한 뜻밖에 도리어 다시 비밀한 뜻이 있나이까, 없나이까?" 능이 이르되, "너로 더불어 설한 자는 곧 비밀이 아니니, 네가 만일 돌이켜 비추면 비밀이 네게 있느니라."

---

[205] 『육조대사법보단경』「行由第一」 "惠能云, 汝旣爲法而來, 可屛息諸緣, 勿生一念, 吾爲汝說. 明良久. 惠能云, 不思善不思惡, 正與麼時, 那箇是明上座本來面目. 惠明言下大悟. 復問云, 上來密語密意外, 還更有密意否. 惠能云, 與汝說者, 卽非密也. 汝若返照, 密在汝邊."

時會大衆은 且道하라. 惠明大師는 甚麼大悟아?

시회대중은 일러보시오. 혜명 대사는 무엇을 깨달았습니까?

(게송을 읊으시다.)

煙雲散去家家月이오
霜雪消來處處春이다.206)
本來圓通大無心하니
眞理無根現實相이로다.

번뇌 끊어지니 사람마다 지혜 밝아지고
망상 사라지니 모두 다 부처로다.
본래의 대 무심을 두루 통달하니
진리는 뿌리 없이 실상으로 나타났네.

妙道는 堂堂하여
取不得捨不得하니 不可得中에 只麼得이로다.207)

묘한 도는 공명정대하여
가질 수도 없고 버릴 수도 없나니 얻을 수 없는 가운데 이렇게 얻을
뿐이로다.

不可毀不可讚이여 體若虛空勿涯岸이로다.

---

206) 『선문염송』(321. 木佛話)의 崇勝 珙의 게송으로, 안팎의 짝은 다음과 같다. "煙雲散去
家家月, 霜雪消來處處春, 盡道相見猶無事, 誰知不來還憶君."
207) 『증도가』의 다음 구절에서 인용한 것인데, 자구의 순서에는 차이가 있음. "不可毀不可讚,
體若虛空勿涯岸. 不離當處常湛然, 覓卽知君不可見. 取不得捨不得, 不可得中只麼得."

不離當處常湛然하니 覓則知君不可見이로다.

훼방도 할 수 없고 칭찬도 할 수 없음이여
본체는 허공과 같아서 한계가 없도다.
당처를 떠나지 않고 항상 담연하니
찾은 즉 그대를 아나, 볼 수는 없도다.

(良久云)

到這裡는 佛祖도 門外瞎眼이요. 千經萬論도 都是閑文이라. 與我靈覺으로
有何交涉가 妙法宗旨는 只在自己니라.

(잠시 있다가)

이 가운데에 이르게 되면 불조도 문 밖의 눈먼 봉사요. 천 경 만 론도
모두 쓸데없는 문서일 뿐이니, 신령스러운 깨달음과 무슨 상관이 있겠는가?
묘법의 종지는 다만 자기에게 있는 것이다.

大道는 自修自證이요, 不從外求니 從凡入聖은 離此無路라 하니, 安可放逸
하야 虛過一生하며 蓄積無明이리오.

대도는 스스로 닦아 스스로 증득하는 것으로 바깥에서 구하는 것이 아니
기에, 범부로서 성인이 되는 것은 참선하는 이것 밖에 길이 없다고 하였으
니, 어찌 방일하여 헛되이 일생을 보내며 무명을 쌓으리오.

石女騎牛歸地獄이요
木人은 吹笛過極樂이로다.
會麽아.

석녀는 소를 타고 지옥으로 돌아가고 목인은 피리를 불며 극락을 지나가네.
알겠는가?

恩深深處에 恨轉深하니
山高流水吹玉笛이로다.

은혜가 깊은 곳에 원한 더욱 깊으니
산 높고 흐르는 물가에서 옥피리를 불도다.

(喝一喝.)

佛紀 2539년 5월 28일. 陰 4월 29일.

28

1995년 6월 12일

용도 : 하안거 오월 보름 법어
출전 : 〈친필사본〉①117~120쪽

隣境黃泉所作業을 自作自受是誰怨가
屍身本來無煩惱하야 常住不滅靈明知여
是甚麼?

눈앞의 황천길에 지은 바 죄업을
자기가 지어 자기가 받음을 누구에게 원망하랴.
몸뚱이는 송장이요 본래 번뇌 없네
일체처 일체시에 밝고 밝게 아는 것이.
이뭣고?

獅子吼百獸腦裂하고 象王行處無蹤迹이라.[208]

사자 한 소리에 모든 짐승을 다 굴복하고

---

208) 사자와 코끼리의 비유는 선어록에 자주 등장. 대표적으로 『경덕전등록』(낙보원안)조
의 "師子窟中無異獸, 象王行處絶狐蹤."이 있고, 또 『선문염송』(1164. 堆出話)의 雲門
杲의 頌에는 "象王行處狐蹤絶, 師子咆哮百獸危."등이 있다.

코끼리 가는 곳에 여우의 발자취 없네.

福慧具足遍法界하니 一切衆生無不到로다.
芳春熟眠忽然醒하니 古今佛祖皆作夢이로다.
咦!209)

복혜가 구족하여 법계에 두루하니
일체 중생에게 미치지 않은 곳이 없도다.
고달픈 봄날에 깊은 잠을 홀연히 깨니
고금에 불조도 지난밤 꿈이로다.
이(咦)!

*****210)

問 其心似何物고

答 其心이 不靑不黃不赤不白하며 不長不短不去不來며 非垢非淨이며 不生
不滅하야 湛然常寂이 此是本心形相也니 亦是本身이라. 本身者는 卽佛身也
니라.

"그 마음이 어떤 물건과 같습니까?"
"그 마음은 푸른 것도 아니며, 누런 것도 아니며, 붉은 것도 아니며, 흰
것도 아니며, 긴 것도 아니며, 짧은 것도 아니며, 가는 것도 아니며, 오는
것도 아니며, 더러운 것도 아니며, 깨끗한 것도 아니며, 나는 것도 아니며,
없어지는 것도 아니어서 담연하고 항상 고요한 이것이 본래 마음의 형상이
며, 또 본래 몸이니 본래의 몸이란 곧 부처님의 몸이니라."

* 湛然常寂이란 일체의 名相을 다 떠나고 생멸을 벗어나서 제8 아뢰야식

---

209) 이(咦) : 주의를 주거나 꾸짖을 때 내는 고함 또는 웃는 모습.
210) 이하는 성철 선사의 『돈오입도요문론강설』(31~34쪽)에서 인용해 온 구절.

근본무명까지 완전히 끊어진 것을 말합니다.

'나는 것도 아니고 없어지는 것도 아니다[不生不滅]'라는 표현을 불교 진리의 대명사처럼 흔히 쓰는데, 이것은 나는 것과 없어지는 것의 양변을 떠난 중도를 말하는 것입니다. 이러한 중도를 정등각하면, 이것이 '돈오'이 며 '구경각'이며 '부처님 마음'이며 우리의 '본래의 몸'이며 '부처님의 몸'인 것입니다.

이와 같은 '돈오'의 내용이 '중도를 정등각'하여 일체의 양변에 머물지 아니하고, '구경각'을 성취한 것을 의미하고 있다는 것임을 분명히 밝히고 있음을 알아야 할 것입니다.

問 身心은 以何爲見고 是眼見 耳見 鼻見 及身心等見가
答 見無如許種見이니라.

"몸과 마음은 무엇으로써 보는 것입니까? 눈으로 봅니까, 귀로 봅니까, 코로 봅니까, 몸과 마음 등으로 봅니까?"
"보는 것은 여러 가지로 보는 것이 없느니라."

* 여러 가지로 본다는 것은 모두가 다 분별망상으로 하는 말로서, 분별이 끊어진 여기에서는 일체가 적멸하고, 모든 '명상'이 다 떨어진 無心地이므 로, 여러 가지로 보는 것이 없는 것입니다.

云 旣無如許種見인댄 復何見고.
答 是自性見이니 何以故오. 爲自性이 本來淸淨하야 湛然空寂하야 卽於空 寂體中에 能生此見이니라.
"이미 여러 가지로 보는 것이 없을진댄, 어떻게 보는 것입니까?"
"이것은 자성으로 보는 것이다. 왜냐하면 자성이 본래 청정하여 담연히 비고 고요하므로 비고 고요한 본체 가운데서 이 보는 것이 능히 나느니라."

* 자성이 본래 청정하여 비고 고요한 본체 가운데 일체가 원만 구족하여 미래 겁이 다하도록 쓸래야 다 쓸 수 없는 항사 묘용이 나오는 것입니다. 즉 진공묘유에서 보는 것이 생겨난다는 것입니다.

*****211)

마음을 깨달으면 걸림이 없으므로 진흙에 들어서도 물들지 않습니다. 물들지 않으므로 가는 곳마다 반야 아님이 없고 임하는 곳마다 진실 아님이 없습니다.

(頌曰)

常獨行常獨步하니　達者同遊涅槃路라.212)
大象不遊於兎徑이오　大悟不拘於小節이로다.213)

항상 홀로 다니고 항상 홀로 걷나니
통달한 자 함께 열반의 길에 놀도다.
큰 코끼리는 토끼 길에 놀지 않고
큰 깨달음은 작은 절개에 구애되지 않나니라.

(遂下座하다.)

佛紀 2539년 6월 12일. 陰 5월 15일.

---

211) 여기 까지가 성철 선사의 『돈오입도요문론강설』에서 인용해 온 구절.
212) 『증도가』의 다음 구절에서 부분 인용. "常獨行常獨步, 達者同遊涅槃路, 調古神淸風自高, 貌顇骨剛人不顧."
213) 『증도가』의 "大象不遊於兎徑, 大悟不拘於小節, 莫將管見謗蒼蒼, 未了吾今爲君訣."에서 부분 인용.

29

1995년 6월 27일

용도 : 하안거 오월 그믐 법어
출전 : 〈친필사본〉①121~125쪽

(上堂云)

夜半蟾兎은 照破靈臺하고 風颯颯은 打起妙用하니 大衆은 且道하라. 是甚麽道理인고.

(良久云)

鐵樹에 開花하고 火中生蓮이라야 始得다.

(법상에 올라 말하되)

한밤중에 밝은 달은 영대를 비추고, 솔솔 맑게 부는 바람은 묘용을 일으키니, 이것이 어떤 도리인지 대중은 말해보시오.

(잠시 있다가 이르기를)

무쇠나무에 꽃이 피고 불 속에서 연꽃이 핀 소식을 알아야 비로소 알게
되리라.

堂中禮佛現眞像하고　壇上等像成三昧로다.
露地玲瓏無一事하니　綠陰鳥歌默默聽이로다.

법당 예불하는 것이 참 모습을 드러내고
단상 위의 등상불은 삼매를 이루었네.
영롱하게 해탈한 곳 아무 일도 없으니
녹음 속의 새소리를 묵묵히 듣고 있네.

昔에 黃龍慧南禪師가 問隆慶閑禪師하되 人人有箇生緣하니 上佐生緣은 在
什麼處오. 閑이 云 早晨에 喫粥하고 至晚又覺飢니라고[214] 하였으나, 吾則不
然하다. 隨時說法하고 入定三昧라 하리라.

옛날 黃龍慧南이 隆慶 閑에게 묻기를,
"사람마다 살아가는 인연이 있는데, 그대의 살아가는 인연은 어느 곳에
있는가?"
답하기를, "새벽에 죽을 먹었는데 저녁 때가 되니 시장기가 듭니다." 라고
하였다.

그러나 산승은[215] 그렇지 않다. 인연 따라 법을 설하고 有時에는 선정에
들어 마음을 한 곳에 둔다고 말하리라.

---

214) 『인천안목』(黃龍三關)에 나오는 다음 구절에서 인용. "南禪師問, 隆慶閑禪師云, 人人
　　有箇生緣, 上座生緣在什麼處. 閑云, 早晨喫白粥, 至晚又覺饑."
215) 산승 : 혜암 대종사 자신을 지칭. 일종의 別語이다. 別語는 선문답에서 기왕의 대답과
　　는 다른 입장에서 대답하는 것.

遮個는 且置하고 近來學者가 無事甲裡에 生活計하니 如是做工夫하여서는 設使坐在彌勒下生時라도 徒勞無功이니 惺惺着하라.

이것은 그만두고 요즈음 도를 배우는 사람들이 아무 일 없는 가운데 살아가기를 바라니, 이와 같이 공부를 지어서는 설사 미륵부처가 하생할 때까지 앉아 있더라도 아무 공덕이 없을 것이니 정신을 또렷하게 차려야한다.

古言에 "禪禪禪禪禪禪禪"이란 말이 있다. "선禪을 선禪이라고 하는 선禪이면 선禪이냐, 선禪이 선禪이라야 선禪이지" 하는 말이 있다. 왜 이런 말을 하느냐 하면, 前例로 보아서 허다히 여러 선원을 거쳤다고 과시하며, 용맹정진을 하자고 하면 "누구는 용맹정진 안 해보았간대?"하고, 큰소리 하는 것을 종종 보았습니다.

그런데 禪中에 猿猴禪도 있고, 鸚鵡禪도 있고, 구두선口頭禪이 있다. 진실로 생사일대사를 위하여서는 위법망구하여 생사를 돌보지 말고 화두를 일념으로 들되, 마음을 텅 비우고 목석과 같이 하며, 식은 재나 꺼진 불과 같이 하여, 마음이 장벽처럼 되어서 화두가 성성적적하여야 하는데, 어느 여가에 분별망상을 낼 수 있으리요.

처음으로 공부하는 분들을 위하여 화두를 드는 말을 간단히 말하겠습니다. 별다른 비법이 없습니다. 알래야 알 수 없는 疑情處에다 대고 의심을 하되 공부가 잘 되든지 안 되든지 의정만 하는데, 만약 의심이 안 날 때에는 조작으로라도 '是甚麼오, 是甚麼오' 하고, 노력하여 일체처 일체시에 간단없이 정진해야 합니다.

중생은 마음 가운데 이 생각, 저 생각 온갖 망념이 쉬지 않고 일어났다가 사라지고, 또 일어났다가 사라지고 하기 때문에, 아무리 마음을 쉬고 비워 무심하려고 해야 무심할 수가 없고, 생각을 없애려고 해야 없앨 수 없는 법이다.

이러한 중생의 업을 없앨 수 있는 방법이 바로 화두참구하여 견성하는 법이다. 화두일념을 오매불망하여 간절하게 참구하다 보면 무수히 일어났다가 없어지는 생멸심은 점점 차단되어 간다. 노력하고 노력하여, 眞疑心이 頓發하면 생멸심이 완전히 끊어지고, 話頭一念만이 현전되어, 하늘을 보아도 하늘이 아니요, 땅을 보아도 땅이 아니요, 사람을 보아도 사람이 아니요, 종소리 북소리를 다 잊고 시간 가는 줄도, 밥 때도 다 모르게 되는 법이다.

불법 문중에 戒·定·慧 삼학이 있다. 계는 그릇이며, 정은 물이고, 혜는 달이다. 그러니 계를 존중하여, 그릇을 청정히 하고, 그 청정한 그릇 위에 定水를 담아, 慧의 달이 밝고 깨끗하게 드러나도록 해야 된다. 그러므로 고인이 이르기를, "戒器가 완고하여야 定水가 澄淸하고, 정수가 징청하여야, 慧月이 方現한다.[216]"고 하였다.

男兒到處是故鄕이어 幾人長在客愁中고.
一聲喝破三千界하니 雪裡梅花片片紅을.

남아가 가는 곳마다 고향인데
얼마나 많은 사람이 객지 근심에 젖었던고.
한 번 할하는 소리로 삼천세계를 다 부수고 보니
눈 속에 매화꽃이 낱낱이 붉었더라.

(喝一喝. 遂下座.)

佛紀 2539년 6월 27일. 陰 5월 30일.

---

216) 서산 대사의 『선가귀감』에서 인용해 온 구절.

30

1995년 7월 12일

용도 : 하안거 유월 보름 법어
출전 : 〈친필사본〉①126~130쪽

(上堂하야 一下拄杖云)

阿彌陀佛이 於拄杖子上에 建極樂三品하고 放大光明하니 時會大衆은 還會
得這箇道理麼아.

(大衆이 無語어늘 良久云)

殺佛殺祖[217]하고 殺活自在[218]하며 龜毛着衣하고 杖兎角杖하야 優遊法界
하야사 始得다.

(頌曰)

---

217) 殺佛殺祖 : 임제종의 가풍을 말할 때 쓰는 표현으로 조선에서는 『선가귀감』을 통해서
널리 알려짐. 『선문염송』(1047. 殺父話)에서는 『운문광록』의 "問, 殺父殺母, 佛前懺悔,
殺佛殺祖, 向什麼處懺悔. 師, 云露."에 대한 다양한 촌평이 소개됨..
218) 殺活自在 : 임제의 가풍을 말할 때 쓰이는 표현. 『인천안목』에서는 〈臨濟門庭〉이라 제
목하고 "臨濟宗者, 大機大用, 脫羅籠出窠臼, 虎驟龍奔, 星馳電激, 轉天關斡地軸. 負衝
天意氣, 用格外提持, 卷舒擒縱, 殺活自在."로 소개함.

千江流水元歸海하고　日落西山不離天이라.
活路一句君知否아　綠陰幽草勝花見이로다.

(법상에 올라 주장자를 들어 한 번 울리고 말씀하시다.)

아미타불이 주장자 위에 극락세계 상품·중품·하품을 세우고 큰 광명을 놓고 있으니, 여기 모인 대중은 이 도리를 알겠소!

(대중이 말이 없자 잠시 있다가 말씀하시다.)

부처도 죽이고 조사도 죽이고, 살활이 자재하며, 거북 귀 털 法服을 입고 토끼 뿔 法杖을 짚고 법계를 마음대로 한가히 지내야만 비로소 알게 되리라.

(계송을 읊으되)

뭇 강물은 흘러 바다로 가고
서산에 해가 져도 그저 하늘에 있네.
활로의 한마디를 그대가 알겠는가
녹음과 검푸른 모양은 꽃보다 더 좋네.

*****219)

問　只如淸淨體도　尙不可得이온대　此見은　從何而有오.

答　喩如明鑑中에　雖無像이나　能見一切像이니　何以故오　爲明鑑無心故니라. 學人이　若心無所梁하야　妄心이　不生하야　我所心이　滅하면　自然淸淨이니　以淸淨故로　能生此見이니라. 法句經云　於畢竟空中에　熾然建立이　是善知識也라　하니라.

---

219) 이하는 성철 선사의 『돈오입도요문론강설』(34~36쪽)에서 인용해 온 구절.

"다만 청정의 본체조차도 오히려 얻을 수 없는데 이 보는 것은 어디서 나오는 것입니까?"

"비유하면 밝은 거울 가운데 비록 모양이 없으나 일체 모양을 볼 수 있는 것과 같으니, 왜냐하면 밝은 거울이 무심이기 때문이다. 배우는 사람이 만약 마음에 물든 바 없어 망심이 나지 아니하고, 주관과 객관에 집착하는 마음이 없어지면 자연히 청정이 되니 청정한 까닭에 능히 이 보는 것이 생겨난다. 『법구경』에서 이르기를, '필경의 공 가운데서 불꽃 일어나듯 건립함이 선지식이다.'라고 하였느니라."

* 청정한 본체에 보는 것이 있다면 이것은 청정이 아니며 생멸이 아닌가, 청정한 본체라고 하면 그러한 보는 것이 없어야 하는데 보는 것이 있다고 하니 그 이유가 무엇이냐고 물어 보는 것입니다.

여기에 비유하여 이해를 돕는 대답을 한 것입니다. 무심이 아니고 조금이라도 인위적인 조작이 있으면 일체 만물을 있는 그대로 비추지 못하고 자기 마음대로 이리저리 변동시켜 버리고 마는 것입니다. 우리 자성 가운데는 모든 것이 청정해서 한 물건도 찾아볼 수 없고, 아무 것도 얻어 볼 수 없지만, 또 청정하기 때문에 일체가 거기에 비추고 거기에서 나는 것입니다. 雙遮가 雙照가 되지 않을 수 없다는 논리와 같은 것입니다.

도를 배우는 사람들이 마음에 물든 바가 없어 무심이 되고 망념이 나지 아니하여 주관과 객관의 마음이 없어지면, 일체가 다 때가 없어져서 청정무구한 까닭에 능히 '자성으로 보는 것'이 생겨나는 것입니다. 이것은 진공묘유의 견해로 '보는 것'을 말하는 것이지, 생멸 견해로 '보는 것'을 말하는 것이 아닙니다.

『법구경』 말씀에 畢竟空이란 절대공으로서 전체가 다 공해 버렸다는 뜻입니다. 여기서는 부처도 공했고 중생도 공했고 외도도 공했고 마구니도 공하여 아무 것도 찾아볼래야 찾아 볼 수 없지만, 그 가운데 일체 만법이 불꽃처럼 건립되어 있다는 것입니다. 우주 전체가 허공 가운데 건립되어 있듯이, 청정하여 일체가 설 수 없는 眞空 가운데서 妙有의 恒沙妙用이

거기서 나옴을 '熾然建立'이라 하고, 그것을 선지식이라 한다는 것입니다.

즉 앞에서 말한 무생심이나 무심이 아무 것도 없는 斷滅을 말하는 것이 아니라, 청정한 본체 가운데 항사묘용이 있음을 밝히기 위해 여기에서 설명한 것입니다.

*****220)

법문을 아무리 들어보아도 똑같은 허망한 말이니, 時會大衆은 번뇌망상이 없는 참선을 하여, 용이 물을 얻은 것 같고 범이 산을 의지한 것 같이, 진실하게 생사대사를 위하여 조사의 공안을 잘 참구하여, 대오로 법칙을 삼고 간단없이 용맹정진해야 합니다.

百年虛幻夢中軀나 箇中有人勤精進이어
忽忙之中明此事하면 永劫不昧是天眞이로다.

일생이 짧고 허망한 꿈속 같은 일이나
그 중에 부지런히 정진하는 사람이 있어.
바쁜 중에도 이 일을 깨달아 낸다면
영겁에 매하지 않는 천진불이로다.

(喝一喝. 遂下座.)

佛紀 2539년 7월 12일. 陰 6월 15일.

---

220) 여기 까지가 성철 선사의 『돈오입도요문론강설』에서 인용해 온 구절.

31

1995년 7월 27일

용도 : 하안거 유월 그믐 법어
출전 : 〈친필사본〉①131~135쪽

(上堂하야 擧拄杖云)

這個拄杖子가 殺活自在하여 破壞世界하고 創立世界한다. 然則 這個 拄杖子를 如何處理麼아. 時會大衆은 速道하라.

(법상에 올라 주장자를 들어 보이고 말하였다.)

이 주장자가 죽임과 살림을 자유자재하여 세계를 파괴하고 세계를 창립도 합니다. 그러면 이 주장자를 어떻게 처리할 것인가, 여기에 모인 대중들은 말해보시오.

(良久. 拄杖一下云)

一二三四五요.

(又一下云)

五四三二一이라.221)

(잠시 있다가 한 번 주장자를 내리치고 말하되)

橫按拄杖云, 卓拄杖發聲하고 橫按發聲拄杖一이로다.

(잠시 있다가 한 번 주장자를 내리고 말하되)

1, 2, 3, 4, 5로다.

(또 한 번 내리치고)

5, 4, 3, 2, 1이로다.

(주장자를 무릎 위에 가로 얹고 말하되)

한 번 주장자를 내리치니 소리가 나고, 주장자를 무릎 위에 가로 얹으니 한일[一] 자로다. 본분사를 타개하기 위하여 10년 · 20년 · 30년을 고생하며 또한 평생을 辛苦한다. 俗人들은 諸般事에 배워야하고 見聞覺知222)해야 하지만, 道는 學不學과 悟不悟로써 논할 바가 아니다. 원래로 玄機가 全露하였다. 만약 분별의 견해를 두고 사량의 계교를 가지고 求學을 하며 探悟하려고 한다면 더욱 점점 멀어진다. 그러므로 이 묘리는 難可示며 難可說이다.

---

221) 선문에 많이 보이는 어법으로 '끝없음' 또는 '반복'을 뜻한다. 『대혜보각선사어록』 권 제6에 등장한다. "上堂, 一二三四五, 五四三二一. 返覆數千回, 總不出今日. 且道今日 事作麼生."

222) 見聞覺知: 감각기관과 그것의 지각 작용을 총칭. 초기불교 문헌에서는 '안이비설신의' 로 대승불교 문헌에서는 '見聞覺知'로 표현.

(頌曰)

花園樓前芳草濃하고　垂絲柳條舞晴空이라
對機覿面難爲說하야　一笑倚欄月光中이로다.

꽃동산 누각 앞에 화초의 향기 좋고
능수버들 가지 맑은 허공에 춤을 추네.
눈앞에 기틀을 만나도 설하기 어려워
한 번 웃고 달 밝은 때 한 곳에 의지했도다.

　오늘은 이번 용맹정진에 확철대오하기 위하여 頓悟와 漸修에 대하여 간단히 요지만 말하겠소. 普照 스님이 禪으로써 敎를 포섭하여 선풍을 진작하였다고 하지만, 보조 스님은 禪門을 敎宗으로 격하하여 전락시킨 큰 잘못을 범하고 있다.

　왜냐하면 '禪門의 돈오와 견성은 十地도 見性이 아니다.' 라는 宗門鐵則이 있는데도 불구하고, 보조 스님은 十信 初位를 頓悟見性이라고 격하시켰으며, 華嚴의 三賢 十地의[223] 次第修를 禪門에 끌어들여, 華嚴의 점수설로써 六祖 스님의 頓修를 파격하였으니, 선문의 금탑을 교종의 철탑으로 변조한 장본이다.

　때문에 순수한 선문에서 볼 때 이것은 金沙와 玉石을 구분하지 못한 宗門의 異端이라고 하지 않을 수 없다. 보조 스님은 敎宗의 점수사상을 도입하여 점수를 육조 스님의 정통사상이라고 주장하여 크나큰 오류를 범한 것이다.

　『육조단경』은 전체를 통하여 頓敎·頓門·頓修를 말하였고, 점수사상이란 조금도 찾아볼 수 없다. 보조 스님은 겉으로는 육조 스님을 표방하였으

---

223) 華嚴의 三賢十地 : 화엄교학에서는 범부가 수행을 해서 부처가 되는 단계를 이론화 하고 있는데, 처음에는 10信의 단계, 그 다음으로 三賢으로 10住, 10行, 10回向의 단계를 거쳐, 다음으로 10地를 수행하고, 그 다음으로 等覺을 체험하고, 그 다음으로 妙覺을 체험하여 부처의 경지에 이른다고 한다.

나 내용으로는 화엄사상이 지배적이다. 『육조단경』에서는 돈수의 기치 아래 단박 깨쳐서 자성을 보면 바로 부처의 지위에 도달함을 분명히 하였다. 그러나 보조 스님은 견성의 지위를 十信 初位에 두고 三賢 十聖을 차례차례로 점수한다고 주장하였으니, 이는 華嚴宗派 즉 圭峰[224]의 사상이지 壇經思想은 아니다. 이번 용맹정진에 모두 함께 돈오견성합시다.

옛날에 道謙 선사가 신심으로 20년을 수도하고, 또 제방의 선지식을 歷訪하는 노상에서 자탄하되, '다년으로 수행하고 선지식을 친견하여도 入頭處가 無하니 今般行도 亦然虛荒할 것이다.' 하고 落淚를 하면서, 선지식을 찾을 의욕이 없다 하고 행각하기를 주저하니, 其時 同行하던 도반 宗元 수좌가 叱曰, '자네가 諸方 參得한 것과 說得底가 理會에는 도무지 필요치 않는 것이다. 다만 다섯 가지 일이 있다. 그것이 무엇인고. 一은 着衣, 二는 喫飯, 三은 屙屎, 四는 放尿, 五는 馱箇死屍路上行이다' 라고 하니, 도겸 선사는 항상 가슴이 답답하던 것이 도반의 이 말을 듣고 언하에 領旨하여 不覺에 手舞하였다.[225]

선객납자들이 주의할 일은 義理禪을 몰라서도 공부가 산란하고, 口頭禪·義理禪으로 흘러지면 자살법이다. 진실한 법은 분명히 몰라야 화두에 대한 의정이 활구가 된다. 출세대장부들이여, 究竟覺의 해탈을 위하여 活眼으로 성찰할지어다.

學道如鑽火하야 逢煙切莫休로다.
直待金星現하야 歸家始到頭로다.

대도를 배우려면 불을 비벼내듯하여
연기가 나더라도 쉬지를 말지어다.

---

224) 규봉 종밀(圭峰宗密 ; 780~841) : 중국 화엄종에서는 제1조로 두순, 제2조로 지엄, 제3조로 법장, 제4조로 징관, 제5조로 종밀을 세우고 있다. 종밀은 교학으로는 청량 징관의 화엄을 계승하고, 선종으로는 하택 신회의 남종선을 계승했다. 조선시대 강원의 이력과정에서 『선원제전집도서』와 『금강경찬요』와 『원각경약소초』 등을 통해 알려졌다.
225) 이 고사는 『오등회원』(建寧府開善道謙禪師)조에 나온다.

불꽃이 나타나는 그때가 되어야만
비로소 고향으로 돌아가게 되네.

(卓拄杖一下하고 遂下座하다.)

(주장자 한 번 내려치고 법상에서 내려오다)

佛紀 2539년 7월 27일. 陰 6월 30일.

1995년 8월 11일

용도 : 하안거 해제 법어
출전 : 〈친필사본〉①136~139쪽

雲水行脚은 以悟爲法이요 千結萬解도 以悟爲解로다.
一棒打破 無明妄執하고 一喝喝散 煩惱寃賊이로다.

정처 없이 다니는 것은 깨닫기 위한 법이요
천 번 결제하고 만 번 해제함이 깨닫기 위한 해제일세.
한 방망이로 사견의 망상 집착을 타파하고
한 할로 번뇌의 원수 도둑을 흩어버리네.

夢裏明明有六趣러니 覺後空空無大千이로다.226)
諸行無常一切空하니 卽是如來大圓覺이로다.227)

꿈속에선 밝고 밝게 육취가 있더니
깨친 후엔 비고 비어 대천세계가 없도다.

---

226) 『증도가』에서 인용해 온 구절.
227) 『증도가』에서 인용해 온 구절.

모든 행이 무상하여 일체가 공하니
이는 곧 여래의 대원각이로다.

大象不遊於兎徑이오 大悟不拘於小節이로다.
莫將管見謗蒼蒼하라 未了吾今爲君決이로다.[228]

큰 코끼리는 토끼 길에 노닐지 않고
큰 깨달음은 작은 절개에 구애되지 않나니.
대통 같은 소견으로 밝은 것을 비방하지 말라
알지 못하기에 내 이제 그대 위해 결단해 주도다.

庭園松竹依然翠여 盡是明明法性燈이요
天眞面目回頭看하니 萬水千山古調風을

집안의 뜰 주변 송죽은 여전히 푸름이여
모두 이것이 밝고 밝은 법성의 등불이요
본래 천진 면목을 돌이켜 보니
각양각색의 물과 산이 옛 조사 가풍일세.

공부 점검법에 대하여 귀감이 될 만한 몇 가지를 소개한다.

(1) 참선하는 사람이 선지식의 은혜가 지중한 줄을 아는가?
(2) 이 몸은 오물을 담고 있는 가죽 주머니로 시각을 두고 생각 생각에
   썩어 가는 줄을 아는가?
(3) 인생 백 년이 먼 것 같으나 숨 한 번 내쉬고 들이쉬는 데 있는 줄을
   아는가?

---

228) 『증도가』에서 인용해 온 구절.

(4) 無上法門을 듣고 과거 인연도 지중했으며 현세 인연도 희유한 줄을 아는가?

(5) 법문이 귀중하다면 自心을 망각하지 않고 수행인다운 지조를 지킬 줄 아는가?

(6) 타인을 상대할 때에 잡담을 금하고 열심히 공부하고 있는가?

(7) 남에 대한 시비를 일삼지 않고 마음을 安定하여 공부하고 있는가?

(8) 남과 이야기할 때도 화두가 간단없이 연속되는가?

(9) 24시간 동안 화두가 명백하여 昧하지 않는가?

(10) 보고 듣고 모든 일을 분별할 때에 화두와 한 덩어리가 되는가?

(11) 자기 공부를 돌아보아 능히 부처와 조사를 붙잡을 만한가?

(12) 자기 자신을 돌이켜 볼 때 금생에 결정코 佛祖의 혜명을 계승할 수 있겠는가?

(13) 이 몸이 건강할 때에 지옥고의 무서움을 생각하는가?

(14) 몸은 업보로 태어남인데 결정코 생사윤회를 벗어나겠는가?

(15) 八風, 즉 이익 볼 때나 손해 볼 때나, 비난받을 때나 칭찬받을 때나, 추켜올리거나 희롱하거나, 기쁠 때나 슬플 때나 내 마음이 모든 경계에 사로잡혀 동하지 않겠는가?

이와 같이 초학자들은 스스로 자기의 공부를 점검하고 살펴야 한다.

君不見가 悉達多之碧山行이여.

勤君深心參妙話하야 難得良晨可虛過하라.
無量劫來無此日하니 丈夫心志只恁麼를

실달태자 산에 감을 모두 보라.
인생이란 호흡 사이 무상함을 깨우친 것.

그대들아 마음 깊이 묘한 말씀 참구하여
얻기 힘든 좋은 시절 헛되이 살지마오.
한량없는 많은 겁에 이런 날이 더 없으니
대장부 마음 씀을 죽은 셈치고 정진할지어다.

休休乎何必行脚이어 脚下卽是菩提場이라.
君看老胡默然處하라 不以言語能承當을

쉬고 쉬어라 하필 여기 저기 돌아다니며 수행하랴
발 아래가 거기 바로 보리의 도량인 걸.
부처께서 묵언한 곳 그대여 살펴보소.
언어를 가지고는 받아들여 감당할 수 없는 자리.

(喝一喝. 遂下座.)

佛紀 2539년 8월 11일. 陰 7월 15일.

33

1995년 12월 7일

용도 : 동안거 결제 법어
출전 : 〈친필사본〉①140~143쪽

(卓拄杖一下云)

假使棒如雨點하고 喝似雷奔하야도 未能當得向上宗乘事하나니 到這裏하
야는 黃頭碧眼도 更參三十年하야사 始得다.[229]

(한번 주장자 내리치고 말하되)

설사 몽둥이로 때리기를 비오듯이 하고 할하기를 우레같이 하더라도
向上宗乘의 법에는 합당치 못하니, 여기에 이르러서는 누런 머리 석가와
푸른 눈 달마도 다시 30년을 더 참구하여야 되리라.

其餘歷代善知識과 天下大宗師는 盡是依附草木精靈[230]이니 千七百公案은

---

[229] 임제의 '喝'과 덕산의 '棒'이 선어록에 등장하면서, 상당법어를 시작할 때에 자주 활용
되었다. 대표적으로 『벽암록』의 다음 구절을 들 수 있다. "垂示云. 乾坤窄, 日月星辰一
時黑. 直饒棒如雨點, 喝似雷奔, 也未當得向上宗乘中事. 設使三世諸佛, 只可自知, 歷
代祖師, 全提不起. 一大藏教詮注不及, 明眼衲僧自救不了. 到這裏, 作麼生請益."

是什麽乾屎橛231)고. 還會麽아.

그밖의 역대 선지식과 천하 대종사는 모두 초목에 붙어사는 잡귀이니
1천7백 공안은 이 무슨 똥막대기인가? 알겠는가?

滿山紅葉凋枯落하니 三冬結制降雪花로다.

온 산에 단풍잎 시들어 말라 떨어지니
삼동 결제에 흰 눈송이가 내리네.

盤山이 示衆云 向上一路는 千聖도 不傳이어늘 學者勞形하나니 如猿捉月
이로다.232)

반산 보적 스님이 대중에게 이르기를 "향상일로는 일천의 성인도 전하지
못하거늘 학자가 애를 쓰나 원숭이가 물에 비친 달을 잡으려는 것과 같다."
라고 하였다.

假使 三世諸佛과 歷代祖師와 文殊 普賢과 天下善知識이 說盡未來際하여
도 毫釐不及이며 千里懸隔이라 是故로 句外에 明宗하고 機外에 明旨하야사
始得다.

가령 삼세제불과 역대 조사와 문수 · 보현과 천하의 선지식이 미래제가
다하도록 설한다 해도 털끝만큼도 미치지 못할 것이며 천리길이나 멀리

---

230) 依附草木精靈 : 선 문헌에서는 일반적으로 '依草附木精靈'으로 표현. 『무문관』의 다음
   구절 참조. "無門曰, 參禪須透祖師關, 妙悟要窮心路絶. 祖關不透, 心路不絶, 盡是依草
   附木精靈."
231) 乾屎橛 : 뭉쳐져 마른 똥 덩어리. 하찮은 물건을 뜻함. 『전등록』권제12(임제의현)조의
   다음 구절 참조. "時有僧問, 如何是無位眞人. 師便打云, 無位眞人是什麽乾屎橛."
232) 『경덕전등록』권제7 (반산보적)조의 말. "向上一路千聖不傳, 學者勞形如猿捉影."

어긋날 것입니다. 그러므로 언구 외에 종지를 밝히고 기틀 밖에 그 의지를
밝혀야 비로소 되는 것이다.

到這裏하야는 纖毫有佛見法見이라도 箭過西天이니라. 畢竟에 作麼生고?

이 속에 이르러서는 털끝만치라도 부처라는 소견이나 법이라는 소견이
있다면 벌써 화살은 서쪽 하늘을 지나갈 것입니다. 필경에 어떻게 할 것인고?

石女騎牛歸後洞이요
木人吹笛過前村이로다.

석녀는 소를 타고 뒷 골짜기로 돌아가고
목인은 피리를 불며 앞 마을을 지나간다.

(喝一喝하고 遂下座하다.)

佛紀 2539년 12월 7일. 陰 10월 15일.
海印叢林 方丈 慧菴.

34

1995년 12월 21일

용도 : 동안거 시월 그믐 법어
출전 : 〈친필사본〉①144~148쪽

諸佛法身入我性하고 我性還共如來合이라. 摩尼珠는 萬古不變하야 秋毫不昧하고 於諸凡聖에 無有增減하야 生死自由하니 時會大衆은 還可委悉麼아.

모든 부처님의 법신이 나의 성품에 들어오고 나의 성품이 다시 여래와 합치도다. 마니보주는 만고에 변함이 없어서 조금도 어둡지 아니하며, 모든 범부와 성인에게서 늘어나거나 줄어들지 않으면서 생사에 자유하니, 여기 모인 대중들은 이것을 알겠는가?

若也委悉하면 卽與三世諸佛과 歷代祖師로 把手共行이어니와 其或未然이면 卽與三毒煩惱로 爲自家財하야 六途輪廻에 無限生死苦하리니 時會大衆은 且道하라. 如何解脫生死苦麼아.

만약 이를 알게 되면 삼세의 모든 부처님과 역대의 조사들과 더불어 손을 잡고 같이 가게 되지만, 만약 그렇지 못하면 삼독 번뇌로 자기 집 재산을 삼고 육도 윤회에 생사고가 끝이 없으리니, 여기에 모인 대중들은 일러보시오. 어떻게 해야 생사의 괴로움에서 벗어날 수 있겠습니까?

(良久云)

圓覺山中有一寺호대 在尊天地未分前이라
不在天上不在地하야 非佛非法亦非僧이로다.

(頌曰)

石人醉舞歸銀河하고
木女騎虎來天台로다.

(잠시 있다가)

마음 산 가운데 한 절이 있는데
천지가 생기기 이전부터 부처님이 계셨네.
천상에도 지상에도 계시지 않았으며
부처도 법도 아니며 스님도 아니었네.

(게송을 읊으되)

돌사람은 술 취해 춤을 추며 은하계로 돌아가고
나무로 된 여자는 범을 타고 천태산으로 온다.

*****233)

問 涅槃經 金剛身品에 不可見이요 了了見하야 無有知者며 無不知者라하
니 云何오.
答 不可見者는 爲自性體가 無形하야 不可得故로 是名不可見也니라.

---

233) 이하는 성철 선사의 『돈오입도요문론강설』(37~38쪽)에서 인용해 온 구절.

然이나 見不可得者는 體寂湛然하야 無有去來나 不離世流니 世流不能流하야 坦然自在卽 是了了見也니라. 無有知者는 爲自性이 無形하야 本無分別이 是名無有知者요 無不知者는 於無分別體中에 具有恒沙之用하야 若能分別一切하야 卽無事不知하나니 是名無不知者니라. 般若偈云般若는 無知나 無事不知며 般若는 無見이나 無事不見이니라.

"『열반경』「금강신품」에 이르기를, '볼 수 없되 분명하고 밝게 볼 수 있어 아는 것도 없고 알지 못하는 것도 없다' 하니, 무슨 뜻입니까?"

"'볼 수 없다'는 것은 자성의 본체가 모양이 없어서 얻을 수 없는 까닭에 볼 수 없다고 하니라. 그러나 '얻을 수 없는 것을 보는 것'은 자성의 본체가 공적하고 담연하여 가고 옴이 없으나 세상의 흐름을 여의지 않으니, 세상의 흐름이 능히 흐르지도 아니하여 탄연히 자재함이 곧 '분명하고 밝게 보는 것'이니라.

'아는 것이 없다'는 것은 자성의 모양이 없어서 본래 분별이 없음을 이름하여 아는 것이 없다고 하느니라.

'알지 못할 것이 없다'는 것은 분별이 없는 본체 가운데 항상 묘용을 갖추어서 능히 일체를 분별하여 알지 못하는 일이 없으니 이를 이름하여 알지 못하는 것이 없다고 하느니라.

「반야의 게송」에 이르기를, '반야는 아는 것이 없으나 알지 못하는 것이 없으며, 반야는 보지 못하나 보지 못하는 것이 없다.'고 하였느니라."
*****234)

불법은 이론이 아니고 실천이니 실천은 깨달음에 목적이 있다.

本來面目誰야 纔擧箭沒石하라.
疑團百雜碎하면 一物蓋天碧이로다.

---

234) 여기 까지가 성철 선사의 『돈오입도요문론강설』(37～38쪽)에서 인용해 온 구절.

본래의 그 면목이 무엇인고
들자마자 화살이 돌에 박히듯
의심 덩어리 산산이 부숴버리면
한 물건이 푸른 하늘 모두 덮으리.

(喝一喝, 遂下座.)

佛紀 2539년 12월 21일. 陰 10월 29일.
方丈 慧菴.

35

1996년 1월 5일

용도 : 동안거 동짓달 보름 법어
출전 : 〈친필사본〉①149~153쪽

(上堂하야 一下拄杖云)

惟此一法은 上自佛祖로 下至衆生으로 無有差別하야 無有迷惑하며 無有
大悟니 大衆은 還可委悉麼아.

(법상에 올라 주장자를 한번 들어올리고 말하되)

이 한 법은 위로는 모든 불조로부터 아래로는 중생에게 이르기까지 아무
차별이 없어서 미혹도 없으며 깨달음도 없으니, 대중은 이 도리를 알겠는가?

(良久云)

呑却日月하고 闊步宇宙하야사 始得다.

(頌曰)

一片白雲橫谷口하니 幾多歸鳥盡迷巢오.
雲山萬里靑山露하니 高峰怪岩本來顏이로다.

(잠시 있다가 이르되)

해와 달을 삼키고 우주에 활보하여야 알게 되리라.

(게송을 읊으되)

한 조각 흰 구름이 골짜기를 막으니
얼마나 많은 새가 돌아갈 길 잃었는가.
구름 흩어져 만리에 청산이 드러나니
높은 봉 괴상한 암석이 본래 면목이네.

若也會得이면 圓融無碍하야 菩提涅槃도 猶是眼塵이어니 其或未然이면
生死輪廻苦하야 無量無邊하리니 何敢放逸하야 伸足安眼가 是故로 迷則生滅
心이니 衆生也요 悟來에 眞如性이니 諸佛也로다.

만약 이 도리를 알게 되면 원활하게 융통하여 막힘이 없어서 보리와
열반도 오히려 눈 속의 티끌과 같은 것이나, 그렇지 못하면 생사윤회의
고통이 끝이 없으리니, 어찌 함부로 방일하여 발을 뻗고 편히 잠들 수 있겠
는가? 그러므로 미혹하면 나고 죽는 번뇌심이니 중생이요, 깨달으면 진여성
이니 모든 부처님이다.

(頌曰)

人人有介大神珠하야 起坐分明常自隨라.
不信之人須着眼하라 如今言語是爲誰오.

(게송을 읊으되)

누구에게나 이 큰 신주 있어
서거나 앉거나 항상 분명히 스스로 따르네.
믿지 않는 사람은 부디 자세히 보라
지금 이렇게 말하는 그것은 무엇인가.

*****235)
問 經云不見有無卽眞解脫이라하니 何者是不見有無오.
答 證得淨心時에 卽名有요 於中에 不生得淨心想이 卽是不見有也니라. 得
想無生無住하야 不得作無生無住想이 卽是不見無也니 故로 云不見有無也니
라 楞嚴經云 知見에 立知하면 卽無明本이요 知見에 無見하면 斯卽涅槃이라
亦名解脫이라.

"경에서 이르기를 '있음(有)과 없음(無)을 보지 않는 것이 참다운 해탈이
다.'라고 하시니, 어떤 것이 있음과 없음을 보지 않는 것입니까?"

"깨끗한 마음을 증득하였을 때를 곧 '있음'이라 하고, 그 가운데서 깨끗한
마음을 얻었다는 생각이 나지 않음이 곧 '있음'을 보지 못느니라.

나지도 않고 머물지도 않는다는 생각을 얻고서, 나지도 않고 머물지도
않는다는 생각을 짓지 않는 것이 곧 '없음'을 보지 못함이니, 그런 까닭에
'있음과 없음'을 보지 못한다고 하는 것이니라.

『능엄경』에 이르기를 '지견知見에 앎〔知〕을 세우면 무명無明의 근본
이 되고, 지견에 보는 것이 없으면 이것이 곧 열반이며 또한 해탈이라 한다.
라고 하였느니라."

* 깨끗한 마음이란 일체 망념의 객진 번뇌가 완전히 떨어져 없음을 말하
니, 곧 자성청정심을 말합니다.

---

235) 이하는 성철 선사의 『돈오입도요문론강설』(41~43쪽)에서 인용해 온 구절.

자성청정심을 증득한 '있음'과 자성청정심을 가지고 있다는 생각이 나지 않는 '있음'을 보지 못함과의 관계는, 단계적이고 차제적인 관계를 말하는 것이 아니고, 자성청정심을 철저하게 증득할 것 같으면 그 가운데에서 자성청정심을 증득했다는 그 생각도 있을 수 없다는 것을 말하는 것입니다.

자성청정심을 얻은 연후에 얻었다는 생각도 없다는 단계적인 것이 아니라, 청정한 마음을 확실히 증득할 때 이미 청정한 마음을 증득하였다는 그 생각이 있을 수 없다는 것입니다.

자성청정심을 확실히 증득할 것 같으면, 여기서는 일체망념이 다 떨어져서 증득했다는 생각도 없으니, 그것을 '나지 않는다'고 말하고 '머물지 않는다'고 말합니다. 그리고 나지 않음과 머물지 않음을 증득해도 증득했다는 그런 생각까지도 다 떨어진 것을 '있음과 없음을 보지 못한다'고 말씀한 것이니 있음과 없음의 양변을 떠난 이것이 중도입니다.

『능엄경』의 말씀과 같이 철두철미하게 바른 지견을 증득하면 지견을 증득했다는 지견이 서지 못한다는 것이니, 이것을 열반이라 하고 해탈이라고 했습니다.

열반에는 有餘涅槃과 無餘涅槃의 두 가지가 있습니다. 유여열반은 滅盡定을 얻은 아라한과를 말하나, 아직까지 없다는 견해(無見)를 떠나지 못하였으며, 무여열반은 있다는 견해[有見]와 없다는 견해[無見]를 완전히 떠났으므로 구경각인 妙覺을 말합니다.

그러므로 자성청정심을 증득하여 있다는 견해와 없다는 견해를 완전히 여의어 無生心과 無住心을 성취하되, 성취하였다는 생각도 없음이 곧 열반이고 해탈이며 돈오이며 견성이며 성불이라는 것입니다.

*****236)

(頌曰)

舊歲已隨石亥去하고 新年暗逐木子來라.

---

236) 여기 까지가 성철 선사의 『돈오입도요문론강설』(41~43쪽)에서 인용해 온 구절.

冬經春到似年流나 萬里長天何變在를.

(계송을 읊으되)

묵은 해는 이미 돌돼지를 따라 갔고
새 해는 몰래 나무쥐를 쫓아 왔네.
겨울 가고 봄이 오니 해 바뀐 듯 하지만
높고 먼 하늘 어찌 변화하더냐.

(一喝.)

佛紀 2539년 1월 5일. 음 11월 15일.
慧菴.

36

1996년 1월 19일

용도 : 동안거 동짓달 그믐 법어
출전 : 〈친필사본〉①154~160쪽

(上堂하야 拈拄杖三下하고 頌曰)

大丈夫秉慧劍하니 般若鋒兮金剛閻이로다.
非但能摧外道心이요 早曾落却天魔膽이로다.

(법상에 올라 주장자를 세 번 내려치고 게송을 읊으되)

대장부가 지혜의 칼을 잡으니
반야의 칼날이요 금강의 불꽃이로다.
다만 외도의 마음만 꺾을 뿐 아니요
일찍이 천마의 간담을 떨어뜨렸도다 .

지혜는 능히 번뇌의 속박을 끊어버릴 수 있기 때문에 지혜를 칼에 비유하
여 慧劍이라 한다.

各自有慧劍하야 無始以來로 至于今日히 無有間斷하고 二四時中 行住坐臥
四威儀內에 能殺能活하며 能縱能奪하야237) 任意受用하니 還可尋得麼아 若
也尋得인댄 出來試道看하라.

사람마다 제각기 혜검을 지니고 있어, 아주 먼 옛날부터 오늘에 이르기까
지 간단없이 스물네 시간 행주좌와 네 위의 속에서 능히 죽이기도 하고
살리기도 하며, 능히 놓아주기도 하고 능히 빼앗기도 하면서 마음대로 수용
하니, 대중들은 이것을 찾았는가? 만약 찾았거든 가지고 나와서 한번 일러
보시오.

(良久. 卓一下云)

設使道得이라도 好與三十棒238)이온 又況不道得乎아 尋得慧劍하면 佛祖
共行하니 出格丈夫어니와 其或未然이면 繫縛煩惱賊하여 損法財滅功德239)
하리라.

(잠시 있다가 한 번 주장자를 내려치고 이르되)

설사 바로 이르더라도 삼십 방망이를 맞을 것인데, 하물며 이르지 못해서
야 되겠는가? 혜검을 찾게 되면 부처와 조사와 함께 가니 격식을 벗어난
장부라 할 수 있지만, 그렇지 못하면 번뇌의 도적에게 꽁꽁 묶이어 법의
재물을 빼기며 공덕을 잃어버린다.

---

237) 能殺能活하며 能縱能奪 : 선승들의 상대 지도 방법으로, '殺'은 상대를 궁지에 몰아넣어
스스로 깨치게 하는 방식, '活'은 그 반대로 상대를 자유롭게 내려두어 스스로 깨치게
하는 방식, '縱'은 상대방의 주장을 수용하는 방식으로 지도하는 방법, '奪'은 그 반대.
238) 好與三十棒 : '好與~'는 '분명히(또는 확실히)~해야 한다.'의 뜻으로 '與'는 의미 없는
부사조어.
239) 繫縛煩惱賊하여 損法財滅功德 : 『증도가』의 "深成認賊將爲子, 損法財滅功德."를 활
용한 법문.

(頌曰)

夢裏明明有六趣러니　覺後空空無大千이로다.[240)]
迷悟俱打無罣碍하니　火中木魚化龍走로다.

(계송을 읊으되)

꿈속에선 밝고 밝게 육취가 있더니
깨친 후엔 비고 비어 대천세계가 없도다.
미혹과 깨달음을 모두 다 쳐부수어 안 걸리니
불 속에서 목어가 용이 되어 달아나네.

부처님께서 아난에게 말씀하셨다.[241)]
"설사 억천만 억천만 겁 동안 나의 깊고 묘한 법문을 다 외운다 하더라도, 단 하루 동안 도를 닦아 마음을 밝힘만 못하느니라."
또 말씀하셨다.
"내가 아난과 같이 멀고 먼 전생부터 같이 도에 들어왔다. 아난은 항상 글을 좋아하여 글 배우는 데만 힘썼기 때문에 여태껏 성불하지 못하였다. 나는 그와 반대로 참선에만 힘써 도를 닦았기 때문에 벌써 성불하였다."
노자도 말씀하였다. "배움의 길은 날마다 더 쌓고, 도의 길은 날마다 덜어간다. 덜고 또 덜어 아주 덜 것이 없는 곳에 이르면 참다운 자유를 얻는다."[242)]
옛 도인이 말씀하였다. "마음은 본래 깨끗하여 명경과 같이 밝다. 망상의 티끌이 쌓이고 쌓여 그 밝음을 잃고 캄캄하여 어두워서 생사의 고를 받게 된다." 모든 망상의 먼지를 다 털어 버리면 본래 깨끗한 밝음이 드러나

---

240)『증도가』에서 인용해 온 구절.
241) 출전 미상.
242)『도덕경』 48장의 "損之又損, 以至於無爲, 無爲而無不爲."를 활용한 구절.

영원히 어둠을 벗어나서 대자유의 길로 들어가게 되는 것이다. 학문을 힘쓰는 것은 명경에 먼지를 자꾸 더 쌓는 것이어서 생사고를 더 깊게 한다. 오직 참선하여야 먼지를 털게 되어 나중에는 생사고를 벗어나게 된다.

또 말씀하였다.

"학문으로써 얻은 지혜는 한정이 있어서 배운 그 범위 밖은 모른다. 그러나 참선하여 마음을 깨치면 그 지혜는 한이 없어 그 지혜의 빛은 햇빛과 같고, 학문으로 얻은 지혜의 빛은 반딧불과 같아서 도저히 비유도 안 된다."

육조 대사는 나무장사로서 글자는 한 자도 몰랐다. 그러나 도를 깨친 까닭에 그 법문은 부처님과 다름없고 천하 없이 학문이 많은 사람도 절대로 따를 수 없었다.

天台 스님이 도를 수행하다 크게 깨치니 그 스승인 南岳 스님이 칭찬하며 말했다

"대장경을 다 외우는 아무리 큰 지식을 가진 사람이라도 너의 한없는 법문을 당하지 못할 것이다."

과연 그래서 천고에 큰 도인이 되었다.

易 禪師는 高峰 선사의 법제자이다. 출가하여 『心經』을 배우는 데 3일 동안 한 자도 기억하지 못하였다. 그 스승이 대단히 슬퍼하니 누가 보고 '이 사람은 전생부터 참선하던 사람일 것이다' 라고 하여 참선을 시키니, 과연 남보다 뛰어나게 잘 하였다. 그리하여 크게 깨쳐 그 당시 유명한 고봉 선사의 제자가 되어 크게 법을 펼쳤다. 99세에 입적하시어 화장을 하니 연기는 조금도 나지 않고 사리가 무수히 쏟아져서 사람들을 더 한층 놀라게 하였다.

(頌曰)

伽倻山高天下立하고 洛東江深沙上流로다.

向外馳求猴拈月이라 心路斷時全體現이로다[243]

(게송을 읊으되)

가야산 높다 해도 하늘 아래 우뚝 서 있고
낙동강이 깊다 해도 모래 위에 흐르네.
밖을 향해 찾는 것은 원숭이 물속 달 잡기니
마음이 사라질 때 전체가 드러나리.

(喝一喝, 遂下座.)

佛紀 2540년 1월 19일. 陰 11월 29일.

---

243) 이 책의 80쪽 (18. 1994년 11월 17일) 법문에도 등장하는 게송과 유사.

37

1996년 2월 3일

용도 : 동안거 섣달 보름 법어
출전 : 〈친필사본〉①161~168쪽

(上堂하야 一下拄杖云)

有一物於此하야
生生不生兮여 呑却日月하고
死死不死兮여 闊步宇宙로다.

(법상에 올라 한번 주장자를 울리고 말하되)

한 물건이 여기에 있는데
나고 나고 나지 않음이여!
해와 달을 삼키고
죽고 죽어도 죽지 않음이여
우주에 활보하는도다.

生也圓寂이요

死也圓寂이니
來去也圓寂이라
生死涅槃相共和로다.

살았어도 원적이요
죽었어도 원적이니
오고 가는 것이 원적이라
생사 열반 경계를 항상 함께 하도다.

在迷而不減하고 在悟而不增하며 常在吾人動靜之中하여 能善分別하며 歷
歷孤明不昧하니 時會大衆은 還可發明麼아 速道一句來하라.

설사 미혹하더라도 줄어들지 않고, 깨닫더라도 늘어나지 않으며, 언제나
우리들의 움직이고 고요한 그 가운데 있으면서 능히 모든 것을 잘 분별하
며, 또렷하고 외로이 밝아서 어둡지 않으니, 여기 모인 대중들은 이것을
밝혀내었는가? 밝혀내었다면 속히 일러보시오.

(良久. 一喝云)

若眞見去하면 何法門이 不明이리오
須百千諸佛方便이나 一時洞了하리라.

(잠시 있다가 할을 한 번 한 다음 이르되)

만일 바로 알면 무슨 법문인들 밝지 않으리오.
비록 백 천의 많은 부처님의 방편이라도 일시에 환희 알게 되리라.

(頌曰)

蝦蟆呑却南山虎하고
醮螟眼睫에 打鞦韆이로다.244)

(게송을 읊으되)

두꺼비는 남산의 범을 집어삼키고
초명 벌레 눈썹에서 그네를 뛰네.

*****245)
問 云何是無所見고.
答 若見男子女人及一切色像하되 於中에 不起愛憎하야 與不見으로 等이
卽是無所見니라.

"어떤 것이 보는 바가 없는 것입니까?"
"만약 남자나 여자 및 일체 색상을 보되 그 가운데 사랑함과 미워함을
일으키지 아니하여, 보지 못함과 같은 것이 곧 보는 바가 없는 것이니라."

* 누구나 '중도를 정등각'하지 못하면 자연히 모든 생각이 양변에 떨어지
게 되어, 무엇을 볼 때나 사랑하는 생각이 나지 않으면 생각이 나고 미운
생각이 나지 않으면 사랑하는 생각이 나게 됩니다. 그렇게 하여 그 생각의
굴레를 벗어나지 못하므로, 보는 바가 있게 되고 여러 가지 소견이 붙게
되는 것이니, 소견이 붙게 되면 바로 보는 것이 되지 못합니다. 그래서
일체 경계를 대할 때 사랑하고 미워하는 마음이 다 떨어져서 중도의 마음이
나타나면, 이것을 보는 바가 없다고 하는 것입니다.

---

244) 醮螟眼睫에 打鞦韆 : 좁은 공간에서 무슨 행동을 할 때 쓰는 말로 좁은 소견으로 성현의
큰 뜻을 알려는 무모함을 비유. 용례는 다양하다. "譬如蟭螟蟲, 在蚊子眼睫上作窠."
(『경덕전등록』(중읍홍은)조), 또는 "盡乾坤把一時將來, 著汝眼睫上"(『경덕전등록』(운
문문언)조).
245) 이하는 성철 선사의 『돈오입도요문론강설』(44~46쪽)에서 인용해 온 구절.

혹 어떤 사람들은 '보지 못함'과 같다고 하는 말을 듣고는 붉은 것이든지 푸른 것이든지 검은 것이든지 흰 것이든지 이런 것들을 분별할 수 없다는 아닌가 하고 생각할 수도 있을 것입니다. 그렇게 생각하는 것은 斷見입니다.

일체 만상을 분명히 분별하지만 분별한다는 생각이 절로 없다는 것이니, 중생의 경계로는 알 수 없는 일입니다.

중생은 아무리 노력한다고 하더라도 결국은 보는 생각이 있고, 보는 물건이 있고, 상대가 있어서, 사랑하고 미워함이 생기지 않을래야 않을 수 없으므로, 자기도 모드는 가운데 邊見에 떨어지지 않을 수 없습니다. 그렇지만 자성청정심을 증득하여 일체 망념이 다 없어지면 중도의 정견이 나타나는 것이니, 모든 것을 분명히 보지만 실제로 보지 못하는 것과 마찬가지로 거기에 조금도 마음의 동요나 분별이 없습니다. 이렇게 되어야만 참으로 無生法忍이며 머무름이 없는 마음을 증한 것이지, 그렇지 아니하고 다만 조금이라도 분별이 따라가게 되면 머무름이 없는 마음이 아니며 眞如心이 아니며 眞如大用이 아닙니다. 그것은 業識妄想일 따름이니 열반이 될 수 없고 해탈이 될 수 없는 것입니다.

問 對一切色像時 卽名爲見이니 不對色像時도 亦名見否아.
答 見이니라.

"일체 색상을 대할 때는 곧 본다고 하니, 일체 색상을 대하지 않을 때도 또한 본다고 할 수 있겠습니까?"
"보느니라."

* 일반적으로 무엇을 볼 때는 분명히 본다고 하고 보지 않을 때는 안 본다고 하는데, 그러면 볼 때나 안 볼 때나 모두 '본다'고 할 수 있느냐는 물음에, 본다고 답을 하니 모순으로 들릴지 모르나, '본다'는 것 자체의 자성은 보거나 안 보거나 하는 것과는 관계가 없습니다.

본다거나 안 본다거나 하는 것은 邊見이지만, 여기서 말하는 '본다'라고 하는 것은 중도 정견을 말이니, 보고 안 보고 하는 것과는 관계없이 보지 아니할 때도 분명히 보고 있고, 볼 때도 분명히 보지 않으니, 보는 것과 보지 않음이 둘이 아니 동시에 서로 무애자재합니다. 이것을 '본다'고 하기 때문에 보지 않을 때도 보는 것이 되고, 볼 때도 보지 않는 것이 되는 것입니다.
*****246)

昔에 本師世尊은 六年苦行하시고 達磨祖師는 九年面壁하시고 諸佛諸祖가 頭陀苦行하야 了達大事온 又況今求道者가 何不履古跡하며 古聖이 還有 不從凡夫來者乎아 不涉苦難者其誰오.

옛날 본사 세존께서는 설산에서 6년을 고행하셨고, 달마 스님은 소림굴에서 9년 동안 면벽하셨으며, 모든 불조께서 두타 고행하시어 생사 일대사를 요달하였거늘, 요즈음의 구도자들은 어찌하여 옛 성인들의 행적을 밟지 않는가? 옛 성인들도 처음에 범부가 아니었던 사람이 누가 있으며, 고난을 겪지 않았던 이가 그 누구인가.

(頌曰)

子午慇懃修白業하여 不須虛負好光陰하라.
爭似無爲實相門에 一超直入如來地리오.247)

(게송을 읊으시되)

밤낮으로 간절히 도를 닦아서
좋은 세월을 헛되이 보내지 말라.
어찌 함이 없는 실상문에

---

246) 여기 까지가 성철 선사의 『돈오입도요문론강설』(44~46쪽)에서 인용해 온 구절.
247) 『증도가』에서 인용해 온 구절.

한 번 뛰어 여래지에 바로 들어감과 같으리오.

(卓拄杖三下하고 遂下座하다.)

(주장자로 법상을 세 번 치고 내려오다.)

佛紀 2539년 2월 3일. 陰 12월 15일.

38

1996년 2월 18일

용도 : 동안거 섣달 그믐 법어
출전 : 〈친필사본〉①169~173쪽

(上堂하야 示衆云)

今日臘月三十日이다 時會大衆은 眼光落地時에 向什麼處去오 釋迦世尊은 泥蓮河畔에 開棺據坐하여 爲母說法하시니 諸行無常하야 是生滅法이니 生滅 滅已하면 寂滅爲樂이니라 하시었다.

(법상에 올라 대중에게 말하되)

오늘은 섣달 그믐이라, 여기 모인 대중들은 눈빛이 떨어질 때에 어느 곳을 향해 가겠는가? 석가세존께서 니련하의 언덕에서 관을 열고 걸터앉아 어머니를 위해 설법하시기를, "모든 것은 덧없어서 나고 죽는 법이니, 나고 죽음이 사라지면, 적멸의 즐거움이 된다."[248]고 하시었다.

彼此將幻身으로 俱生於幻世데

---

248) 『대반열반경』「성행품」에 나오는 나찰의 게송 "諸行無常, 是生滅法, 生滅滅已, 寂滅爲樂."

如何幻幻中에 復與爭幻社리오.

피차에 다 환의 몸으로
환의 세상에 함께 났는데
어째서 환과 환 속에서
다시 환의 일로써 다툴 것인가.

閃光影裡一年過하니 却嘆鬢邊漸白何오
歲月無私公道去하니 長生不老是雖家를

번쩍하는 빛 그림자 속에서 한해를 지났으니
귀밑의 흰머리가 많아짐을 탄식한들 어찌하리.
세월은 사정없어 공평하고 바르게 가니
장생불로라 함은 이 누구의 수작인가.

生死死生塵世夢이어 冤親同道步泉坮로다
泉坮一路通何處데 年去年來不復廻로다.

나고 죽고 죽고 나는 것이 티끌 세상의 꿈이어서
원수나 친한 이나 한 길로 황천으로 가네.
황천으로 가는 길은 어느 곳으로 통하기에
해가 가고 해가 와도 가신 분 돌아오지 않네.

被緇剃髮有來由하니 莫向靑山空白頭하라.
四十九年多少說이어 縱橫爲我指歸休로다.

먹물 옷 입고 머리 깎는 그 까닭이 있으니
부디 청산 속에 부질없이 늙지 마라.

사십구 년 동안 정녕하신 그 말씀
우리들의 돌아갈 곳 갖가지로 지시했다.

大地山河是我家데 更於何處覓故鄕리오
見山忘道狂迷客이 終日行行不到家로다.

대지산하가 바로 다 내집인데
새삼 어디 가서 고향 내 집 찾으리.
산을 보다가 길을 잃고 미쳐 헤매는 사람
종일 가도 가도 집에는 못 가리라.

無聲無臭又無名이 到處相從不可名을
欲識空王眞面目인대 雁拖秋色過江城이도다.

소리도 냄새도 이름도 없는 것을
어디로나 따라다녀도 밝힐 수 없는 것을
부처님 참 면목을 알고 싶어하는가
기러기 가을 빛 끌고 강성을 지나간다.

이것은 낳고 죽는 것이 아니라 인연 따라 낳고 죽고하네. 이것은 아무 것도 아닌지라, 이것저것 능히 하느니, 나는 아무 것도 아닌 하나를 손 없는 중생들에게 丙子年 새해 선물로 주노니, 그림자 없는 이것을 받아서 고이 길러 후손들에게 전해주시오.

(良久. 一喝. 頌曰)

飢來喫食困來眠하여 一種平懷萬境閑이라.
莫把是非來辨我하라 浮生人事不相干하리라.249)

(잠시 있다가 할을 한 번 한 다음 게송을 읊으되)

배고프면 밥 먹고 피곤하면 잠자면서
한결같이 생각 없어 온갖 경계 고요하다.
옳고 그름 가지고 나를 비판하지 말라.
뜬 세상의 사람 일은 상관하지 않느니라.

(卓拄杖一下하고 遂下座하다.)

(주장자로 법상을 한 번 치고 내려오다)

佛紀 2539년2월 18일. 陰 12월 30일.

方丈 慧菴

---

249) 선문에 많이 인용되는 구절 중의 하나인 "三間茅屋從來住, 一道神光萬境閑, 莫把是非
來辨我, 浮生穿鑿不相關."을 활용한 것. '莫把是非來辨我' 구절은 『선문염송』, 『고존
숙어록』, 『벽암록』, 『지월록』 등에 자주 등장한다.

39

1996년 3월 4일

용도 : 동안거 해제 법어
출전 : 〈친필사본〉①174~177쪽

(上堂하야 三下拄杖云)

今日은 打算飯錢이니 時會大衆은 且道하라. 於三個月間에 所得處如何오?

(법상에 올라 주장자를 들어 세 번을 울리고 말하되)

오늘은 밥값을 계산하는 날이니 시회대중은 일러보시오. 삼 개월 동안에 얻은 바가 무엇인가?

若道毫釐有爲라도 好與三十棒이요 若道毫釐無爲라도 好與三十棒하리라.

만약 털끝만큼이라도 하는 것이 있었다면 삼십 방망이를 때릴 것이요, 하는 것이 없었다고 하더라도 삼십 방망이를 때릴 것입니다.

何以故오 設使一物이라도 卽不中이니라250) 還會麼아.

왜 그러한가? 불법은 원래 언설이 미치지 못하기 때문이니라. 알겠는가?

(大衆이 無語어늘 我代汝道하리라[251]. 良久에 云)

暑熱扇動하고 寒冷添衣니라.

(대중이 아무 말이 없자, '산승은 대중을 대신하여 말하겠소' 하고는 잠시 있다가 이르되)

더우면 부채질하고 추우면 옷을 입는다.

(頌曰)

靑山錄水元依舊하고 明月淸風共一家로다.
雪消泰山吹春風하니 杜鵑啼處杜鵑發이로다.

(게송을 읊으로되)

청산의 맑은 물은 원래 예전과 같고
명월 청풍은 같은 한 집이네.
눈 녹은 태산에 봄바람 부니
두견새 우는 곳에 두견화 피었도다.

---

250) 『육조단경』에서는 오조 홍인 대사와 혜능이 첫 만남에서 주고 받은 대화를 이렇게 기록하고 있다. "祖問, 什麼處來. 曰, 嵩山來. 祖曰, 什麼物恁麼來. 曰, 說似一物卽不中." 이 대화에서 '說似一物, 卽不中'의 뜻은 '한 물건이라고 말해도 옳지 않습니다.'이다.

251) 我代汝道 : 일종의 '代語'이다. 대중이 질문에 답을 못했을 경우 질문자가 대신 대답하는 형식. '別語'는 다른 측면에서 대답하는 형식. 그밖에도 拈, 頌, 擧, 評 등의 형식이 있다.

진짜 解制를 해야 하는데 거짓 解制를 하고 부끄럽게 걸망지고 가서 무엇하겠는가? 우리가 여기 모인 것은 名利와 衣食住와 安逸을 버리고, 세상만사를 모두 버리고, 오로지 生死一大事를 해탈하여 佛祖의 慧命을 잇고 무량중생을 제도하기 위해서다. 이번에 해탈하지 못했다고 낙심천만으로 생각할 것은 없다. 解制와 結制를 구분하지 말고 꾸준히 정진하는 것이 제일 상책이다. 작심삼일이라는 말과 같이 일시적으로 잘하는 것이 귀중한 것이 아니다. 去年 三冬처럼 전 대중이 加行精進을 잘하면 얼마간에 得力하고 해탈할 수 있을 것이다.

窮谷三冬共하야 春風一日歸로다.
去留俱世外하니 不用淚沾衣하라.

깊은 산중에 삼동을 함께 지냈으나
봄이 되니 하루에 모두 떠나가네.
떠나고 머물러도 다 세상 밖의 일이니
눈물 흘려 옷을 적시어 울지 말라.

(頌曰)

獅子窟中無異獸하고 象王行處絶狐踪이라.252)
霜雪消來十方春하니 萬化方暢鳥喃喃을

(게송을 읊으되)

---

252) 선어록에 자주 등장하는 게송으로 『황룡혜남선사어록』에 당대의 문인 한유가 태전 선사를 만났을 때에 건넨 게송으로 다음과 같이 소개되어 있다. "宗師一等展家風, 盡情施設爲韓公, 師子窟中無異獸, 象王行處絶狐蹤." 그 이후 조선에서는 『선문염송』을 통해 회자되었다.

사자굴 속에는 다른 짐승이 없고
코끼리 가는 곳에 여우 발길 끊어졌네.
서리와 눈 녹아 어디나 봄이 되니
날씨 좋아 만물이 생장하고 새들이 노래하네.

(一下拄杖하고 遂下座하다.)

(주장자를 한 번 올리고 법상에서 내려오다.)

佛紀 2540년 3월 4일. 陰 정월 15일.
方丈 慧菴

40

1996년 5월 31일

용도 : 하안거 결제 법어
출전 : 〈친필사본〉②1~6쪽

(上堂云)

這介事는 惟爲一大事因緣이니 時會大衆은 還透過祖師禪麽아?

이 일은 오직 일대사 인연을 위한 것이니, 대중들은 祖師關을 뚫었는가?

(법상에 올라 말하되)

參禪須透祖師關이요 學道要窮心路斷하라[253]

心路斷時全體現이요 如人飮水知冷暖을
到此田地莫門[254]人하야 須參本色呈機關하라.

---

253) 『무문관』에서는 "參禪須透祖師關, 妙悟要窮心路絕."이라 되어 있음.
254) 門 : 아래의 해석에는 '묻다' 뜻으로 되어 있으니, '問'이어야 맞겠지만, 〈친필사본〉에 있
    는 대로 둔다.

참선은 조사관을 뚫음이요
도 닦는 사람들은 마음 길 끊어버리라.

마음 길 끊을 때에 전체가 나타날 것이요.
사람들이 물을 마시어 차고 더움을 알 듯.
이 자리에 와서 어느 사람에게나 묻지 말라.
오직 참된 도인에게 물어볼지어다.

若是了徹底인댄 出格丈夫라. 生死岸頭에 如換垢衣하니 快活快活이로다.
卽與三世佛祖로 把手共行이어니와 其惑未然이면 人生百年이 只在刹那라.
眼光落地時에 胡蕩亂撞하리니 苦哉苦哉라 如何放逸가.

만약 밝게 깨달으면 격식을 벗어난 장부라. 나고 죽을 때에 헌 옷을 바꿔
입듯이 하여 쾌활하고 쾌활하리니, 삼세의 불조와 손을 잡고 함께 다니지
만, 그렇지 못하면 인생의 백 년이 찰나 사이에 있는 것이다. 죽을 때 정신이
어지러워 어찌 할 바를 모르게 되어 괴롭고 괴로울 뿐이니, 어찌 방일할
수 있겠는가?

(良久云)

白玉階前에 金雀舞하고
黃金殿上에 玉鷄鳴이로다.[255]

백옥 뜰 앞에 금 새가 춤추고
황금 집 위에 옥 닭이 우는구나.

---

255) 『설암조흠선사어록』에는 "白玉塔前金鳳舞, 黃金殿上玉鷄鳴, 正中來與兼中到, 昨夜
雲深月正明."로 되어 있다.

(頌曰)

日出乾坤無不明이요 雨來山野草靑靑이라
廻頭忽聽流鶯語하니 柳暗花明好時節이로다.

해가 뜨니 이 세상의 모든 것이 밝아지고
비가 오니 산야에는 온갖 풀이 푸르구나.
고개 돌려 들어보니 꾀꼬리 노래하고
버들은 우거지고 꽃은 피어 좋은 시절이로다.

日月似電光이니 光陰良可惜이로다
生死在呼吸하니 難以保朝夕이로다.

세월은 번개마냥 빠른 것
세월을 아끼지 않을 손가.
생과 사가 호흡 하나 사이거니
아침 저녁 보존하기 힘들다네.

行住坐臥間에 寸景莫虛擲하라
勇猛可勇猛하야 如我本師釋하라.

다니고 머물고 앉고 눕고 하는 사이
잠시 동안이라도 아끼어 허송 마소.
용맹에 용맹심을 더욱 내어
우리 본사의 석가 부처 본을 받소.

精進復精進하야 心地等惺寂이라
深信佛祖意하야 須要辦端的하라.

정진에 정진을 더욱 하여
마음자리 성성적적 고루 갖소.
불조의 깊은 뜻을 크게 믿어
큰 일을 기어이 성취하세.

心卽天眞佛이니 何勞向外覓이리오
放下萬事看하면 路窮如鐵壁이로다.

내 마음이 천진한 부처이니
밖에서 찾는 수고 어이하랴.
만사를 방하하고 보면
막다른 길 철벽에 부딪히지.

妄念都滅盡하야 盡處還抹卻하면
身心如托空하야 寂然光達赫이로다.

허망한 생각을 다 없애고
없앴다는 것마저 없어진다면
몸과 마음 허공을 의지한 듯
조용히 광명이 빛나리라.

本來面目誰이야 纔擧箭沒石하야
疑團百雜碎하면 一物盖天碧이로다.

본래의 면목이 누구인가
화두를 들면 화살이 돌에 박히듯
의단이 모든 잡념 쳐부수면
한 물건 천지 덮어 푸르리라.

莫與無智說하고 亦莫生悅懌하며
須訪見宗師하야 呈機復請益하라.
然後名繼祖하야 家風不偏僻이로다.

범부들에게 말하지 말고
이 소식을 혼자 기뻐하지 말고서
반드시 종사를 찾아보아
기회 드려 간절히 법을 청하소.
그래야 조사의 전통 잇게 되니
가풍이 편벽되지 않을 걸세.

(頌曰)

困來展脚眠하야 飢來信口喫이라
人問是何宗이야 하면 棒喝如雨滴이로다.

곤하면 다리 뻗어 잠자고
배고프면 입맛대로 먹을세.
이 무슨 종이냐고 묻는다면
방과 할이 비처럼 쏟아지리.

(喝一喝, 下座.)

佛紀 2540년 5월 31일. 陰 4월 15일.
方丈 慧菴

41

1996년 6월 15일

용도 : 하안거 사월 그믐 법어
출전 : 〈친필사본〉②7~12쪽

(上堂하여 拈拄杖三下云)

　若隨根而說則 自有三乘十二分敎어니와 我這裏에는 無此事하야 惟以本分으로 接人而已니라.

(법상에 올라 주장자를 들어 세 번 울리고 말하되)

　근기를 따라 법을 설한 즉 삼승 십이분교[256]가 있거니와 조사 가풍에는 이런 일이 없어서 오직 지름길로 이끌어 들일 뿐입니다.

　只此一段事를 古今傳與授하니 無頭亦無尾로데 分身千百億이로다. 此事는 了了的的하야 不可修證이니 時會大衆은 且道하라. 那箇是了了的的底道理麼아?

---

[256] 삼승은 성문승, 연각승, 보살승. 십이분교는 부처님 말씀을 성질과 형식에 따라 구분한 것으로, 계경, 중송, 수기, 고기송, 무문자설, 인연, 비유, 본사, 본생, 방광, 미증유, 논의.

오직 一着子[257])를 고금에 전해주되, 머리도 꼬리도 없되 천백억 화신이로다. 이 일은 본래 분명하고도 확실하여 닦아서 증득하는 것이 아니니, 대중들은 일러보시오. 어떤 것이 분명하고도 확실한 도리입니까?

(良久云)

這介一着子는 火中生蓮이요 戴角獅子라 死中得活하야 佛祖乞命하야사始得다.

이 일착자는 불 속에서 피어난 연꽃이요 뿔이 난 사자라, 대사일번 활로를 얻어 불조도 능히 못 당해야만 비로소 알게 되리라.

若也道得이면 如龍得水요 似虎靠山이라. 其殊妙之理는 不可勝言하야 出格丈夫라 可謂無事之人이어니와 其或未然이면 安可放逸가 惺惺着하라.

만약 한 물건의 도리를 이른다면 용이 물을 얻은 것과 같고 범이 산을 의지한 것과 같은지라 그 수승하고 미묘한 이치는 이루 다 말할 수 없으며, 격식을 벗어난 대장부라 가히 일없는 사람이라 할만하지만, 만약 그렇지 못하면 어찌 방일하겠는가? 정신을 똑바로 차려야 하리라.

雲水參尋訪此宗하야 十年磨刮太虛空이라
區區力盡空依舊하니 方知萬事本來同이로다.[258])

행각으로 돌아다니며 이 종을 찾다가
십 년 동안 이 허공을 갈고 닦았네.

---

257) 바둑에서 승부를 가르는 결정적인 한 수. 선어록에서는 결정적 한 마디를 비유.
258) 『고존숙어록』(寒食禮先師眞五首)에는 "雲水參尋訪此宗, 十年磨刮太虛空, 區區力盡還依舊, 方知萬法本來同."로 되어 있다.

여러모로 힘은 다하였으나 허공은 예와 같나니
비로소 모든 일은 본래 같음을 알았네.

*****259)

問 對物時엔 從有見이나 不對物時엔 云何有見고.
答 今言見者는 不論對物與不對物이니 何以故오 爲見性이 常故로 有物之
時도 卽見이며 無物之時도 亦見也니라 故知物은 自有去來나 見性은 無來去
也니 諸根도 亦爾니라.

"물건을 대할 때는 설령 보는 것이 있다고 하더라도 물건을 대하지 않을
때는 어떻게 해서 보는 것이 있습니까?"

"지금 내가 본다고 하는 것은 물건을 대하거나 물건을 대하지 않거나를
논하지 않는다. 왜냐하면 본다고 하는 그 성품은 영원한 까닭에 물건이
있을 때도 보고 물건이 없을 때도 또한 보는 것이다. 그런 까닭에 물건에는
본래 스스로 가고 옴[去來]이 있으나, 본다는 성품에는 가고 옴이 없음을
알지니, 다른 모든 감각기관도 또한 이와 같으니라."

* '본다'는 그 자성은 간단이 없고 생멸이 없습니다. 말하자면 생멸의
常과 無常을 떠난 중도의 常이므로 상주불멸입니다. 따라서 '본다'는 그
자성은 변견이 아니고 중도이므로 물건을 볼 때도 보지 않을 때도 항상
'보는' 것이니, 거기에는 물건이 있다거나 없다거나 하는 것이 서지 못하는
동시에, 또한 있음과 없음이 서로 융통자재 합니다.
물건에는 가고 오는 생멸이 있지만 '보는' 성품은 가고 옴이 없으니,
생멸이 없는 중도입니다. 그것은 '보는' 성품만 그런 것이 아니라, 안·이·
비·설·신·의 등의 육근 전체가 모두 그 자성에는 가고 옴이 없어서 생멸을
여읜 중도라는 것입니다. 즉 육근의 모든 활동이 진여 대용이며 망상을

---

259) 이하는 성철 선사의 『돈오입도요문론강설』(46~47쪽)에서 인용해 온 구절.

근본으로 삼는 생멸의 활동이 없다는 것입니다.
*****260)

主人公諾心耶佛야 非佛非心亦非物이라.
畢竟安名喚作誰야 喚作主人早埋沒이로다.

주인공아 마음인가 부처인가?
부처도 아니요 마음도 아니며 또 물건도 아니다.
그러면 필경에 무엇이라 불러야 하는가?
주인이라 불러도 벌써 틀렸느니라.

三世佛祖眼中花요 大千沙界鼻孔塵이로다.
有人問我這個事하면 喝似雷霆棒如雨하리라.

삼세의 불조가 눈동자의 허깨비요
대천 사계가 콧구멍의 티끌이로다.
어떤 사람이 나에게 이 소식을 묻는다면
우레같이 소리치고 소나기 같은 방을 한다.

(喝一喝, 下座하다.)

佛紀 2540년 6월 15일. 陰 4월 30일.
方丈 慧菴

---

260) 여기 까지가 성철 선사의 『돈오입도요문론강설』(46~47쪽)에서 인용해 온 구절.

42

1996년 6월 30일

용도 : 하안거 오월 보름 법어
출전 : 〈친필사본〉②13~19쪽

(上堂하야 一下拄杖云)

嗚呼胸中積孤憤이어 日長月長銷骨髓하니
長夜漫漫何時曉야 頻生憤怨啼不已로다.

아아! 슬프다 마음속에 쌓인 이 외로운 울분
세월이 갈수록 골수를 녹이나니.
길고 긴 이 밤은 언제나 새려나
자주 분개한 원망이 울기를 마지않네.

主人公諾聽我語하라 旦暮浮生能幾許가
昨日虛消今日然하면 生來死去知何處을

주인공아 내 말을 들어라.
아침 저녁 덧없는 인생 그 얼마인가.

어제를 허송하고 오늘도 그러하면
나서 오고 죽어 가는 곳 어딘지를 알 것인가.

萬別千差事는 皆從妄想生이니
若離此分別이면 何物不齊平을

천 가지 만 가지 차별된 일은
모두 망상에서 생긴 것이니
그런 분별하는 마음 떠나면
어떤 물건인들 평등하지 않으리.

潭州雲巖曇晟禪師가 初參藥山하니[261], 山이 問호대 甚麼處來오. 師云호
대 百丈來니라.

담주 운암 담성[262] 선사가 처음으로 약산에게 뵈니 약산이 묻되, "어디
서 오는가?"하니, 선사가 답하기를 "백장에서 옵니다."

山云하되 百丈이 有何言句오. 師云하되 有時에 云一句子가 百味具足이라
하더이다. 山云鹹卽鹹味오 淡卽淡味라. 不鹹不淡은 是常味니 作麼生是百味
具足底句오.

약산이 다시 묻되 "백장이 무어라 하던가?" 하니, 선사가 말하되 "어떤
때는 한 구절에 백 가지 맛이 구족하다 하십디다." 약산이 말호되 "짜면

---

261) 이하 운암과 덕산과의 대화는 『林泉老人評唱投子靑和尙頌古空谷集』(일명 空谷集)
　　(第五則 巖參藥山)에서 인용한 것임. 『경덕전등록』권제14의 〈潭州雲巖曇晟禪師〉조
　　가 있지만, 약산 유엄과의 이런 문답은 보이지 않는다.
262) 운암 담성(782~842) 백장에게 참학하고 나중에 약산 유엄(745~828)의 법을 이음. 제
　　자로 훗날 조동종의 개조로 추앙된 동산 양개(807~869)가 출세했음. 약산은 석두 희천
　　의 법을 이었음.

짜고 싱거우면 싱겁고 짜지도 싱겁지도 않은 것은 보통 맛이니, 어떤 것이 백 가지 맛이 구족한 구절인가?"

師無對어늘 山云 爭奈目前生死에 何오. 師云하되 目前無生死니다. 山云하되 三十年在百丈하야 俗氣也不除로다. 又問하되 海兄이 更說什麼法고.

선사가 대답이 없거늘, 약산이 말하되 "눈앞의 생사는 어찌 하겠는가?" 하니, 선사가 말하되 "눈앞에 생사가 없습니다." 약산이 말하되 "30년 동안 백장에게 있었으면서도 속기가 가시지 않았구나." 하고, 묻되 "백장은 달리 무어라 하던가?"

師云 有時에 道三句外去하며 六句가 會取라 하더이다. 山 三千外에 且喜 沒交渉이로다. 山이 又問하되 更說什麼法고

선사가 말하되 "어떤 때엔 세 구절 밖에서 알라 하고 또는 여섯 구절 밖에서 알라고 합디다." 약산이 말하되 "3천리 밖에서 아무런 교섭이 없는 것이 기쁘구나." 약산이 다시 묻되 "또 무엇이라 하던가?"

師云 有時에 上堂了하고 大衆下堂次에 復召大衆한대 大衆이 廻首어늘 乃云하되 是什麼오. 山云 何不早恁麼道오. 師於言下有省하다.

선사가 답하되 "어떤 때엔 상당법문을 마치고 대중이 흩어질 때에 다시 대중을 부르니 대중이 고개를 돌리면 이것이 무엇인고?" 합니다. 약산이 말하되 "왜 진작 그렇게 말하지 않았는가?" 하니, 선사가 그 말에 깨달았습니다.

法身覺了無一物하니 本源自性이 天眞佛이라
五陰浮雲空去來하고 三毒水泡虛出沒이라.263)

법신을 깨달음에 한 물건도 없으니
근본의 자성이 천진한 부처라.
오음의 뜬구름이 부질없이 가고 오며
삼독의 물거품은 헛되이 출몰한다.

*****264)
問 正見物時 見中에 有物否아.
答 見中에 不立物이라.

"바로 물건을 볼 때에 보는 가운데 물건이 있습니까?"
"보는 가운데 물건이 서지 못하니라."

* 여기서 '본다'는 것은 자성청정심이 보는 것으로 한 물건이라도 자성청정심을 가리면 물건이 서게 되는 것입니다. 여기서 '본다'는 것은 진여 대용이 되어서 일체가 끊어진 것을 말함이니, 부처도 설 수 없고 조사도 설 수 없는 동시에 한 물건도 설 수 없다는 그 생각까지도 설 수 없는 것임을 대주 스님이 말씀하신 것입니다.

問 正見無物時 見中에 有無物否아.
答 見中에 不立無物이니라.

"바로 물건이 없음을 볼 때 보는 가운데 물건 없음이 있습니까?"
"보는 가운데는 물건 없는 것도 서지 못하느니라."

* 앞에서는 물건을 볼 때에 물건이 있느냐 하는 것이고, 지금은 물건을 보지 않는데 보지 아니할 때는 보지 아니하는 그런 물건이 있지 않겠느냐

---

263) 『증도가』에서 인용해 온 구절.
264) 이하는 성철 선사의 『돈오입도요문론강설』(48~49)에서 인용해 온 구절.

하는 것으로서, 이것도 망견이지 중도의 바른 견해는 아닙니다.

우리가 '바로 보는 것'을 성취하면 물건이 있는 것도 서지 못하고, 물건이 없는 것도 서지 못하여, 있음과 없음을 여의니 그것이 중도의 바른 견해입니다.

*****265)

枯木에 生花하고 鐵樹에 抽枝라266) 하니
意作麼生고?

고목에 꽃이 피고 쇠 나무에 새싹이 난다 하니,
이것은 무슨 뜻인고?

(良久에 一喝云)

(잠시 있다가 할을 한 번 하고 이르되)

見聞覺知無罣碍하니 六根境界常三昧로다.
大衆은 點檢看하라.

보고 듣고 깨닫고 앎에 걸림이 없나니
육근 환경이 언제나 삼매로다.
대중은 점검해 보시오.

(邃下座.)

---

265) 여기 까지가 성철 선사의 『돈오입도요문론강설』(48~49)에서 인용해 온 구절.
266) '枯木'과 '鐵樹'는 일체의 사량분별이 끊어진 상태를 비유. '生花'와 '抽枝'는 일체의 사
    량분별이 끊어진 상태에서 나오는 본분 소식을 비유. "枯木生花"의 용례는 『동산양개
    선사어록』에, 그리고 "鐵樹抽枝"은 『허당화상어록』 등에 보인다.

(법상에서 내려오다.)

佛紀 2540년 6월 30일. 陰 5월 15일.
方丈 慧菴

43

1996년 7월 15일

용도 : 하안거 오월 그믐 법어
출전 : 〈친필사본〉②20~26쪽

(上堂云)

靑山流水爲笑我하되 何不早歸來吾儔야
君若無言愛靑山이면 松風蘿月大休休를

청산유수가 나에게 웃으며 말하기를
우리 옆에 어이하여 일찍이 오지 않나.
그대여 말없는 청산이 참으로 좋다면
솔바람 칡덩굴 달빛 속에 모든 것 쉬고 쉬소.

無常歲月은 速經月晦하야 今日이 年中半年이오, 또 安居半山林이로다. 時會大衆이여 上根機는 一言之下에 頓忘生死하오나 中下根機는 不然하여 反復結制로다. 今般 四月望日 結制當時大衆이 十萬八千里를 九旬內到達키로 相互約束이라.

덧없는 세월은 유수같이 빠르고 빨라서 한 달이 지나고 지나서 한 해 동안의 반 년이요, 또 안거의 반산림이 되었습니다. 여기 모인 대중들이여! 상근기는 한 말 끝에 생사를 해탈하나 중하근기는 그렇지 않아서 반복으로 결제를 합니다. 이번 사월 보름 결제 당시에 정진 대중이 십만팔천 리를 틀림없이 가기로 서로 약속했었다.

今日이 半山林이니 折半의 五萬四千里를 到來했는가. 各向自己脚下하야 點檢看하고 萬若 未達이면 倍加勇猛精進할지어다.

오늘이 반산림 날이니 절반이 되는 오만 사천 리를 달려왔는가. 각자는 모두 자기 발밑을 향해 점검해보고 만약 이르지 못했으면 갑절 용맹정진할지어다.

(卓拄杖一下云)

縱饒棒頭에 薦得이라도 辜負世尊이오 喝下에 承堂이라도 埋沒祖師어니[267] 況復橫說竪說과 遮詮彼詮이리오.

(주장자를 한 번 울리고 말하되)

비록 충분히 방망이 끝에서 모두 깨닫더라도 세존을 등진 것이며, 할 밑에서 모두 알아차리더라도 조사를 매장하는 것이거늘, 하물며 되는대로 말해 이렇다 저렇다 함부로 평할 수 있겠는가?

---

267) 선사들의 이런 발상은 선 문헌의 도처에 보인다. 『벽암록』 60칙에서는 『明覺禪師語錄』에 나오는 다음의 구절을 인용하고 있다. "直得三世諸佛不能自宣, 六代祖師全提不起, 一大藏教詮注不及. 所以棒頭取證, 喝下承當, 意句交馳竝同流浪, 其有知方作者, 相共證明."

本來面目은 言語道斷이요 心行處滅하여268) 開口卽錯이라 如人飮水에 知冷暖이로다.

본래면목은 말로 표현할 수 없고 마음으로 통할 수 없기에 입만 열면 어긋날 것입니다. 사람이 물을 마시니 차고 더움을 자기가 아는 것과 같이 오직 자기만이 알뿐입니다.

(良久云)

不求佛法不學僧하야 無修無斷亦無爲라
伽倻山中夜已靜이어 唯有松風皷笛吹로다.

불법도 구하지 않고 스님 노릇도 배우지 않으며
닦음도 없고 끊음도 없으며 또한 함이 없어라
가야산 중에 밤이 이미 고요함이여
솔바람만이 북을 치고 피리를 부네.

*****269)
問 有聲時卽有聞이어니와 無聲時에도 還得聞否아.
答 亦聞이니라.
問 有聲時엔 從有聞이어니와 無聲時에 云何得聞고.
答 今言聞者는 不論有聲無聲이니 何以故오 爲聞性이 常故로 有聲時卽聞이며 無聲時 亦聞이니라.

"소리가 있어야 들을 수 있거니와 소리가 없을 때도 들을 수 있습니까?"

---

268) 言語道斷이요 心行處滅 : 영가 현각의 말로 『선종영가집』에 수록된 훗날 선어록에 자주 등장한다.
269) 이하는 성철 선사의 『돈오입도요문론강설』(49~50쪽)에서 인용해 온 구절.

"역시 듣느니라."

"소리가 있을 때엔 설령 들을 수 있다고 하지만 소리가 없을 때는 어떻게 듣습니까?"

" 지금 '듣는다'는 것은 소리가 있거나 없는 것을 논하지 않는다. 왜냐하면 '듣는다'는 자성은 영원한 까닭에 소리가 있을 때도 듣고 소리가 없을 때도 또한 듣느니라.

* 여기서 '듣는다'고 하는 것은 앞에서의 '본다'는 것과 같이 중도의 자성을 말한 것입니다. 듣는 가운데 들음이 없고, 듣지 않는 가운데 들음이 있으니, '들음'과 '듣지 않음'이 융통자재하여 단견과 상견을 여읜 상주불멸하는 진여대용을 말하는 것입니다.

問 如是聞者誰오.
答 是自性聞이며 亦名知者聞이니라.

"이렇게 듣는 자는 누구입니까?"

"이는 자기의 성품이 듣는 것이며 또한 아는 이가 듣는다고 하느니라."

* 이것은 진여자성이 듣는 것이고 '아는 사람' 즉 일체종지를 성취한 사람, 중도를 정등각한 사람, 바른 지견이 개척된 사람이 듣는 것입니다.
여기서는 '보는 것'과 '듣는 것'을 가지고 말씀했는데, 그것뿐만 아니라 육근의 일체 작용 진여대용입니다. 진여대용에 있어서는 생멸 변견이 설래야 설 수 없으며, 여기서는 시간적으로나 공간적으로나 어떠한 제재도 받지 않는 동시에, 어느 곳 어느 때에 있어서도 융통자재합니다.
*****270)

---

270) 여기 까지가 성철 선사의 『돈오입도요문론강설』(49~50쪽)에서 인용해 온 구절.

莫妄想莫妄想하라 不知終日爲誰忙고.
若知忙裡眞消息하면 一葉紅蓮火中生하리라.

망상 피지 마라 부디 망상에 빠지지 말지니
모르겠다 한종일 누굴 위해 그리 바쁜고.
만일 바쁜 그 속의 참 소식을 알면
한 송이 연꽃이 불 속에서 피리라.

一心不生佛出世요 念起念滅佛滅度니라.
若欲親見自性佛인댄 迷悟兩頭俱打了하라.

한 마음이 나지 않으면 부처가 세상에 나왔다고 하고
생각이 나타남과 생각이 사라짐을 부처가 세상에서 멸했다고 하네.
자성의 부처를 친견코자 하려거든
미혹과 깨달음을 다 부숴버리라.

(頌曰)

楊柳는 絲絲綠이오
桃花는 片片紅이로다.

수양버들은 가지마다 푸르고
복숭아꽃은 송이송이 붉도다.

(喝一喝. 遂下座.)

佛紀 2540년 7월 15일. 陰 5월 30일.
方丈 慧菴

44

1996년 7월 30일

용도 : 하안거 유월 보름 법어
출전 : 〈친필사본〉②27~32쪽

(上堂하야 三下拄杖云)

有一物於此하야[271] 生時的的不隨生하고 死去當當在目前하여 在迷而不滅하고 在悟而不增하며 行住坐臥 語默動靜之中하야 能善是非分別하며 歷歷孤明不昧하니 時會大衆은 還可會得這個一物麼아.

(법상에 올라 주장자를 들어 세 번 울리고 말하되)

여기에 한 물건이 있어 난 때도 분명히 나지 않았고 죽음도 당당히 눈앞에 있는데, 미혹할 때도 멸망하지 않고 깨달아도 더 하지도 않으며, 행주좌와 어묵동정 중에 시비분별하며, 분명히 홀로 밝아 능히 어둡지 아니하니, 여기 모인 대중들은 이 한 물건을 알겠습니까?

---

271) 有一物於此 : '一物'을 소재로 선 법문을 하는 것은 일찍이 『육조단경』에 등재되면서 그 후 선 문헌에 많이 등장한다. 조선에서는 『선가귀감』의 다음 구절로 유행했다. "有一物於此, 從本以來昭昭靈靈, 不曾生不曾滅, 名不得狀不得."

若也會得이면 卽與三世佛祖로 把手共行이어니와 其或未然이면 日月不到
處에 別有乾坤하니 無碍四時節하고 照破晦月明하야사 始得다.

만일 알게 되면 삼세의 불조와 더불어 손을 잡고 함께 가지만, 만약 그렇
지 못하면 해와 달이 이르지 않는 곳에 따로이 한 세계가 있어서 사시절에
아무 걸림이 없으니, 그믐밤에 밝은 달이 비쳐야만 알게 될 것입니다.

一月이 普現一切水하고 一切水月을 一月攝이로다.[272) 水中明月은 見得不
難이어니와 月落渴水時에 如何오. 速道一句來하라.

한 달이 모든 물에 두루 나타나고 모든 물의 달을 한 달이 포섭하도다.
물 속의 밝은 달을 보는 것은 어렵지 않거니와 달도 지고 물도 없어질
때에는 어떠한가? 속히 일러보시오.

(頌曰)

(게송을 읊으시다.)

日月不來別乾坤은 古今佛祖未尙臻이로다.
莫道此時玄妙旨하라 茶煎分事本來人이로다.

해와 달이 뜨지 않는 별유천지 그곳에는
고금에 불조도 찾아오지 못한다네.
이때의 현묘한 뜻 말하지 말게
차 한잔 마시는 일이 본래 소식이라네.

*****273)

---

272) 『증도가』에서 인용해 온 구절.

9. 頓悟門의 宗旨와 體用

問 此頓悟門은 以何爲宗이며 以何爲旨며 以何爲體며 以何爲用고?
答 無念으로 爲宗이요 妄心不起로 爲旨며 以淸淨爲體요 以智爲用이니라.

"이 돈오문은 무엇으로써 종취를 삼고, 무엇으로써 참 뜻을 삼고, 무엇으로써 본체를 삼으며, 무엇으로써 활용을 삼는 것입니까?"
"무념을 종취로 삼고 망심이 일어나지 않음을 참 뜻으로 삼으며, 청정을 본체로 삼고, 지혜로써 활용을 삼느니라."

* 일체 망념이 다 떨어져서 떨어졌다는 그 생각까지도 떨어진 것이 무념입니다. 다시 말하면 생멸심의 분별망념만 떨어진 것이 아니라, 생멸이 아닌 제8 아뢰야식의 미세 망념까지 완전히 떨어진 것을 말합니다.

또 망심이 일어나지 않는다는 것도 제8아뢰야식의 미세 망념까지 일어나지 않는 것을 말하니 무념과 그 내용이 똑같습니다.

일체 망념이 다 떨어져서 무념이 되면 자연히 청정하지 않을래야 않을 수 없으므로, 청정을 본체로 삼는다는 것이 되니, 표현은 달라도 내용은 모두 같은 것입니다.

지혜를 활용으로 한다는 것은 자성이 청정해서 일체가 모두 서지 못하면 아무 것도 없는 단멸뿐인 것 같지만, 그런 것이 아니라, 여기에서 일체 만법의 항사묘용이 나오는 것을 말하는 것입니다.

청정은 定으로서 雙遮를 말하고, 지혜는 慧로서 雙照를 말함이니, 본체와 활용이 원융무애하여 遮照同時하니, 이것을 중도라 하고 돈오라 하며 무념이라 하고 망심이 일어나지 않는다고 하는 것입니다.

선종 정통에서 주장하는 돈오라는 것은 철두철미하게 제8아뢰야 근본 무명까지 완전히 끊어진 무념 무심을 말하는 것이지, 객진번뇌가 여전히

---

273) 이하는 성철 선사의 『돈오입도요문론강설』(51~52쪽)에서 인용해 온 구절.

무수한 해오를 돈오라고 하지 않습니다. 대주 스님만 그렇게 주장한 것이 아니라 모든 선종 정맥의 조사들이 구경무심을 깨친 구경각을 돈오라고 하였지 중간의 해오를 가지고 돈오라고 하지 않았습니다. 만약 해오를 돈오라고 주장하는 사람이 있다면 선종의 정통사상을 모르는 사람입니다.
*****274)

大衆들이여 此一株花는 諸佛도 不敢以正眼으로 覰著이니 天下諸老가 還會夢見也未아.

대중들이여, 이 한 그루 꽃은 모든 부처님도 정안으로 보지 못하니, 천하 노스님인들 어찌 꿈엔들 보았으리오.

若也頂門에 具一隻眼275)하면 千聖이 立在下風이어니와 一等276)是弄인댄 直至彌勒이 下生하야도 也摸索不著이니라.
還會麽?

만약 정수리에 한 개 눈을 갖추면 일천 성인이 다른 사람의 아래에 서 있거니와, 일반으로 헤아린다면 미륵보살이 하생할 때까지라도 또한 더듬어 찾을 수 없다.
알겠습니까?

(頌曰)
雲在嶺頭閑不徹이요 水流澗下太忙生이로다.277)

---

274) 여기 까지가 성철 선사의 『돈오입도요문론강설』(51~52쪽)에서 인용해 온 구절.
275) 一隻眼 : 진리를 볼 수 있는 제3의 눈.
276) 一等 : '한결같이 ~하는 짓거리를 하다'는 뜻으로 부정적 행동을 표시.
277) 이 두 구절은 『명각선사어록』에 등재된 뒤, 선어록에 자주 등장한다. 대표적으로 동산 양개 화상의 법문과 원오 극근 선사의 법문에 자주 등장한다.

구름은 재 위에서 한가로이 떠돌고
물이 산골 아래로 흐르니 몹시도 빠르구나.

(喝一喝. 遂下座.)

佛紀 2540년 7월 30일. 陰 6월 15일.
方丈 慧菴

1996년 8월 13일

용도 : 하안거 유월 그믐 법어
출전 : 〈친필사본〉②33~37쪽

(上堂拈拄杖하야 卓一下하고)

금일에 此事를 논하려 하니, 대도를 수양한다 해도 대도는 수양할 것도 없고, 법문은 昇座하기 전에 법문이 있기에, 問法한다고 해도 법이란 물을 것도 없도다. 대중이 청법하려는 一念未生初에 법문이 있고, 눈을 열어 사부대중을 볼 때 법문이 있으니 곧 大道無門이로다.

門外에 靑山이 중중첩첩하고 溪水는 잔잔히 흘러서 필경에 바다로 돌아가고, 고속도로에는 자동차가 끊이지 않고 줄을 지어 내왕하며, 평원 광야에는 유월 복중에 벼가 한창 성장하는데, 이 밖에 무엇을 복잡하게 말하리오.

시회대중들이여! 방편문을 열어서 다만 口頭禪으로 禪과 道를 무엇이라고 논설하며, 佛과 法이 어떤 것이라고 吐說하는 사람들의 수가 무량하나, 양심적으로 廻光返照해 볼지어다.

(頌曰)
直截根源佛所印이요 摘葉尋枝我不能이로다.

摩尼珠를 人不識하니 如來藏裏親收得이라.278)

근원을 바로 끊음은 부처님께서 인가하신 바요
잎을 따고 가지 찾음은 내 할 일이 아니다.
마니주를 사람들은 알지 못하니
여래장 속에서 몸소 찾아 얻을 지어다.

아난 존자가 비사리에서 주야로 설법하니 대중의 내왕이 거의 부처님
계실 때와 같았다. 跋耆 비구가 누각 위에서 좌선하는데, 이렇게 요란하여
解脫三昧에 들 수가 없어서 설계언호되, '靜住空樹下하여 心思於涅槃하야
坐禪莫放逸하라 多說何所作가279)' 하였다. 그때에 아난이 즉시 獨處에 가서
용맹정진하다가 몸이 몹시 피로하여 念言하되, 몹시 피로하니 잠깐 눕고자
할 때 머리가 목침에 닿기 전에 확철대오하였다.280)
佛燈 禪師는 佛鑑 스님 밑에서 지낼 때에 하도 공부가 되지 않아서 크게
분심을 내어, 만약 내가 금생에 철저히 깨치지 못하면 맹세코 자리에 눕지
않겠다고 작정하고, 49일 동안 기둥에 기대어 서있기만 하고 조금도 앉지
않고 꼭 서서 공부를 하여 마침내 깨쳤다.
병 가운데 제일 큰 병은 나태한 병이다. 모든 죄악과 타락과 실패는 게으
름에서 온다. 게으름은 편하려고 하는 것을 의미하니 그것은 죄악의 근본이
다. 결국은 허망한 육신 하나 편하게 해 주려고 온갖 죄악을 다 짓는 것이다.
노력 없는 성공이 어디 있겠는가? 그러므로 대성공자는 대노력가가 아님이
없다. 그리고 이 망상번뇌와 육체를 이겨내는 그 정도만큼 성공이 커지는
것이다. 화학 발명왕 에디슨이 항상 말하기를 '나의 발명은 모두 99퍼센트
의 노력에 있다. 나는 날마다 빵 한 개와 계란 한 개를 먹고 잠은 세 시간

---

278) 『증도가』에서 인용해 온 구절.
279) 고요한 나무 아래 좌선하여, 열반을 생각하며, 좌선하여 방일하지 말라. 법문을 많이
　　해서 어디에 쓸 것인가.
280) 이 고사는 『사분율』 권54 「集法毘尼五百人」에 나온다.

자고 스물 네 시간 노력하여 연구했다. 그렇게 30년간 계속하였으나 한 번도 괴로운 생각을 해 본 일이 없다.'라고 하였다. 그러므로 여래의 정법도 頭陀行이 끊어지면 망한다고 하였다.

억천만겁토록 생사고해를 헤매다가 어려운 일 가운데에서도 사람의 몸을 받고 해탈법을 만났으니, 此身不向今生度하면 更向何生度此身281)이리오. 금번 용맹정진 중에 철석같은 심정으로 혼자서 억만대중의 적을 상대하듯 위법망구로 일념정진하여 自他一時成佛道합시다.

(頌曰)

年年歲歲花相似나 歲歲年年人不同이라.
人面不知何處去야 日落西山月出東이로다.

매년 해마다 꽃 모양은 같으나
해마다 매년 사람은 서로 같지 않다.
사람들이 어느 곳으로 가는지 알 수 없고
해가 서산에 지고 달이 동쪽에서 뜨네.

(喝一喝, 遂下座.)

佛紀 2540년 8월 13일. 陰 6월 29일.

---

281) 『치문경훈』(懶菴樞和尙語)에서 인용해 온 구절.

1996년 8월 28일

용도 : 하안거 해제 법어
출전 : 〈친필사본〉②38~40쪽

無解無結眞吾事는 黃頭碧眼猶他努라.
飢餐木果無一事하니 等閑坐聽啼鴉鳥라.

맺고 풀 게 없음이 참으로 내 일인데
부처와 조사가 내게 무슨 상관이랴.
시장하면 나무열매 먹고 한 일도 없으니
무심히 앉아서 까마귀 울음 듣노라.

蒙山 和尙이 말씀하시기를 "상근기는 7일이요 중근기는 1개월이며 하근기는 3개월이면 대오한다. 내 말대로 노력하여도 깨닫지 못하면 그대를 대신해서 내가 무간지옥에 떨어질 것이다."라고 하였다.
시회대중은 결제와 해제를 초월한 대장부가 되었는지, 速道하라.

(頌曰)

不落二邊去타가 到無着脚處하여
無心入三昧하면 元來是本汝니라.

두 갈래에 떨어지지 말고
발붙일 수 없는 곳에 이르러.
무심한 삼매에 들면
원래 이것이 본래의 너이니라.

선객들이 공부를 못하면 밥 도적이 아닌가. 혼침과 산란 두 도적이 집안
의 보배를 훔쳐 가려고 하니 吹毛劍으로 六門을 지키되, 용감하기 팔만사천
병사를 대하듯 해야 한다. 방어전을 쓰지 못하면 자신이 피해를 입을 텐데
어찌하여 스스로 방일한고? 수마와 망상 두 마구니가 침입하지 않던가?
남의 施恩을 지고 그 은혜 갚았는가? 그림의 떡이 능히 배부르게 하던가?
내 공부하는 데 누가 못하게 막던가? 집이 없고 옷이 없고 밥이 없어 못하였
는가? 三途의 고통이 그대의 집인가? 만약 그렇지 않다면 어째서 닦지 않고
시비를 하는가?

懶翁 스님은 7일 동안 용맹정진을 하실 때 가시나무로 사방을 둘러싸고
알몸으로 그 속에서 정진하여 본분사를 요달하셨으니, 시회대중도 이 세상
안 나온 셈치고 또 이 세상에서 죽은 셈치고 용맹정진할지어다. 고인들이
말씀하시기를 "何處何時에나 실답게 참구하고, 실답게 깨달으라.[282]" 하였
으니, 자기 자신을 속이지 말아야 한다.

(頌曰)

啼得血淚無用處하니
不如緘口過殘春이로다.[283]

---

282) 『천목중봉광혜선사어』〈冬安居示徒〉조에 그 기사가 나온다.
283) 『경덕전등록』〈楊州城東光孝院慧覺禪師〉조에서 인용해 온 게송.

피 눈물 흘려도 소용없으니
입 다물고 남은 세월 공부할지어다.

(喝一喝.)

佛紀 2540년 8월 28일. 陰 7월 15일.
方丈 慧菴

1997년 6월 16일

용도 : 하안거 오월 보름 법어
출전 : 〈친필사본〉②41~45쪽

無上甚深微妙法을 百千萬劫難遭遇리오
我今聞見得受持하니 願解如來眞實意로다.

위 없고 깊고 깊은 미묘한 진리
백천만겁 지나도록 어이 만나리.
내가 이제 보고 듣고 받아 지니니
부처님의 진실한 뜻 알아지이다.

人生難得旣已成하고 佛法難逢已聽聞하니
此身不向今生度하면 更待何生度此身이리오.[284]

사람 되기 어려운데 이미 되었고
불법 듣기 어려운데 이미 듣나니
이내 몸을 금생에 제도 못 하면

---

284) 보조 지눌의 『수심결』 게송에서 인용.

어느 생을 기다려서 제도하리오.

靜坐無心心은 勝造七寶塔이요
有心成生死하고 無心永不滅이라.

고요히 참선하는 무심한 마음은
칠보탑을 이룸보다 공이 승하네.
분별심은 생사에 윤회하지만
무심은 영원히 생사가 없도다.

禪外不曾談淨土하니 須知淨土外無禪하라.[285]
禪定文化實踐行은 公案打破開火蓮이로다.

선 밖에 일찍이 정토를 말하지 않으니
정토 밖에 선 없음을 반드시 알라.
선정 문화의 실천하는 행은
공안을 들어 다하면 불 속에 연꽃이 피리.

無明能殺人이오 菩提可活人이니
淨土禪定空에 始見淨土禪이로다.

무명 번뇌는 능히 사람을 죽이고
보리 지혜는 가히 사람을 살리니
정토와 선정이 공한 곳이라야
비로소 정토와 선정을 보느니라.

---

285) 『樂邦文類』에 "禪外不曾談淨土, 須知淨土外無禪, 兩重公案都拈却, 熊耳峯開五葉
蓮."이라는 나오는 게송이 나오는데, 그곳에서는 정토 염불이 곧 참선 수행임을 강조
하는 문구. 다음 구절에 나오는 "禪定文化實踐行"에서 '定' 자는 '淨' 자의 誤記일까?

求得無價寶하야 日用亦無盡하니
家家經濟足하야 國泰又民安이로다.

값 없는 보배를 구해 얻어서
날로 쓰되 또 다함이 없으니
집집마다 경제가 넉넉하여
나라와 백성이 모두 태평하네.

고금으로 이 세상에 아무리 유식한 학자라도 多聞多知의 아난존자 이상
을 능가한 사람은 없다. 그러나 경을 만들기 위하여 결집할 때 부처님의
시자이니, 친히 법을 배워 가르치는 데 제일이라고 하니, 이에 대가섭이
말하되 "如此學人이 無學大德 가운데에 들어오는 것은 마치 병든 野干이
사자굴 속에 들어오는 격이라." 하고, 문밖으로 끌어내며 "견성하기 전에는
오지 말라."고 하고 폐문해버렸다.

그리고 아난이 비사리에서 주야로 설법하니 많은 사람들이 내왕함이
부처님 계실 때와 같았다. 그때 跋耆 비구가 다락 위에서 좌선을 하는데
요란하여 선정에 들지 못하자 아난을 위하여 게를 설하였다.

靜住空樹下하야 心思於涅槃하야
坐禪莫放逸하라 多說何所作가[286]

고요한 나무 아래 좌선하여
열반을 생각하며
정진에 방일하지 말라
법문을 많이 해서 어디에 쓸 것인가.

---

286) 『사분율』권54 「集法毘尼五百人」에 나오는 게송.

이러한 경책을 받고 아난이 바로 독처에 가서 외발을 딛고 서서 밤새워 용맹정진을 하는데, 새벽에 몸이 극도로 피곤하여 조금 누우려고 할 때 머리가 목침에 닿는 순간 확철대오했다. 이러기에 불법은 실천주의이다.

三世古今誰是親가 湛然一物本來眞이라.
開花落葉根唯一이요 日月去來絶往還이로다.

삼세 고금에 어떤 것이 참 나인가
청정한 한 물건이 본래 나일세.
꽃피고 잎이 지나 그 뿌리는 하나요
해와 달이 뜨고 져도 가고 옴이 없도다.

어떤 것이 불법인가 물으면
지고 있던 배낭을 내려놓고
이것뿐인가 하고 다시 물으면
배낭을 짊어지고 가는 포대화상.

須彌頂上無根草는
不受春風花自開로다.

수미산 꼭대기 뿌리 없는 풀은
봄바람 아니라도 꽃은 활짝 피었네.

(喝一喝.)

佛紀 2541년 6월 16일. 陰 5월 12일.
元老會議長 慧菴

1997년 7월 4일

용도 : 하안거 오월 그믐 법어
출전 : 〈친필사본〉②46∼48쪽

騰雲山川에 碧岩이 哮吼하니
獅子腦裂하고 象王喪命이로다.

등운 산천에 푸른 바위 소리치니
사자는 머리 깨어지고 코끼리 목숨을 잃었도다.

法力이 自在하고 戒律이 峻嚴하니
化被天下요 威振四海로다.

법력이 걸림이 없고 계율이 매우 엄격하니
가르침은 천하를 덮고 위엄은 사해를 진동하도다.

心鏡澄明兮여 物我俱絶하고
鑑照無碍兮여 萬像이 歷然이로다.

마음 거울이 맑고 밝음이여
객관과 주관이 다 끊어졌고
환하게 비침이 걸림 없음이여
모든 모양이 뚜렷하도다.

呵呵呵
娑婆界가 極樂이요 地獄界가 太平이라
東方坮에 吹笛하고 西方亭에 作舞로다.

사바세계가 극락이요 지옥이 태평세상이로다
동쪽 대에서 피리 불고 서쪽 정자에서 춤추도다.

生生不生兮여 呑却日月하고
死死不死兮여 闊步宇宙로다.

나도 나도 나지 않음이여 해와 달을 삼키고
죽고 죽어도 죽지 않음이여 우주에 활보하도다.

生也死也不見色하고 來也去也不聞聲이라
莫謂一向無聲色하라 春有百花夏有風이로다.

나아도 죽어도 그 얼굴 보지 못하고
와도 가도 그 소리 듣지 못하네.
일향이 소리와 빛이 없다고 이르지 말라
봄에는 백화가 피고 여름에는 선들바람이 부네.

不去不來處에 大禪師의 主人公은 當在何處오
山自高兮水自深한데 綠陰幽草勝花時로다.

오고감이 없는데
대선사의 주인공은 어디에 있는가?
산은 스스로 높고 물 또한 스스로 깊은데
녹음유초는 봄의 꽃이 필 때보다 나음이로다.

(喝一喝.)

佛紀 2541년 7월 4일. 陰 5월 31일.
元老會議長 慧菴

49

1997년 8월 17일

용도 : 하안거 해제 법어
출전 : 〈친필사본〉②49~54쪽

(上堂云)

敢問大衆하오니 萬仞坑裏人을 如何得救出고 俱眼碧眼客은 且道一句來하라.

(大衆이 無語어늘 良久에 一喝云)

百尺竿頭에 更進一步하야사 始得다.[287]

(頌曰)

(법상에 올라 말하였다.)

대중에 묻노니, 만 길 되는 구덩이 속에 있는 사람을 어떻게 해야 구해내 겠는가? 눈 밝은 객이 있다면 한 마디 일러 보시오.

---

[287] 『법연선사어록』에 오조 법연 선사의 상당법어로 등재된 뒤, 『무문관』, 『대혜록』 등 수 많은 선어록에 인용되고 있음.

(대중이 말이 없자 잠시 있다가 할을 한 번 하고 이르되)

백 척의 장대 끝에서 한 걸음 더 나아가야만 하리라.

(게송을 읊으되)

不怖落空前一步하여 忽逢明月登古路다
靑雲野鶴共徘徊한데 白石蒼松全身露로다.

공의 경계 걱정 말고 한 걸음 더 나아가서
밝은 달을 바라보면 옛 길을 밟으리라.
푸른 구름과 들의 학은 짝을 지어 오가는데
흰 바위 푸른 솔은 온 몸을 드러내네.

大道는 無門이라 無出無入이요, 眞理는 不變이라 不增不減하니, 佛祖誠言
도 無風起浪이온 又況 山僧인들 有何奇特이리오.

큰 도는 문이 없어 드나듦이 없고, 진리는 변함이 없어 늘어나지도 않고
줄어들지도 않으니, 부처님이나 조사스님네들의 간절하신 말씀도 바람 없이
물결을 일으킨 것이어늘, 하물며 산승의 말인들 무슨 기특함이 있으리오.

雖然如是나 敎化方便으로 如是謾說하니 願諸聽者는 隨分修行中에 以爲鞭
策하면 說法者願이 以此滿矣로다.

비록 그러하나 교화방편으로 이와 같이 부질없는 말이오나, 원컨대 법문
을 들은 모든 이들이 각자 자기의 분수에 따라 수행하는 중에 채찍으로
삼는다면 법문하는 이의 바람이 만족할 것이다.
金佛은 용광로에 견뎌내지 못하고, 木佛은 불에 견뎌내지 못하며, 土佛은

물에 견뎌내지 못한다.[288] 용광로에 들어가도 녹지 않고, 불에 들어가도 타지 않으며, 물에 들어가도 풀리지 않은 불상을 이번 여름 안거 구십 일 동안에 각자 조성했는가. 만일 대중이 그런 불상을 조성하였거든 점안하여 봉안하라. 만일 조성하지 못했다면, 주먹으로 수미산을 때려 무너뜨리고 입으로 태평양 바닷물을 단번에 마셔버려야 비로소 되느니라.

곧 마음이 부처이니라. 위로는 모든 부처님으로부터 아래로는 미물 곤충에 이르기까지 모두 불성이 있기 때문에 그들은 동일한 心體이니라. 그러므로 古祖 達磨 대사가 西天으로부터 와서, 오직 一心의 법을 전하면서 중생들을 가리켜 본래 부처라 하신 것이다. 지금 自心을 알고 自性을 구할 것이요, 새삼스레 따로 다른 부처를 구하지 말아야 하느니라.

어떻게 자심을 깨우쳐야 하는가? 지금 말하는 이것이 곧 자심이니, 말도 하지 않고 또 동작도 하지 않으면 그 심체는 허공과 같아서, 모양도 없고 장소도 없는 것이다. 그렇다고 해서 그것은 전연 없는 것이 아니고 있어도 보지 못할 뿐이다. 그러므로 어떤 조사는 "眞性을 心地에 감추었음이여, 참 心性은 머리도 없고 꼬리도 없구나. 그러면서 인연을 따라 중생을 교화하니, 그것을 방편으로 지혜라 하느니라."라고 하신 것이다.

인연을 따르지 않을 때도 '있다 · 없다'라고 말할 수 없고, 인연을 따를 때에도 또한 그 자취가 없는 것이니, 이미 그런 것임을 알았다면 부처가 있는 곳에도 머물지 말고 부처가 없는 곳에도 머물지 말라. 이것이 곧 모든 부처의 길을 가는 것이다. 그러므로 경전에[289] "집착이 없이 그 마음을 내어라.[應無所住하야 而生其心하라]"라고 한 것이 바로 그것이다.

일체중생이 생사에 윤회하는 것은 그 뜻이 생기는 마음을 반연하기 때문이니, 그 때문에 쉬지 않고 六途를 돌아다니면서 갖가지 고통을 받는다. 그러므로 부처님께서 "마음이 생기면 모든 법이 생기고[心生卽種種法生], 마음이 멸하면 모든 법이 멸한다[心滅卽種種法滅]'라고 하신 것이다.[290]

---

288) 『경덕전등록』(조주종심)조에 등장하는 상당법어.
289) 『금강경』
290) 『점찰선악업보경』의 구절인데, 『경덕전등록』(육조혜능)조에 인용되면서 후대 선어록

모든 법은 다 마음으로 된 것이다. 심지어 지옥이나 천당도 모두 마음으로 된 것이니, 만일 지금 無心을 공부하여 온갖 인연을 죄다 버리고 분별 망상을 내지 않으면, 거기는 천당도 지옥도 없으며, 너도 나도 없고, 탐욕도 성냄도 없고, 미움도 사랑도 없다. 취함도 버림도 없어서 본래 청정한 자성이 바로 나타날 것이니, 그것이 곧 보리의 법을 기르는 것이다. 만일 이 뜻을 알지 못하면 아무리 널리 배우고 많이 듣고 고행 난행을 하더라도 그는 邪道를 행하는 사람이라, 끝내는 天魔外道가 되고 말 것이다.

直須向萬里無寸草處去하야사 始得호리라.291)

반드시 아득한 만 리 한 치 풀도 없는 곳을 향해 가야 한다.

이것이 무슨 뜻인고?

(한참 있다가 이르기를)

十方法界掌中珠요 一切衆生本毘盧로다.
日暖風和花滿開하니 孤庵閑坐聞鷓鴣로다.

시방법계가 손바닥 가운데 구슬이요
일체 중생이 본래에 청정법신 비로자나로다.
따뜻한 날 바람 불어 꽃은 피어 만발하니
한가로이 암자에 앉아 자고새 소리를 듣고 있네.

(卓拄杖一下하고 遂下座하다.)

에 자주 등장하게 되었다.
291) 『경덕전등록』(석상경제)조에 나오는 말로, 조선 이래 이 지역에서는 『선문염송』(687, 秋初話)로 많은 선사들이 애송했다. 주로 하안거 해제 때에 거량한다. 『종용록』 제89칙 본칙에서 거량하기도 했다. '直須~始得'는 '반드시~해야 한다.'의 단호한 명령조.

佛紀 2541년 8월 17일. 陰 7월 15일.
慧菴

50

1998년 12월 3일

용도 : 동안거 시월 보름 법어
출전 : 〈친필사본〉②81~91쪽[292]

(上堂 拄杖一下 良久云호데)

結制解制는 此是佛勅이라 古今에 不別이니 昔日靈山이 卽今日룸비니禪院이요, 今日룸비니禪院이 昔日에 靈山會上이라.

(법상에 올라 주장자를 한 번 울리고 잠시 있다가 이르되)

결제와 해제는 부처님의 법칙이라 고금이 다름없으니, 옛날 영산회상이 곧 오늘 룸비니 선원이요, 오늘 룸비니 선원이 옛날 영산회상이다.

世尊은 拈花示衆하시고 山僧은 拈拄杖子 示衆하니 世尊의 拈花示衆과 同耶異耶 同也說이라도 參拾棒이요 異也說이라도 參拾棒이로다. 到這裏하여는 佛也說不得이니 還會麼아.

---

292) 〈친필사본〉②책의 55~60쪽은 용도 미상의 법어이고, 61~65쪽은 연수식 법어이고, 66 ~70쪽은 IMF 관련 법어이고, 71~80쪽은 국제무차선대회 관련 법어이다. '일반법어' 부분에 편집하기로 한다.

세존께서는 꽃을 들어 대중에게 보이시고 산승은 주장자를 들어 보이니, 세존께서 꽃을 들어 대중에게 보이는 것과 같은가, 다른가? 같다 해도 삼십 방이요, 다르다 해도 삼십 방이로다. 여기에 이르러서는 부처도 말할 수 없을 것이니, 도리어 알겠습니까?

山僧이 今日에 爲大衆하여 露箇消息하리라.

(蒼天蒼天하고 呵呵大笑後에)

秋凉黃菊發이요 冬寒白雪來를

산승이 오늘날 대중을 위해 이 소식을 드러내리라.

(소리쳐 '아이고 아이고' 하고 '하하' 대소를 한 후 게송을 읊으되)

가을이 서늘하니 누런 국화가 만발하더니
겨울이 추우니 흰 눈이 오네.

正法眼藏涅槃妙心은 是什麼乾屎橛고 敢問大衆하노니 萬仞坑裏人을 如何
得救出고. 俱眼碧眼客은 且道一句來하라.

정법안장 열반묘심은 이 무슨 마른 똥 막대기인고? 대중에게 묻노니 만 길 되는 구덩이 속에 있는 사람을 어떻게 해야 구해내겠는가? 눈 밝은 객이 있다면 한 마디 일러보시오.

(잠시 있다가 할을 한 번 하고 이르되)

不怖落空前一步하여 忽逢明月登古路로다.

靑雲野鶴共徘徊한데 白石蒼松全身露로다.

공의 경계 걱정 말고 한 걸음 더 나아가서
밝은 달을 바라보면 옛 길을 밟으리라.
푸른 구름과 들의 학은 짝을 지어 오가는데
흰 바위 푸른 솔은 온몸을 드러내네.

大道는 無門이라 無出無入이요 眞理는 不變이라 不增不減하니 佛祖誠言
도 無風起浪이온 又況 山僧인들 有何奇特이리오.

큰 도는 문이 없어 드나듦이 없고, 진리는 변함이 없어 늘어나지도 않고
줄어들지도 않으니, 부처님이나 조사스님네들의 간절하신 말씀도 바람 없는
물결을 일으킨 것이어늘, 하물며 산승의 말인들 무슨 기특함이 있으리요.

雖然如是나 敎化方便으로 如是謾說하니 願諸聽者는 隨分修行中에 以爲鞭
策하면 說法者願이 以此滿矣로다.

비록 그렇지만 교화방편으로 이와 같이 부질없는 말이오나 원컨대 법문
을 들은 모든 이들이 각자 자기의 분수에 따라 수행하는 채찍으로 삼는다면
법문하는 이의 바람이 만족할 것입니다.

金佛은 용광로에 견뎌내지 못하고, 木佛은 불에 견뎌내지 못하며, 土佛은
물에 견뎌내지 못한다.[293] 용광로에 들어가도 녹지 않고, 불에 들어가도 타지
않으며, 물에 들어가도 풀리지 않는 불상을 이번 겨울 안거 구십 일 동안에
조성하기를 기원합니다. 만일 조성하지 못하면 주먹으로 수미산을 때려 무너
뜨리고 입으로 태평양 바닷물을 단번에 마셔버려야 비로소 되느니라.

---

293) 『경덕전등록』〈조주종심〉조에 등장하는 상당법어. 원문은 "金佛不度鑪, 木佛不度火,
   泥佛不度水, 眞佛內裏坐."

마음 밖에 일체불이 없고 모든 법이 없기에 달마 대사가 서역 인도에서 오셔서 "教外別傳하여 不立文字하고 直指人心하여 見性成佛이로다. 교밖에 따로 전하여 문자를 주장하지 않고, 곧 사람의 마음을 가리켜 성품을 보아 부처를 이룬다."고 하였습니다.

고금에 다문제일인 아난 존자보다 더 많이 아는 분은 없을 것이다. 그런데도 불구하고 견성을 못하여 경전을 결집할 때 가섭 존자가 이렇게 말했다. "이렇게 덕력이 없는 학인이 결집 대중 처소에 들어오는 것은 마치 비루먹은 야간이 사자 굴속에 들어오는 것과 같다." 그리고 손으로 밀어내면서 "너는 부족한 사람이니 견성하기 전에는 여기에 오지 마라." 하고 문을 닫아버렸다고 합니다.

그런 후, 아난이 비사리에서 설법을 하자 여러 사람들이 구름같이 모여서 법문을 듣는데, 주야로 쉬는 사이 없이 떠드니, 그 때 발기 비구가 다락 위에서 좌선을 하다가 너무 요란하여 모든 해탈삼매에 들을 수가 없어서, 게를 설하였다.

静住空樹下하야 心思於涅槃하며
坐禪莫放逸하라 多說何所作가.

고요한 나무 아래 좌선하여
열반을 생각하며
정진에 방일하지 말라
법문을 많이 해서 어디에 쓸 것인가.

그리하여 바로 獨處에 가서 계속 정진을 하여 엿새째가 되는 날, 고통이 극심하여 잠시 쉬었다 해야겠다고 생각하며 눕는 순간, 머리가 목침에 닿기 전에 확철대오해서 경전 결집하는 데에 참례했습니다.[294]

---

294) 이 고사는 『사분율』 권54 「集法毘尼五百人」에 나온다.

공부하는 데에 대신심과 대분심과 대의심이 없이는 공부하기 어렵습니다. "삼세제불이 '일체 함령이 다 불성이 있다'고 말씀하셨거늘, 조주는 무엇을 인하여 '무無'라" 일렀는고? 뜻이 무엇인고? 분별식으로 의심하지 말고 마음과 몸을 다 버리고 의단 하나로 되어서 의심하는 것입니다. 이 말은 '무'를 대상으로 해서 의심하는 것이 아니라, 나와 화두가 없이 화두의 의단과 한 덩어리가 되어 의심하는 것입니다.[295]

어떤 스님이 조주 스님에게 물었다.
"어떤 것이 달마 조사가 서쪽 인도에서 중국으로 건너오신 뜻입니까?"
"뜰앞의 잣나무니라[庭前栢樹子]."[296]

동산 수초 스님에게 물었다.
"어떤 것이 부처입니까?"
"삼서근(麻三斤)이니라."[297]

父母未生前[298] 本來面目이 是甚麼오?

부모가 낳기 전 본래면목이니, 이뭣고?

不是心이요 不是物이오 不是佛이니[299] 是什麼오?

---

295) 『선관책진』에 "心心相顧, 猛著精彩, 守箇無字, 日久歲深, 打成一片, 忽然心華頓發." 이라 하여 '무자화두'를 들어 화두의 의단과 한 덩어리 되는 내용이 나온다.
296) 『고존숙어록』 「趙州眞際禪師語錄」에 "時有僧問, 如何是祖師西來意. 師云, 庭前栢樹子."라고 나온다. 조선에서는 『선문염송』(421. 栢樹話)에 거량되었고 또 『선가귀감』에 실리면서 널리 퍼졌다.
297) 『경덕전등록』(師寬明敎)에 소개된 후, 조선에서는 『선문염송』(1230. 麻三斤話)에 실려 선문에 널리 거량되었다.
298) '父母未生前'은 '父母未生時'와 같은 뜻으로 사량이나 시비의 분별이 있기 이전의 본래의 마음 바탕을 비유할 때에 사용. '本來面目'과 병칭. 『宏智禪師廣錄』에서는 "六祖和尙道, 不思善不思惡. 正當恁麼時, 還我明上座父母未生時本來面目."으로 화두화 된다.
299) 이 말은 『경덕전등록』(南泉普願)조에 다음과 같이 등장하게 된다. "江西馬祖說 卽心

마음도 아니요 물건도 아니요 부처도 아니니, 이뭣고?

迦葉의 微笑 : 부처님께서 영산회상에서 설법하실 때 꽃 한 송이를 드시니, 여러 제자들은 그 뜻을 알지 못하였으나, 오직 가섭존자만이 참뜻을 알고 빙그레 웃었다합니다. 바로 이런 것이 조사 공안이요 화두입니다. 화두는 의심이 생명이기에 알 수 없는 의심을 간단없이 파고 들어가되 답답하고 재미도 없어서 모기가 무쇠소를 파고드는 것과 같이 하면 부사의의 힘으로 몸뚱이까지 들어간다고 합니다.

丈夫將欲敵生死댄 徑截疑團著意疑하라
到此若生些子念하면 轉頭鷂子過新羅로다.[300]

대장부가 생사를 대적하고자 할진댄
빠른 길인 활구 참선하라.
여기에 이르러 만약 조금이라도 딴 생각을 내면
새매가 머리를 돌려 신라를 지나가도다.

옛날 참선하는 분들은 이 일을 들으면 크게 발심하여 용맹심으로 곧장 나아가고 퇴전하지 않겠다고 맹서하고 정진하였기에, 불조의 혜명이 끊기지 않았습니다. 그런데 요사이 도를 닦는 이들은 스스로 못났다는 업장을 가져서, 사람들이 대개 게으르고, 이 일에 대하여서는 성인들만이 하는 일로만 여겨, 스스로 하열하다고 자포자기하거나 믿지 않는 듯합니다.

子午懇懃修白業하여 不須虛浮好光陰하라.
一超直入如來地커니 莫向閻浮滯五陰이리오.

郎佛. 王老師不恁麼道. 不是心, 不是佛, 不是物. 恁麼道. 還有過麼. 趙州禮拜而出.”
300) 이 책의 25쪽 (6. 1993년 12월 12일) 법어 앞 부분 참조.

밤낮으로 은밀히 도를 닦아서
좋은 세월 헛되이 보내지 말라.
한 번 뛰어 여래지에 바로 들어가거니
속세 불구덩이 속에 오래 산단 말이오.

(拄杖一下, 下座.)

佛紀 2542년 12월 3일. 陰 10월 15일.
曹溪宗元老會議議長
慧菴

51

1999년 5월 29일

용도 : 하안거 결제 법어
출전 : 〈친필사본〉②92~93쪽

雲水衲衣重七斤이오　九旬結制樂萬端이로다.
釋迦彌陀入地獄하고　波旬調達坐金坮로다.
轉足蹋破地獄門하고　揮水截斷强鐵筋이로다.
山景綠林浮雲白이요　松柏森森風月淸이로다.
猛虎雄飛大地闊이요　獅子哮吼天門開로다.

會麼아.

一二三四五六七이여　遠山無限碧層層이로다.

운수 납자 옷 무게가 일곱 근이요.
석 달 결제 적멸락이 한량 없도다.
석가 미타는 지옥에 들어가고
파순 조달은 금대에 앉는다.
발을 굴려 지옥문 쳐부수고
손을 휘둘러 철봉을 끊어버린다.

산은 푸르고 뜬 구름 희며
송백은 무성한데 풍월이 맑도다.
사나운 범이 힘차게 나니 광야가 드넓고
사자가 고함치니 하늘 문이 열리도다.

알겠는가?

1 2 3 4 5 6 7이여
먼 산이 층층으로 한없이 푸르도다.

아악!

佛紀 2543년 5월 29일. 陰 4월 15일.
宗正 慧菴

52

1999년 8월 25일

용도 : 하안거 해제 법어
출전 : 〈친필사본〉②97~98쪽[301]

頭上帽子重七斤이요　脚下地獄苦萬端이로다.
釋迦彌陀飮砒霜하고　迦葉阿難喫火藥이로다.
包塞虛空絶影形하야　能含萬像體常淸이로다.
目前眞景誰能量이오　雲捲靑天秋月明이로다.
大地山河是我家인데　更於何處覓鄕家리오.
見山忘道狂迷客은　　終日行行不到家로다.

會麼아.

一二三四五六七이여　九秋黃葉滿空飛로다.

(喝一喝)

　머리 위의 모자는 무게가 일곱 근이요

---

301) 〈친필사본〉②의 94~95쪽은 내용상 영결식에서 행한 법어로 추정. '일반법어'로 편집
　　하기로 함.

발밑의 지옥은 괴로움이 끝없도다.
석가와 미타는 비상을 마시고
가섭과 아난은 화약을 먹는다.
허공을 꽉 싸안고 그림자와 형체를 끊어
온갖 형상 머금었어도 몸은 항상 깨끗하다.
눈앞의 참 경계를 누가 능히 헤아리리오
구름 걷힌 맑은 하늘에 가을달이 밝아라.
대지 산하가 바로 다 내 집인데
새삼 어디 가서 고향 내 집 찾으리.
산을 보다가 길을 잃고 미쳐 헤매는 사람
한 종일 가도 가도 집에는 못 가리라.

알겠는가?

1, 2, 3, 4, 5, 6, 7이여
가을의 단풍은 하늘 가득 나네.

(아약!)

佛紀 2543년 8월 25일. 陰 7월 15일.
曹溪宗 宗正 慧菴

53

1999년 11월 22일

용도 : 동안거 결제 법어
출전 : 〈친필사본〉②102~103쪽302)

爲結制也入地獄이요 未結制也入地獄이니
透脫一句作麼生고?

禪院相逢元故舊니 親和同喫趙州茶로다.
臨濟亂喝은 狂人演劇聲이요
德山瞎棒은 盲人影像打로다.
靈鷲拈花에 滅却正法眼藏하고
小林傳法에 斷盡別傳命脈이로다.
三世諸佛과 歷代祖師가 入地獄如箭射하니
且道하라 一著이 落在什麼處오.

金剛山色은 千古秀하고
萬瀑洞天은 萬世明이로다.

---

302) 〈친필사본〉②의 99~101쪽은 용도 및 일시가 미상. '일반법어'로 분류하여 편집하기로
하다.

(唉303))

결제하여도 지옥에 떨어지고 결제를 못하여도 지옥에 떨어지니, 뛰어나는 한 마디는 어떠한가?

(잠시 묵묵한 후에 말하였다.)

선원에서 서로 만나니 본래 옛 친구라
서로 기분 좋게 같이 조주차를 마신다.
임제의 요란한 '할'은 미친 사람이 연극하는 소리요
덕산의 눈먼 '방'은 장님이 그림자를 두드리는 것이로다.
영취산에서 꽃을 들어 보이니 정법안장이 없어져버렸고
소림굴에서 법을 전하니 별전의 명맥을 끊어버렸다.
삼세의 모든 부처님과 역대의 조사가 지옥에 들어가기 쏜살같으니
말해보시오, 이 법문의 뜻이 어느 곳에 떨어져 있는가?

금강산 경치는 천고에 빼어나고
만폭동 하늘은 만세에 밝도다.

이―

佛紀 2543년 陽 11월 22일. 陰 10월 15일.
大韓佛教曹溪宗 宗正 慧菴

---

303) 자신의 한 말이 마음에 들지 않을 때에 탄식하여 내는 의성어. '에이―' 로 번역하면 좋을 듯.

54

2000년 2월 19일

용도 : 동안거 해제 법어
출전 : 〈친필사본〉②107~109쪽[304]

天寒日短하니 解制가 急迫이라.

南山峰頂에 瑞雲이 遍空하고

漢江流水는 畢竟에 歸海로다.

神龜負圖에[305] 文殊가 失色하고

順水에 流舟하니 疎山에[306] 舒光이라.

照用同時는 卽不問이어니와 照用不同은 作麼生고

携帶赦書하니 諸侯避道로다.[307]

---

304) 〈친필사본〉②권 중에서 104~106쪽은 〈종정추대식법어〉이어서, '일반법어'편에 넣기로
한다.

305) 주역 괘의 기원이 되는 洛書를 황하에서 거북이가 등에 지고 올라왔다는 고사.

306) 疎山은 강서성 무주 금계현에 있는 산 이름이다. 이 산에 동산 양개 화상의 법을 이은
匡仁이 거주하면서 선어록에 '소산 광인' 선사가 자주 등장하게 되었다. 소산 선사는
조카뻘인 향엄 지한 선사와의 대화로 유명한데, 그 대화는 조선에는 주로 『선문염송』
〈871. 諸聖話〉로 퍼졌다.

307) 약산 유엄 선사의 말로서, 『조산본적선사어록』에 등재된 이후 『전등록』이나 『벽암록』
등에 자주 등장한다. 원래의 대화는 "僧云, 如何免得此棒. 師曰, 王勅既行, 諸侯避道."
이다. '王勅'이 때로는 '正勅'으로 표기되기도 함. 바른 가르침이 시행되어 잘못 법이

密移一步六門曉하니
無限風光大地春이로다.308)

(喝一喝.)

날씨는 차고 해는 짧으니 해제가 절박하여졌다.
남산 꼭대기에 상서로운 구름이 하늘에 퍼져 있고
한강 흐르는 물은 필경에 바다로 돌아간다.
신령스런 거북이 그림을 지고 오니 문수가 빛을 잃고
잔잔한 물에 배를 띄우니 소산에 빛이 비친다.

照와 用이 때를 같이 함은 묻지 않거니와, 조와 용이 때를 같이 하지
않음은 어떠한가?

죄인이 사면장을 가지고 나타나니 제후가 길을 피하네.

은밀히 한 걸음 옮기매 육문이309) 밝아지고
한없는 풍광에 온 누리가 봄이로다.

(아악!)

佛紀 2544년 2월 19일. 陰 정월 15일.
曹溪宗 宗正 慧菴

맥을 못 추는 것을 비유.
308) 원래의 출전은 『천동굉지선사광록』의 소참법문이다. 조선에서는 『선문염송』(726. 大
死話)에 소개되어 널리 퍼졌음.
309) 육문 : 안이비설신의 등 6근. 지각의 정보가 그곳을 통하여 들어오는 것에 착안하여
'門'이라고 이름 붙인 것임.

55

2000년 5월 18일

용도 : 하안거 결제 법어
출전 : 〈친필사본〉②110~112쪽

假使棒如雨點하고 喝似雷奔하야도
未能當得向上宗乘事하나니[310]
到這裏하야는 釋迦達磨도
更參三十年[311]하야사 始得다.
其餘歷代善知識과 天下大宗師는
盡是依附草木精靈이니
庭前栢樹子[312]와 狗子無佛性[313]은
是什麼乾屎橛고.

---

310) 『벽암록』(제2칙 수시)에서 원오 선사는 이렇게 시작하고 있다. "直饒棒如雨點, 喝似雷奔, 也未當得向上宗乘中事. 設使三世諸佛, 只可自知, 歷代祖師全提不起, 一大藏教詮注不及, 明眼衲僧自救不了." 이후 각종 송고집에 단골로 등장하게 되었다.
311) 三十年 : 수행자의 일생을 당시 약 30년으로 생각했다. '평생토록' 또는 '일생동안'의 뜻.
312) 『조주록』(원래는 『고존숙어록』제13권 〈趙州眞際禪師語錄幷行狀〉)이 출전)에서 조주 종심 선사가 상당법어를 하는 도중 객승의 '달마조사가 서쪽에 온 뜻'이 무엇이냐는 질문에 촉발되어 나온 말이다. 조선 이후에는 『선문염송』(421. 栢樹話)의 보급으로 선사들의 거량에 자주 등장하게 되었다.
313) 이 역시 조주 종심 선사의 법문인데, 『선문염송』(417. 佛性話)의 보급으로 선사들의 거량에 자주 등장하게 되었다.

還會麼아!

石獅忽生兒하니 夏安居日이로다.

向上一路는 千聖도 不傳이라[314]

須彌頂上에 駕起鐵船이라 하니[315]

(良久云)

不來春節이여 草自靑이리오.

(喝一喝.)

설사 몽둥이로 때리기를 비오듯 하고
할하기를 우레같이 하더라도
향상종승의 법에는 합당치 못하니
여기에 이르러서는 석가와 달마도
다시 삼십 년을 더 참구하여야 되리라.
그 밖의 역대 선지식과 천하 대종사는
모두 초목에 붙어사는 잡귀이니
'뜰 앞의 잣나무'와 '개에게 불성이 없음'은
이 무슨 마른 똥 막대기인가?

---

314) 반산 보적 선사의 선문답으로 이것이 『경덕전등록』(반산 보적)조에 실린 이후, 『벽암
록』(제3칙 본칙의 평창)에도 인용고, 또 『양기방회화상어록』에 "上堂. 向上一路千聖
不傳, 學者勞形如猿捉影. 爾等諸人, 還明得這時節麼. 若明得去, 天上人間堪受供養.
若明不得, 閻羅老子眼目分明."로 등재되었다. 조선 이후에는 『선문염송』(249. 向上
話)에 소개되어 널리 선사들의 법문에 많이 활용되었다.
315) 출전은 『대혜보각선사어록』이다. 전후 문맥을 이해해야만 혜암 대종사의 법문을 이해
할 수 있기에 그 전문을 소개한다. "上堂擧. 盤山道, 向上一路千聖不傳. 慈明道, 向上
一路千聖不然. 師云, 不傳不然海口難宣, 須彌頂上駕起鐵船."

알겠는가?
돌사자가 문득 아이를 낳으니 하얀거일이로다.

향상일로는 일천 성인도 전하지 못한다.
수미산 꼭대기 위에 무쇠 배를 타고 간다 하니.

(한참 묵묵한 후에 말씀하였다.)

아직 봄철이 아닌데 어찌 풀이 푸르리오.

(아악!)

佛紀 2544년 5월 18일. 陰 4월 15일.
大韓佛教曹溪宗 宗正 慧菴

56

2000년 8월 14일

용도 : 하안거 해제 법어
출전 : 〈친필사본〉②113~115쪽

第一句下에 薦得하면 與佛祖爲師요.
第二句下에 薦得하면 與人天爲師요.
第三句下에 薦得하면 自救도 不了316)라 하니

臨濟老漢의 好介寐語여 將南作北하고 認賊爲子하니 非但瞎却天下人眼이
요. 亦乃自喪本辰命根이로다.

山僧은 卽不然하니
第一句下에 薦得하면 生陷地獄이요.
第二句下에 薦得하면 淸風明月이요.

---

316) 이 법문의 주인공은 조주 선사로서 『진주임제혜조선사어록』(일명 『임제록』)에 등장
한다. 조선시대에는 백파 긍선(1767~1852)이 『선문수경』에서 이 문제를 거론하면서 3
종선 등 많은 논쟁을 일으키기도 했다. 제1구 제2구 제3구에 관련한 임제의 말을 소개
하면 다음과 같다. "僧問, 如何是第一句. 師云, 三要印開朱點側, 未容擬議主賓分. 問
如何是第二句. 師云, 妙解豈容無著問, 漚和爭負截流機. 問如何是第三句. 師云, 看取
棚頭弄傀儡, 抽牽都來裏有人. 師又云, 一句語須具三玄門, 一玄門須具三要, 有權有
用, 汝等諸人, 作麼生會. 下座."

第三句下에 薦得하면 殺佛活魔로다.

雖然恁麼나 毒蛇纏身에 髑髏著地하니 透脫一句作麼生고?

(良久云)

五更에 鷄唱家林曉요317) 春來依舊草自靑318)이로다.

(喝一喝.)

제일구 아래서 깨달으면 부처와 조사의 스승이 되고,
제이구 아래서 깨달으면 인천의 스승이 되고,
제삼구 아래서 깨달으면 자기도 구하지 못한다 하니,

임제 늙은이의 좋은 잠꼬대여 남쪽을 가리켜 북쪽이라 하고, 도적을 인정
하여 자식을 삼으니 천하 사람들의 눈을 멀게 할 뿐 아니라, 자기의 본래
생명도 스스로 죽임이다.

산승은 그렇지 않으니,
제일구 아래서 깨달으면 산채로 지옥에 떨어지고,
제이구 아래서 깨달으면 맑은 바람 밝은 달이요,
제삼구 아래서 깨달으면 부처를 죽이고 마왕을 살리는 것입니다.
비록 그러하나 독사가 사람 몸을 휘감으매 해골이 땅에 깔렸으니 투탈한

---

317) 『종용록』〈제49칙 洞山供眞〉의 본칙에 나오는 게송으로, 『선문염송』(681. 只這話)에 천
    동 굉지의 頌으로 소개되어 조선 선객들의 법 거량에 자주 인용되어왔다.
318) 『선가귀감』에서 "吾有一言, 絶慮忘緣, 兀然無事坐, 春來草自靑."라고 서산 대사가 말
    을 하고, 다시 "本來無緣本來無事, 飢來卽食困來卽眠, 綠水靑山任意逍遙, 漁村酒肆
    自在安眠. 年代甲子總不知, 春來依舊艸自靑."으로 촌평을 붙이면서, 이후 선사들의
    상당 법어에 많이 등장하게 되었다.

한 마디는 어떠한가?

(한참 묵묵한 후에 말하였다.)

오경에 닭이 우니 집 앞이 밝아지고
봄이 오니 여전히 풀은 푸르네.

(아악!)

佛紀 2544년 8월 14일. 陰 7월 15일.
조계종 종정 혜암

57

2000년 11월 10일

용도 : 동안거 결제 법어
출전 : 〈친필사본〉②116~118쪽

臨濟喝은 斷煩見性이요 德山棒은 心外求道요 庭前栢樹子는 破邪顯正이요
狗子佛性無는 無風起浪이로다. 雲水衲子는 覺無上正印하고 曹溪嫡子는 入
地獄如箭이라. 明眼大宗師가 爲什麼하야 恐怖리요.

(良久云)

春來自然靑이오 秋來自然黃이라.
山無靑黃意나 樹葉自靑黃이라.
文殊普賢이요 普賢文殊니 雪裏에 發炎하고 灰中에 得火로다.
畢竟如何오?

牛頭夜叉가 才稽首하니
馬面獄卒이 便擎拳이로다.[319]

---

[319] 『寶王三昧念佛直指』〈揚佛下化之力 제16〉에서 중생 교화를 위한 다양한 방편을 시설
하는 과정을 묘하면서 '牛頭馬面鬼吏獄卒'의 상황을 기술하고 있다. 특히 각종 영험전
에 자주 등장한다.

(喝 一喝.)

임제의 喝은 번뇌를 끊고 성품을 봄이요, 덕산의 棒은 마음 밖에서 도를 찾음이다. 뜰 앞의 잣나무는 사도를 쳐부수고 정법을 널리 폄이요, 개에게 불성이 없음은 바람 불지 않는데 파도가 치도다. 자유로운 선객은 위없는 正印을 깨닫고, 조계의 정통 제자는 화살같이 지옥에 떨어지도다. 눈 밝은 큰 종사가 어째서 두려워하는가?

(한참 묵묵한 후에 말하였다.)

봄이 오니 자연히 푸르더니
가을이 되니 저절로 저절로 누렇구나.
산은 청황의 뜻이 없건만
나뭇잎이 스스로 춘추를 알리네.

문수보살과 보현보살이요, 보현보살과 문수보살이니, 눈 속에서 불이 타고 재 속에서 불을 얻는다.
필경 이 무슨 뜻입니까?

소 머리의 야차가 겨우 머리를 숙이니
말 얼굴의 옥졸이 문득 주먹을 드는구나.

(아악!)

佛紀 2544년 11월 10일. 陰 10월 15일.
조계종 종정 慧菴

제2부

재가 참선 대중을 향한

상당법어

용맹정진 법문은 혜암 대종사께서 원당암 달마선원

철야정진하는 재가 대중을 대상으로 하신 상당법문임.

1994년 3월 19일

용도 : 원당암 철야정진
출전 : 〈친필사본〉③1~6쪽

(上堂하여 卓拄杖一下云)

법문은 종사가 법상에 오르기 전에 다 되었고 청법 대중이 이 자리에 앉기 전에 다 마친 것이다. 이 도리를 알면 된다. 언어문자로 설법을 듣는 것을 多聞이라 하고 언어문자를 떠나서 듣는 것을 俱足多聞이라 한다.

부처님께서 49년 동안 설법을 하셨는데 나중에는 靈山會上에서 아무 말도 하지 않고 꽃 한 송이를 人天大衆에게 들어 보이었다. 거기에 무슨 말과 글이 어리댈 수 있겠는가?

道人들 중에도 평생 법문을 안 하신 분, 손가락만으로 가리키는 분320), 부채만 들어 보이는 분, 활만 쏘려고 하는 분321) 등 가풍이 여러 가지 있다.

---

320) 무주 금화산의 구지 화상은 누구나 질문하는 이가 있으면 한 손가락을 세웠다. 『경덕전등록』〈金華山俱胝和尙〉조에 기사가 나온다. "吾得天龍一指頭禪, 一生用不盡."으로 『선문염송』(552. 一指話)로 선객들의 거량에 자주 등장.

321) 석공 혜장(石鞏 慧藏 ; 생몰 연대 미상)은 사냥으로 생계를 했는데 마조 도일을 만나서 활을 버리고 출가하였다. 강소성의 무주 땅에 살면서 찾아오는 선객들에 활 당기는 시늉을 하여 상대를 감변했다. 『경덕전등록』〈石鞏慧藏〉조 참조.

俱胝　一指頭禪

但自無心於萬物하면　何妨萬物常圍繞리요

鐵牛不怕獅子吼하야　恰似木人見花鳥로다.

木人本體自無情커니　花鳥逢人亦不驚가

心境如如只遮是하면　何慮菩提道不成이리오.[322]

다만 만물에 무심하면

어찌 만물이 방해하여 결박하리오.

철우는 사자 소리를 두려워하지 않으니

마치 목인이 꽃과 새를 보는 것 같도다.

목인 본체가 무정하니

새가 사람들을 만나도 놀라지 않는다.

마음 경계가 이와 같이 여여하면

어찌 대도를 이루지 못하리오.

　丹霞[323] 스님과 龐居士가 함께 과거를 보러 가는 도중 한 사람의 행각승을 만나, "官에 뽑히는 것보다 佛에 뽑히는 사람이 되라."는 권유를 받고, 여기서 두 사람이 馬祖의 문하에 직행하였다고 되어 있으나, 『방거사어록』의 序에 의하면, 거사는 石頭 스님에게 참학하고 뒤에 마조 스님에게 참학한 것으로 되어 있다.

　방거사에게는 처와 1남 1녀가 있었는데 많은 재산을 배에 싣고 가서 洞庭湘右라는 강에 모두 버렸다. 그리고 두 부부는 산에 가서 山竹을 베어서 쌀을 이는 조리를 만들고, 자녀들은 시중으로 나가 가가호호를 찾아다니며 조리를 팔아 생활하면서 참선 수행에 몰두하였다.

---

322) 『치문경훈』(방거사송)에서 인용한 것.

323) 단하 천연(739~824) : 과거 합격 보다는 부처에 합격하는 것이 좋다는 고사의 주인공
　　으로 마조 도일의 제자가 됨. 법당에 들어가 불상에 올라 탄 일, 혜림사에서 머물던 중
　　추워서 木佛을 때워 추위를 피하려했던 일화로 유명.

방거사가 당시는 馬祖와 石頭 선사 두 분이 쌍벽을 이루어, 당나라 천지에 선법을 크게 선양하고 있던 때였다. 그래서 당시에 신심 있고 용맹심이 있는 스님들과 재가신도들은 모두 두 분 도인을 친견하여 법문을 듣고 지도를 받았다.

하루는 방거사가 큰 신심과 용기를 내어 석두 스님을 친견하러 가서 삼배를 올리고 여쭙기를, "만 가지 진리와 더불어 벗을 삼지 아니하는 자, 이 어떤 분입니까?"하고 물었다. 그러자 석두 선사께서는 묻는 말이 떨어지자마자, 방거사의 입을 틀어막았다. 여기에서 홀연히 방거사의 마음 광명이 열렸다.

"스님! 참으로 감사합니다."

거사는 석두 스님에게 큰절을 올려 하직 인사를 하고는, 그 걸음으로 수백리 길을 걸어서 마조 스님을 친견하러 갔다. 마조 선사 처소에 이르러 삼배를 올리고 종전과 같이 여쭈었다. "만 가지 진리와 더불어 벗을 삼지 아니하는 자, 이 어떤 분입니까?" 그러자 마조 스님은 이르기를 "그대가 西江의 물을 다 마시고 오면 그대를 향해 일러주리라." 마조 스님의 한 마디에 방거사의 마음 광명이 여지없이 활짝 열렸다. 모든 불조와 동일한 안목이 열렸다는 말입니다. 그리하여 여기에서 마조 스님의 제자가 되었던 것이다.[324]

하루는 방거사가 딸 靈照의 진리의 기틀이 얼마나 되었는가를 시험해보기 위해서 한 마디 물었다.[325]

"1백 가지 풀 끝이 다 밝고 밝은 부처님 진리로다."

그러자 딸 영조가 말했다.

"머리가 백발이 되고 이가 누렇게 되도록 수행을 하셨으면서 그러한 소견밖에 짓지 못하셨습니까?"

---

324) 방거사의 행적에 대해서는 『경덕전등록』(양주거사방온)조에 기사가 실린 뒤, 다양한 이야기로 변주되어 어록에 전한다.
325) 이하의 이야기는 『龐居士語錄』의 내용을 혜암 대종사께서 요점만 들어 들려준 것이다. 3권으로 된 이 책은 명 숭정 10년(1637)에 중간한 것이 현재의 유통본. 상권에 방거사의 약전과 언행 등이 실려 있고, 중·하권에는 시와 게송이 실려 있다.

세상 사람들 같으면 버릇없다고 하겠으나 이 법에 있어서는 높고 낮음이 없는 법이다. 그리하여 방거사가 딸에게 물었습니다.

"너는 그러면 어떻게 생각하는고?"

"1백 가지 풀 끝이 다 밝고 밝은 진리입니다."

방거사와 똑같이 말했으나 여기에 깊은 뜻의 차이가 있다. 방거사 일가족이 다 견성을 하여 멋지게 생활한다는 소문이 분분하니, 많은 도인들이 방문하여오갔다. 이 도를 깨달으면 거기에 승속이 따로 있지 않다. 오직 그 마음눈만이 귀한 것이기 때문이다.

하루는 丹霞天然 선사께서 찾아왔는데 마침 영조가 사립문 앞 우물에서 나물을 씻고 있었던 중이었다. 천연 선사께서 물으시길,

"거사, 있느냐?"

하자, 영조가 나물을 씻던 동작을 멈추고 일어서서 차수하고 가만히 서 있었다. 천연 선사께서 즉시 그 뜻을 간파하시고, 다시 어떻게 나오는가를 시험해 보시기 위해서 "거사, 있느냐?" 하고 재차 물으셨다. 그러자 영조는 차수했던 손을 내리고 나물 바구니를 이고 집안으로 들어가버렸다. 이런 것을 보고 천연 선사께서는 즉시 돌아가셨다. 이러한 말이 없는 가운데 말이 분명하다. 우리가 이러한 말을 들을 줄 알아야지, 들을 줄 모르면 살아도 고생, 죽어도 고생을 면할 길이 없다.

어느 날 방거사가 가족과 함께 방에서 쉬고 있다가 불쑥 한 마디 했다.

"어렵고 어려움이여, 높은 나무 위에 한 섬 기름을 펴는 것과 같음이로다."

그러자 부인보살이 그 말을 받아서

"쉽고 쉬움이여, 백 가지 풀 끝에 불법의 진리로다."

이렇게 반대로 나오자 영조가 빨리 말을 받아서 말했다.

"어렵지도 아니하고 쉽지도 아니함이여, 곤하면 잠자고 목마르면 차를 마심이로다."

정말, 한 사람의 말같이 척척 말하는 안목이 조화로운 일을 생각하면 좋다 하고 춤이라도 출 것 같다.

家賊相逢互換機하니 銅頭鐵眼倒三千이로다.

한 집안 도적들이 서로 만나 기틀을 주고받으니
동두 철안이라도 삼천리 밖에서 거꾸러짐이로다.

방거사가 하루는 좌선하고 있다가 딸 영조가 들어오자 영조에게 일렀다.
"내가 오늘 한 낮이 될 때 입멸하고자 하니 한낮이 되거든 알려다오."
그러자 영조가 문밖에 나가 말하되,
"벌써 한낮인데다 일식을 해서 해가 안 보입니다. 나와서 보십시오."
"그럼, 내가 나가서 보지."
그러면서 방거사가 나갔다. 그 사이에 영조는 아버지의 좌복 위에 앉아서
가죽주머니를 벗어버렸다. 방거사가 방에 들어와 그 광경을 보고는, "이
요물이 나를 속였구나. 그러나 장하도다."라고 칭찬을 하였다. 방거사는
딸의 다비 화장을 하고 일주일 후에 역시 똥자루를, 앉아서 벗어버렸다.
한편, 심부름 하는 사람을 보내어 부인에게 알리니 소식을 듣고, "이
어리석은 딸과 무지한 늙은이가 알리지도 않고 가버렸으니 어떻게 하나."
하고는, 아들에게 알리려 가니, 화전을 일구고 있는 것을 보고, 방거사와
영조가 가버렸다고 하니, 호미를 놓고 목이 메어[嘆] 조금 있다가 선채로
고생보따리를 버려버리니, 모친이 말하되, "어리석은 아들아! 어리석음이
어찌 이다지 한결같은고?" 하고 화장하자, 사람들은 모두 기이하다고 하였
다. 얼마 후 그 처는 마을 사람들과 작별을 고하고 자취를 감추어서 아는
자가 없다고도 하고, 여러 말이 있었다.
일가족은 중생제도의 멋진 연극을 하여, 앞으로도 허공계가 다하도록
꺼지지 않는 등불이 될 것이다.

的的無兼帶하야 獨立何依賴리오
路通達道人하면 莫將語默對를.326)

또렷하고 분명하여 붙은 것 없어
홀로 서서 누구에게 의지하리오.
길가다가 통달한 이 만나보거든
어묵간에 아무 것 쓰지 말거라.

佛紀 2538년 3월 19일. 陰 2월 8일.
願堂庵 徹夜精進日

---

326) 『경덕전등록』 권제29 〈香嚴智閑頌19首〉의 하나인 '譚道'에서 인용한 것이다.

2

1995년 12월 3일

용도 : 원당암 철야정진
출전 : 〈친필사본〉③7~11쪽

頓覺了如來禪하니 六度萬行이 體中圓이라
夢裏엔 明明有六趣러니 覺後엔 空空無大千이로다.[327]

여래선을 단박에 깨치니
육도만행이 본체 속에 원만함이라.
꿈속에선 밝고 밝게 육취가[328] 있더니
깨친 후엔 비고 비어 대천세계가 없도다.

말만 다를 뿐 법문의 이치는 하나로 되풀이하게 됩니다. 불법은 '마음을 깨쳐 성불하라'는 말밖에 다른 것이 없습니다.

비유로 말하자면 마음을 깨친다는 것은 꿈을 깨는 것과 같습니다. 누구든지 꿈을 꾸고 있을 때는 모든 활동이 자유자재한 것 같고 아무 거리낌이 없는 것 같지만 그것이 꿈인 줄 모릅니다. 그러다가 꿈을 턱- 깨고 나면,

---

327) 『증도가』에서 인용해 온 구절.
328) 육취 : 중생들이 윤회하는 여섯 갈래. 지옥, 아귀, 축생, 수라, 인간, 천상.

'아하 내가 참으로 그 동안 꿈속에서 헤매었구나.' 하고 알 수 있게 됩니다.

이와 마찬가지입니다. 중생들은 세상을 살면서 꿈속에서 사는 줄을 모릅니다. 꿈속에서 깨어난 사람이 아니면 꿈을 꾸는 것인 줄 모르는 것과 같이, 마음을 깨친다고 하는 것도 실제로 마음의 눈을 떠서 깨치기 전에는 이해하기가 참으로 어렵습니다. 莊子도 "크게 깨친 뒤에야 큰 꿈을 알 수 있다.[大覺然後知大夢]"라고 하였습니다.[329]

성불하기 전에는 꿈을 바로 깬 사람이 아닌 동시에 자유로운 사람이 아닙니다. 중생의 자유라고 하는 것은 꿈속에서의 자유이고 깨친 사람의 자유는 꿈을 깬 뒤의 자유입니다. 그러니 꿈속에서의 자유와 꿈을 깬 뒤의 자유가 어떻게 같을 수 있겠습니까? 마음을 깨친다고 하는 것은 正法上으로 보아서 無心을 증득하는 것입니다. 무심을 증득하면 거기에서 大智慧光明이 생기고 대자유가 생기는 것입니다. 그 때서야 비로소 꿈을 깬 사람, 마음의 눈을 뜬 사람이 되어 대자유자재한 활동을 하게 됩니다. 이렇게 되면 부처도 필요 없고 조사도 필요 없게 됩니다. 부처다, 조사다 하는 것은 모두 중생의 꿈을 깨우기 위한 약입니다. 그러니 꿈을 완전히 깨어서 견성 성불하여 참다운 해탈을 성취하면 부처도 필요 없고 조사도 필요 없는 참다운 대자유자재인이 됩니다.

서양 사람들도 자유 평등에 대해서 많은 말을 합니다. 인간은 자유로우며 평등하다고 말합니다. 그러나 인간의 참다운 자유와 평등은 마음을 확철히 깨쳐야만 누릴 수 있는 것입니다. 이 대자유와 평등을 성취하려면 자기 마음이 본래 부처라는 것을 확실히 믿어야 합니다. 자기 마음을 믿어야 합니다. 자기 마음이 극락이고 자기 마음이 부처이고 자기 마음이 조사입니다. 그러니 우리 대중들도 자기 마음 이외에 불법이 없고, 자기 마음 이외에 부처가 따로 없다는 것을 철두철미하게 믿고, 오직 화두를 배워서 열심히 정진해서 바로 깨치면 대자유자재한 부사의해탈 경계를 성취할 수 있습니다.

참으로 허공보다 더 깨끗한, 일체의 선과 악이 다 떨어진, 부처와 조사도

---

329) 『莊子』「齊物論」에 나오는 말로, 그 전체를 인용하면 다음과 같다. "方其夢也, 不知其夢也. 夢之中又占其夢焉, 覺而後知其夢也. 且有大覺而後, 知此其大夢也."

설 수 없는 청정한 자기를 바로 깨칩시다.

信心不二요 不二信心이니
言語道斷하야 非去來今이로다.

믿는 마음은 둘 아니요
둘 아님이 믿는 마음이니
언어의 길이 끊어져서
과거 미래 현재가 아니로다.

佛紀 2539년(1995) 12월 3일.
慧菴

1997년 4월 5일

용도 : 원당암 철야정진
출전 : 〈친필사본〉③12~19쪽

元來妙道體虛然한데　何用揮毫妄示人고
一念未形前薦得하면　奇言妙句盡爲虛로다.

원래 묘도의 체는 텅 비었는데
어찌 글을 써서 망령되이 사람에게 보이나.
한 생각 일어나기 전을 안다면
기이한 말과 글을 써서 헛된 일을 하리오.

依文說意라도　三世佛怨이오
離經一字라도　直同魔說이니라.[330]

---

330) 『경덕전등록』(백장회해)조에 나오는 대화. "問, 依經解義, 三世佛怨, 離經一字, 如同
魔說, 如何. 師云, 固守動用, 三世佛怨, 此外別求, 卽同魔說." 이렇게 질문을 던지 객승
은 이 이야기를 다시 정리해서 "有問有答不問, 不答時如何."라고 서당 지장 선사에게
거량하자, 서당은 "怕爛却作麼."라고 대답. 『선문염송』(1176. 依經話)에 실려 조선의
선방에도 회자.

문자로 뜻을 설해도 삼세 부처의 원수요

경의 한 글자라도 떠나면 바로 마설입니다.

이 말은 한 쪽으로만 치우치면 안 된다는 말이다. 화두의 의심이 끊이지 아니하면 이것을 참의심이라 이름하니, 만약 의심을 한 번 잠깐하고 또 의심함이 없으면 진심으로 의심을 발한 것이 아니라, 做作에[331] 속하느니라. 이런 연고로 혼침과 잡념이 다 마음에 들게 되는 것입니다.

다시 앉음에 단정함을 요하느니라. 첫째는 수마가 오거든 마땅히 이 무슨 경계인가를 알아차려야 하리니, 겨우 눈꺼풀이 무거워짐을 깨닫거든 문득 정신을 차려 화두를 한두 번 소리 내어 들어서, 수마가 물러가거든 고대로 앉아 있고, 만일 물러나지 않거든 문득 땅에 내려 수십 보를 포행하여, 눈이 청명해지거든 또 자리에 가서 천만 화두를 照顧하여 한결같이 채찍하여, 의심을 일으켜서 오래오래 하면 공부가 순숙하여 바야흐로 능히 힘을 덜게 되리라.[332]

마음을 써서 화두를 들지 아니하여도 자연히 화두가 현전할 때에 이르면 경계와 몸과 마음이 다 이전 같지 아니하며 꿈속에도 또한 화두가 들리리니, 이와 같은 때에 큰 깨달음이 가까우리라. 문득 마음을 가져 깨달음을 기다리지 말아야 합니다.[333] 다만 動中과 靜中에 공부가 간단이 없어야 하리니, 자연히 티끌 경계는 들어오지 아니하고 참 경계는 날로 증진하여

---

331) 做作 : 생각 없이 겉모습만 흉내 내어 하는 말이나 행동. 부정적인 뜻으로 사용. 『벽암록』이나 『고존숙어록』 등에 많이 나온다. 조선 이후에는 『선가귀감』의 다음 구절을 통해서 이 용어가 이 땅의 선승들에 쓰여짐. "祖師公案, 有一千七百則, 如狗子無佛性, 庭前栢樹子, 麻三斤, 乾屎橛之流也. 鷄之抱卵, 暖氣相續也, 猫之捕鼠, 心眼不動也, 至於飢思食, 渴思水, 兒憶母, 皆出於眞心, 非做作底心.".

332) 힘을 덜게 되리라 : 한자의 원문은 '省力'이다. 수고로움을 줄이다. 또는 수고로움이 줄다의 뜻으로 반대말은 '費力'. 조선 이후 강당에 4집과정에서 『書狀』을 배우면서 이 용례를 접하게 됨. '깨침'과는 아직 거리가 있는 단계. 『전심법요』에서 황벽 선사가 배휴를 지도하는 대화 등장하는 중요한 용어.

333) 화두 수행에 있어서 조심해야 하는 세 가지 금기 사항 중의 하나. 『선관책진』(철산애선사보설)조에 "不得將心待悟, 不得文字上取解會, 不得些少覺觸以爲了事.".

점점 무명을 타파할 역량이 있으리라. 역량이 충실하면 의단이 파하며 무명이 파하리니, 무명이 파하면 곧 妙道를 보리라.

대저 참선의 묘함은 惺惺한 데 있으니, 영리한 자가 먼저 공안을 점검하여 바른 의심이 있거든 문득 급하지도 않고 늘어지지도 않게 화두를 잡드려서334) 밀밀히 의단을 돌이켜 스스로 관조하면 곧 쉽게 큰 깨달음을 얻어서 몸과 마음이 안락하리라. 만약 마음 씀이 급하면 肉團心이335) 동하여 혈기가 고르지 못한 것 등의 병이 생기리니, 이는 바른 길이 아니라. 다못 바른 신심을 발해서 眞心 가운데에 의심이 있으면 자연히 화두가 현전하리라. 만약, 용을 써서 화두를 들어나갈336) 때엔 공부가 힘을 얻지 못하리라.

만약 동중과 정중에 의심하는 바 공안이 흩어지지 아니하고 부딪치지도 아니하며, 화두가 급하지도 않고 느리지도 아니하여, 자연 현전하면 이와 같을 때 공부가 힘을 얻으리니, 문득 이 경계를 지키어 가져서 항상 상속케 하여 좌중에 다시 定力을 더하여 돕는 것이 요긴함이 되느니라. 홀연히 댓돌 맞듯 맷돌 맞듯337), 마음 길이 한 번 끊어지면 문득 큰 깨달음이 있으리니, 깨달아 마치고서 다시 깨달은 뒤의 일을 물을지니라.

깨닫는 것이란 어렵기도 하고 또한 쉽기도 하나, 어렵다는 것은 석가 세존과 같은 성인도 설산에 들어가시어 6년이나 고행을 하시고 깨달으셨거니, 범부가 業身으로 실로 수행의 분이 없이 어찌 쉽게 깨달을 수 있겠는가? 그러나 한편 쉽다고 말하는 것은, 쉽고 쉬워서 터럭 한 올만큼도 간격이 없고, 자기의 마음 말고는 한 물건도 없다는 것을 깨달아야 함이니, 의복을 입고 음식을 먹으며 행하고 주하고 눕고, 앉는 語默動靜의 일체처 일체시가

---

334) 잡드려서 : 〈친필사본〉③14쪽에도 이렇게 표기되어있다. 혜암 대종사 특유의 말씨인 듯. '잡아서', 또는 '잡아들여서'의 뜻일까?

335) 肉團心 : 심장을 뜻함.

336) 들어나갈 : 앞줄에 나오는 '잡드려서'서와 같이 혜암 대종사의 특유한 말씨인 듯. 무언가를 들고 있는 상태를 계속 유지해감의 뜻으로, '(화두) 든 상태를 계속 유지해감'의 뜻인 듯?

337) 築著磕著(축착합착)을 이렇게 번역한 듯. 조선 시대 이래 대혜의 『서장』(답증시랑천유)제2서신에 등장한다. '척척 들어맞다'의 뜻. "公試如此做工夫, 日久月深, 自然築著磕著."(『대혜보각선사어록』권제25).

다 마음의 작용이어서, 불법은 곧 마음인 것이다.

이 도리를 깨달으면 눈을 뜨고 감음에 다 닥치는 곳마다 불법이 아닌 것이 없는 것이다. 그런즉 하필 불공을 드리고, 가사를 짓고, 탑을 쌓고, 부처님을 개금·개분을 하는 것만이 불법이겠는가? 깨달은 자의 행동은 일마다 다 불사요, 미한 자의 행동은 비록 선행을 하더라도 다 옳지 못한 것이다.

또 세상에는 불법을 비방하는 사람이 있어, 말하되, "이제부터 얼마 아니 가면 반드시 종교가 멸망할 때가 있으리라."고 하나, 이것은 어리석은 자의 말이라, 실로 그렇지 않은 것이다. 불교는 멸망시킬 수도 없고 번창시킬 수도 없는 것이다. 만약 불교를 멸망시킨다면 사람이 자기의 마음을 멸망시키는 것과 같으니, 혹 세상 사람으로서 자기의 마음을 멸망시킬 수가 있겠는가? 그렇다면 자기의 마음이 곧 불법이요 자기의 몸이 불교이거늘, 어찌 감히 불교를 멸망시킨다고 하겠는가? 이것은 도무지 불법을 알지 못하고 하는 말이라고 하겠다. 또 이것은 나 뿐 아니라 모든 성현께서 이구동음으로 "마음이 곧 이 부처.[338]" 하시었으니, 이것은 한 사람의 말이 아니거늘 어찌 헛된 말이라 하겠는가?

불법을 없애고자 하는 사람의 마음이 곧 부처인 것이니, 자신의 마음을 어떻게 멸망시킬 수 있겠는가? 만약 법요의 의식과 형상으로 불법을 삼는다면 혹 멸망시킬 수 있을지 모르나 곧 마음이 부처인 이상에는 멸망시킬 수가 없는 것이다. 설사 이름이 난 스님네가 없어서 불법을 비방할지라도 형식에 지나지 않는 일이요, 혹 사원을 헐고 불상을 철거한다 할지라도, 이것은 자기를 속이는 행위라 하겠다. 왜냐하면 불상은 없앤다고 할지라도 사람의 마음은 오히려 있는 것이니, 그러므로 불법은 "歷千劫而不古하고 亘萬歲而長今"[339]이라, 억 만 겁을 지날지라도 옛 것이 아니고 억 만 세를

---

338) 心卽是佛. 마조 도일이 한 말로 『경덕전등록』(강서도일)조에 "一日謂衆曰, 汝等諸人, 各信自心是佛. 此心卽是佛心. 達磨大師, 從南天竺國來, 躬至中華, 傳上乘一心之法, 令汝等開悟."
339) 이와 비슷한 내용의 절구는 많이 전하고 있다. 대표적으로 『광홍명집』(삼장성교서)에서 太宗文皇帝는 이렇게 불교를 옹호하고 있다. "大之則彌於宇宙, 細之則攝於毫釐.

뻗어도 새롭지 아니하여 항상 이제와 같은지라.

若人靜坐一須臾하면 勝造恒沙七寶塔이라.
寶塔畢竟化爲塵이나 一念淨心成正覺이라.[340]

만약 어떤 사람이 잠깐이라도 고요히 앉았으면
항하의 모래수와 같은 칠보로 탑을 쌓은 공덕보다 크도다.
보배로 만든 탑은 필경에 다 먼지로 화하나
한 생각 깨끗한 마음은 부처를 이루기 때문이로다.

持戒三千劫하고 誦經八萬歲라도
不如飯食間에 端坐念實相이니라.

삼천 겁 동안 계율을 지키고
팔만 세를 경전을 외울지라도
밥 먹는 시간 동안
단정하게 실상을 관하는 것만 못하도다.

佛紀 2541년(1997). 4. 5.
徹夜精進日

無滅無生, 歷千劫而不古. 若隱若顯, 運百福而長今. 妙道凝玄, 遵之莫知其際. 法流湛
寂, 把之莫測其源.″
340) 조선시대 이래 이 땅에서는 『진심직설』(진심공덕)을 통해서 이 내용을 읽어왔다. 『진
심직설』(진심공덕)에서는 '옛사람의 게송'이라고 인용했는데, 그 '옛 사람'은 『광청량
전』에 등장하여 무착과 대화를 나눈 한 노인이다.

4

1998년 9월 날짜 불명

용도 : 원당암 철야정진
출전 : 〈친필사본〉③20~30쪽

불교란 것은 팔만대장경이 그토록 많지만 똘똘 뭉치면 마음 '心' 한 자에 있습니다. 그러기에 마음의 눈만 뜨면 일체 문제, 일체 만법을 다 성취하는 것입니다.

　達磨西來하야 敎外別傳하야 不立文字하고
　直指人心하야 見性成佛이로다.[341]

달마 대사가 서역 인도에서 와서 문자를 주장하지 않고 곧 사람의 마음을 가리켜 성품을 보아 부처를 이룬다고 하였습니다.

삼세 제불께서 "일체 함령이 다 불성이 있다."[342]고 하셨거늘 조주는

---

341) 이런 고사는 『육조단경』에서 비롯하여 선어록의 여러 곳에 등장하지만, 표현은 약간 씩 다르다. 비교적 가까운 문헌자료로 『무문관』의 다음 구절을 들 수 있겠다. "達磨西來, 不執文字, 直指人心, 見性成佛."

342) 원문은 『蒙山法語』에 나오는 "一切含靈, 皆有佛性."을 번역한 것으로 보임. 이 부분을 포함한 전체 문장을 인용하면 다음과 같다. 뒤에 나오는 혜암 대종사의 해설도 이 대목을 염두에 두고 있다. "師云, 此後, 只看箇無字, 不要思量卜度, 不得作有無解會, 且莫

무엇을 인하여 '무'라 일렀는고? 뜻이 무엇인고? 하되, 분별식으로 의심하지
말고 마음과 [몸을 다 버리고 의단과 하나가 되어서 의심하는 것을 뜻합니
다. 이 말은 '무'를 대상으로 해서 의심하는 것이[343) 아니라, 나와 화두가
없이 화두의 의단과 한 덩어리가 되어 의심하는 것입니다.

　　어떤 스님이 동산 수초344) 스님에게 묻기를 '어떤 것이 부처입니까?'
동산 스님께서 "麻三斤이니라." 하였습니다.345)
　　조주 스님을 찾아온 어떤 스님이 "어떤 것이 달마 조사가 서쪽 인도에서
중국으로 건너오신 뜻입니까?" "뜰 앞에 잣나무니래[庭前柏樹子]."346)
　　父母未生前 本來面目이 是甚麼오?347)
　　부모가 낳기 전 본래면목이, 이뭣고?
　　不是心이오 不是物이오 不是佛이니 是什麼?348)

看經敎語錄之類, 只單單提箇無字. 於十二時中四威儀內, 須要惺惺如猫捕鼠, 如鷄抱
卵無令斷續. 未得透徹時, 當如老鼠咬棺材相似, 不可改移. 時復鞭起疑云, 一切含靈,
皆有佛性. 趙州因甚道無, 意作麼生, 旣有疑時, 默默提箇無字, 迴光自看. 只這箇無字,
要識得自己, 要識得趙州, 要捉敗佛祖得人憎處. 但信我如此說話, 驀直做將去. 決定有
發明時節, 斷不誤爾."

343) [ ]괄호 부분은『혜암대종사법어집』Ⅱ(김영사, 2007, 22쪽)에는 실렸지만, 〈친필사본〉
　　③20~21쪽 사이에는 없는 부분이다. 혜암 대종사의 뜻을 이해하는 데에 도움이 될 수
　　있다고 판단되어 삽입한다.
344) 동산 수초(洞山守初 ; 910~990)는 운문 문언 선사의 법을 이음.
345) 이 문답은『경덕전등록』권제22〈사관명교〉조에 실린 이후, 조선 이후에는『선문염송』
　　(1230. 마삼근화)를 통해 선사들의 거량에 자주 등장.
346) 이 문답은『고존숙어록』권제13에 실린『趙州眞際禪師語錄』에 등장한다.
347) '本來面目'의 거론은 단연『육조단경』을 꼽을 수 있다.『선문염송』(1163. 본래화)를 통
　　해 조선의 선방에서 많이 거량되었다. 그런데 '父母未生前'과 '本來面目' 이 둘을 엮어
　　서 질문을 하는 경우는『선관책진』에 의하면 〈雪庭和尙示衆〉으로, "十二時中, 一貧如
　　洗. 看箇父母未生前, 那箇是我本來面目. 不管得力不得力, 昏散不昏散, 只管提撕去."
　　라고 소개.
348)『무문관』〈不是心佛〉조에 등장하는 구절이다. 전체를 인용하면 다음과 같다. "南泉和
　　尙, 因僧問云, 還有不與人說底法麼. 泉云, 有. 僧云, 如何是不與人說底法. 泉云, 不是
　　心不是佛不是物." 원래의 출전은『경덕전등록』권제28〈南泉普願〉조이다. 물론 이야
　　기의 원 출전은 마조 선사이다. 마조 선사의 이 이야기는『경덕전등록』권제28〈江西道
　　一〉조에 나온다.

마음도 아니요 물건도 아니요 부처도 아니니, 이뭣고?

가섭의 미소 : 부처님께서 영산회상에서 설법하실 때 꽃 한 송이를 드시니 여러 제자들은 그 뜻을 알지 못하였으나 오직 가섭 존자만이 참뜻을 알고 빙그레 웃었다고 합니다.[349]

이런 것이 바로 공안이요 화두입니다.

彩雲影裏神仙現하야 手把紅羅扇遮面하면
急須著眼看仙人하야 莫看仙人手中扇하라.[350]

오색비단 구름 위에 신선이 나타나서
손에 든 빨간 부채로 얼굴을 가리었다.
누구나 빨리 신선의 얼굴을 볼 것이요
신선의 손에 든 부채는 보지 말아라.

이 말은 화두는 암호이며 달을 가리키는 손가락이니, 집착하여 속지 말라는 말입니다. 화두는 의심이 생명이기에 알 수 없는 의심을 간단없이 파고들어가야 합니다. 그리고 화두를 드는 것이 답답하고 재미도 없어서 마치 모기가 무쇠 소를 파고드는 것 같이 하면, 부사의한 힘으로 몸뚱이까지 들어간다고 합니다.

화두는 암호인데 암호의 내용은 잠이 꽉 들어서도 一如한 데에서 깨쳐야만 풀 수 있는 것이지, 그 전에는 풀 수 없다는 것, 이것이 근본적으로 딱 서야 합니다. 화두를 생각생각 들어야지, 모든 시간에 화두를 昧하지 아니해서, 가고 서고 앉고 눕고 대소변을 할 때에도, 옷을 입고 밥을 먹을 때 화두를 항상 들어야 합니다. 고양이가 쥐를 잡듯 닭이 알을 품듯 천만

---

349) 『선문염송』(5. 拈花話)을 통해서 조선의 선객들에게 많이 애용된 화두. 영산에서 설법하실 때 꽃비가 내렸다는 이야기는 『법화경』에서 유래. 그러나 '염화미소'의 유래는 아직 밝혀지지 않았다고 『선문염송 설화』에서도 언급함.
350) 출전은 『萬松老人評唱天童覺和尙拈古請益錄』(第八則, 風穴離微)이다.

번 昧하지 말고 화두만 들어야지, 이리하여 간단이 없이 참구하시오.351)

부처님의 팔만장경은 '활'을 말씀하시어 성문·연각·보살의 삼승 외도법이요, 조사선 화두는 '활줄'과 같아서 바르고 빠른 정통 법입니다. 모든 세간법과 언어문자 마음 길조차 끊어, 大無心을 증하는 활구법이며, 격외선으로 가장 수승한 법입니다.

화두의 의심이 안 풀리어 답답하고 재미없고 잠이 퍼붓고 망상이 퍼부을 때가 공부하기 가장 좋은 때입니다. 왜냐하면 사람과 싸울 때 달려들 때 이기는 것이 승리하는 것이지, 고의로 져주는 것은 승리가 아닙니다.

화두가 의심이 안 풀리어 답답할 때가 공부가 잘 되는 때입니다. 공부가 이어가면 바른 생각 이루리니, 참구하고 참구하여 화두만을 들어보시오. 의심과 화두가 한 덩어리 되게 하여 말할 때나 잠잘 때나 일할 때나 조용할 때나 모든 행위에 화두만을 들어야 됩니다. 자나 깨나 한결 같은 시절이 오게 되면 화두와 마음이 여의지 아니하여, 의심으로 망상을 잊고 잠을 극복하면 마음마저 없어진 곳, 금까마귀 밤중에 하늘까지 날을 것입니다. 이런 때에 슬픔이나 기쁜 생각을 내지 말고 반드시 선지식을 찾아 의심을 決擇하시오.

화두를 드는 참선 공부는 몸과 마음을 놓아버려서, 모든 반연을 버리고 잠이 오면 송곳으로 허벅다리를 찌르고, 입을 바늘로 꿰매고 즉 침식을 잊고, 마음도 잊고, 아무 것도 할 수 없으며, 할 수 없다는 것조차 하지 않고, 바로 한가하고 텅 빈곳에 이르러서 더 생각할 것이 없어, 앞의 생각은 벌써 없어졌고 뒤의 생각은 일어나지 않으며, 현재의 생각도 곧 비고, 비었다는 것마저 가지지 않고, 가지지 않는다는 것도 잊어버리며, 잊어버렸다는 것조차 내세우지 않고, 내세우지 않는 것에서도 벗어나고, 벗어났다는 것까지 두지 않아야 합니다.

---

351) 이런 내용은 선어록에 자주 등장하는데, 조선 이래 이 지역에서는 『선가귀감』의 다음 구절이 많이 인용되었다. "祖師公案, 有一千七百則, 如狗子無佛性, 庭前栢樹子, 麻三斤, 乾屎橛之流也. 鷄之抱卵, 暖氣相續也. 猫之捕鼠, 心眼不動也. 至於飢思食, 渴思水, 兒憶母, 皆出於眞心, 非做作底心."

이러한 때에 이르면 다만 성성하고 적적한 신령스러운 빛이 또렷이 앞에 나타나리니, 절대로 쓸데없이 알음알이를 내지 말고 다만 화두만을 들어서, 온 종일 모든 행위에서 단단히 昧하지 말고 절실히 살피시오. 이렇게 화두를 이어오고 이어가면 좋은 시절이 이를 것이요. 화두 의심하기를 마치 늙은 쥐가 쇠뿔로 들어가듯 하면 문득 막다른 곳에 이르게 되리니, 영리한 이는 이르면 활연히 칠통을 타파하여 붙잡아내면 천하 사람의 혓바닥을 의심하지 않을 것입니다. 이렇게 깨닫고서도 지혜 없는 이 앞에서는 말하지 말고 반드시 本色宗師를 만나 보도록 해야 됩니다.[352]

丈夫將欲敵生死댄 徑截疑團著意疑하라
到此若生些子念하면 轉頭[353]鷂子過新羅로다.

대장부가 생사를 대적하고자 할진댄
빠른 길인 활구 참선하라
여기에 이르러 만약 조금이라도 딴 생각을 내면
새매가 머리를 돌려 신라를 지나가도다.

옛날 참선하는 분들이 이 일을 들으면 크게 희유하다는 생각을 내서, 큰 용맹심으로 곧장 나아가고 퇴전하지 않겠다고 맹서하였다. 그러기에 지혜의 혜명이 끊어지지 않고 마음의 등불이 다함없이 전하여서, 부처와 조사들의 문하에 끊이지 않았었다. 그런데 요사이 도 닦는 이들은 스스로 못났다는 업장을 가져서, 사람들이 대개 게으르고, 이 일에 대하여서는 성인들이 하는 일로만 여겨, 스스로 하열하다고 자포자기하거나 믿지 않는

---

352) 本色宗師는 '本分宗師', '本分作家', '本分禪師' 등으로도 표기. 선지식의 점검은 남종 선의 전통이며 고려 태고 보우는 『태고화상어록』(示宜禪人)에서 "向後須遇見本色宗師, 密密決擇."이라고 점검 결택할 것을 강조하고 있다.
353) 轉頭 : '轉頭換腦'의 준말. 알음알이로 사량분별하는 행위로서, 화두 수행에서는 금물. '鷂子過新羅'에서 '요자'는 사냥에 쓰는 새매, '過新羅'는 신라로 날아간다는 말로 과 녁을 벗어난다는 뜻. 즉 '알음알이를 내는 순간 화살이 과녁을 벗어난다'는 뜻.

듯하다. 우리의 몸은 아침 이슬과 같고, 목숨은 저녁 햇빛 마냥 잠깐인데, 정작 자기 일은 하지 않고 마구니의 종노릇만 하여 죄업을 짓다가 허무하게 사라집니다.

參禪須透祖師關하야 學道要窮心路斷하라.[354]

참선하면 반드시 조사 관문을 뚫어서
도 배울 땐 마땅히 마음 길을 끊어라.

心路斷時全體現이요 如人飮水知冷暖이라.
到此田地莫問人하고 須參本色呈機看하라.

마음 길이 끊어질 때 전체가 드러나고
사람이 물을 마셔 차고 더움 알듯하네.
이 경지에 이르러선 함부로 묻지 말고
참 도인 꼭 찾아서 기연을 바쳐보소.

佛紀 2542년(1998) 9월 일.
元老會議議長
慧菴

---

354) 이 말의 출전은 『무문관』으로 전체를 인용하면 "無門曰, 參禪須透祖師關, 妙悟要窮心路絕. 祖關不透, 心路不絕, 盡是依草附木精靈. 且道, 如何是祖師關. 只者一箇無字, 乃宗門一關也."으로, 조주의 '무자화두'를 설명하는 대목이다.

5

1999년 2월 20일

용도 : 원당암 철야정진
출전 : 〈친필사본〉③31~42쪽

閑居無事可評論하니 一炷淸香自得聞이라.
睡起有茶飢有飯하니 行看流水坐看雲이로다.

한가로운 이 삶이여 시비에 오를 일 없거니
한 가지 향을 사르며 그 향기에 취하네.
졸다 깨면 차가 있고 배고프면 밥 있나니
걸으면서 물을 보고 앉아선 구름을 보네.

*****355)

智常이라고 하는 한 스님이 조계산에 와서 큰스님께 예배하고 四乘法의
뜻을 물었다. "부처님은 삼승을 말씀하시고 또 최상승을 말씀하시었습니다.
제자는 알지 못하겠사오니 가르쳐 주시기 바랍니다."
혜능 대사가 말씀하셨다.

---

355) 이하는 『돈황본단경』(성철스님 법어집 제Ⅱ집 1권)(퇴옹 성철 현토 편역, 장경각, 1988,
237~254쪽)에서 인용해 온 구절.

"너는 자신의 마음으로 보고 바깥 법의 모양에 집착하지 말라. 원래 사승법이란 사람이 마음으로 스스로 네 가지로 나누어 만든 것이니, 법에 사승이 있을 뿐이다. 보고 듣고 읽고 욈은 소승이요, 법을 깨쳐 뜻을 앎은 중승이며, 법을 의지하여 수행함은 대승이요, 일만 가지 법을 다 통달하고 일만 가지 행을 갖추어 떠남이 없으되 오직 법의 모양을 떠나고 짓되 얻은 바가 없는 것이 최상승이니라. 乘은 행한다는 뜻이요, 입으로 다투는 것에 있지 않다. 너는 모름지기 스스로 닦고 나에게 묻지 말라."

또 한 스님이 있었는데 이름을 신회라고 하였으며 남양 사람이다. 조계산에 와서 예배하고 물었다.

"큰스님은 좌선하시면서 보십니까, 않으십니까?"

대사께서 일어나서 신회를 세 차례 때리시고 다시 신회에게 물었다.

"내가 너를 때렸다. 아프냐 아프지 않느냐?"

신회가 대답하였다.

"아프기도 하고 아프지 않기도 합니다."

육조 스님께서 말씀하셨습니다.

"나는 보기도 하고 보지 않기도 하느니라."

신회가 또 여쭈었다.

"큰스님은 어째서 보기도 하고 보지 않기도 하십니까?"

대사께서 말씀하셨다.

"내가 본다고 하는 것은 항상 나의 허물을 보는 것이다. 그러므로 본다고 말한다. 보지 않는다고 하는 것은 하늘과 땅과 사람의 허물과 죄를 보지 않는 것이다. 그 까닭에 보기도 하고 보지 않기도 하느니라. 네가 아프기도 하고 아프지 않기도 하다고 했는데, 어떤 것이냐?"

신회가 대답하였다.

"만약 아프지 않다고 하면 곧 무정인 나무와 돌과 같고, 아프다고 하면 곧 범부와 같아서 이내 원한을 일으킬 것입니다."

대사께서 말씀하셨다.

"신회야, 앞에서 본다고 한 것과 보지 않는다고 한 것은 양변이요, 아프고 아프지 않음은 생멸이니라. 너는 자성을 보지도 못하면서 감히 와서 사람을 희롱하려드는가?"

신회가 예배하고 다시 더 말하지 않으니 대사께서 말씀하셨다.

"네 마음이 미혹하여 보지 못하면 선지식에게 물어서 길을 찾아라. 마음을 깨쳐서 스스로 보게 되면 법을 의지하여 수행하라. 네가 스스로 미혹하여 자기 마음을 보지 못하면서 도리어 와서 혜능의 보고 보지 않음을 묻느냐? 내가 보는 것은 내 스스로 아는 것이라. 너의 미혹함을 대신할 수 없느니라. 만약 네가 스스로 본다면 나의 미혹함을 대신하겠느냐? 어찌 스스로 닦지 아니하고 나보고 보지 않음을 묻느냐?"

신회가 절하고 바로 문인이 되어 조계산중을 떠나지 않고 항상 좌우에서 모시었다.

대사께서 문인 법해·지성·법달·지상·지통·지철·지도·법진·법여·신회 등을 불렀다.

대사께서 말씀하셨다.

"너희들 열 명의 제자들은 앞으로 가까이 오너라. 너희들은 다른 사람들과 같지 않으니, 내가 세상을 떠난 뒤에 각각 한 곳의 어른이 될 것이다. 그러므로 내가 너희들에게 법을 설하는 것을 가르쳐서 근본 종취를 잃지 않게 하리라.

三科의 법문을 들고 動用三十六對를 들어서 나오고 들어감에 곧 양변을 여의도록 하여라. 모든 법을 설하되 성품과 모양을 떠나지 말라. 만약 사람들이 법을 묻거든 말을 다 쌍으로 해서 모두 대법을 취하여라. 가고 오는 것이 서로 인연하여 구경에는 두 가지 법을 다 없애고 다시 가는 곳마저 없게 하라.

삼과 법문이란 陰, 界, 入이다. 음은 五陰이요, 계는 十八界요, 입은 十二入이니라. 어떤 것을 오음이라고 하는가? 색음·수음·상음·행음·식음이니라. 어떤 것을 십팔계라고 하는가? 六塵, 六門, 六識이니라. 어떤 것을 십이

입이라고 하는가? 바깥의 육진과 안의 육문이니라. 어떤 것을 육진이라고 하는가? 색·성·향·미·촉·법이니라. 어떤 것을 육문이라고 하는가? 눈·귀·코·혀·몸·뜻이니라.

법의 성품이 육식인 안식·이식·비식·설식·신식·의식의 육식과 육문과 육진을 일으키고, 자성은 만법을 포함하나니 含藏識이라고 이름하느니라. 생각을 하면 곧 識이 작용하여 육식이 생겨 육문으로 나와 육진을 본다. 이것이 三六은 十八이니라.

자성이 삿되기 때문에 열여덟 가지 삿됨이 일어나고, 자성이 바름을 포함하면 열여덟 가지 바름이 일어나니라. 악의 작용을 지니면 곧 중생이요, 선이 작용하면 곧 부처이니라. 작용은 무엇들로 말미암는가? 자성의 대법으로 말미암느니라.

바깥 경계인 無情에 다섯 대법이 있으니 하늘과 땅이 상대요, 해와 달이 상대이며, 어둠과 밝음이 상대이며, 음과 양이 상대이며, 물과 불이 상대이니라.

논란하는 말과 직언하는 말의 대법과, 법과 형상의 대법에 열두 가지가 있다. 유위와 무위, 유색과 무색이 상대이며, 유상과 무상이 상대이며, 유루와 무루가 상대이며, 현상과 공이 상대이며, 움직임과 고요함이 상대이며, 맑음과 흐림이 상대이며, 凡과 聖이 상대이며, 僧과 俗이 상대이며, 늙음과 젊음이 상대이며, 큼과 작음이 상대이며, 김과 짧음이 상대이며, 높음과 낮음이 상대이니라.

자성이 일으켜 작용하는 대법에 열아홉 가지가 있다. 삿됨과 바름이 상대요, 어리석음과 지혜가 상대이며, 미련함과 슬기로움이 상대요, 어지러움과 선정이 상대이며, 계율과 잘못됨이 상대이며, 곧음과 굽음이 상대이며, 실과 허가 상대이며, 험함과 평탄함이 상대이며, 번뇌와 보리가 상대이며, 사랑과 해침이 상대이며, 기쁨과 성냄이 상대이며, 버림과 아낌이 상대이며, 나아감과 물러남이 상대이며, 남과 없어짐이 상대이며, 항상함과 덧없음이 상대이며, 법신과 색신이 상대이며, 화신과 보신이 상대이며, 본체와 작용이 상대이며, 성품과 모양이 상대이니라.

유정 무정의 對法인 語・言와 法・相에 열두 가지 대법이 있고, 바깥 경계인 무정에 다섯 가지 대법이 있으며, 자성이 일으켜 작용하는 데 열아홉 가지의 대법이 있어서, 모두 서른여섯 가지 대법을 이루니라. 이 삼십육 대법을 알아서 쓰면 일체의 경전에 통하고 출입에 곧 양변을 떠난다. 어떻게 자성이 起用하는가?

삼십육 대법이 사람의 언어와 더불어 함께 하나 밖으로 나와서는 모양에서는 모양을 떠나고 안으로 들어와서는 공空에서 공을 떠나니 공에 집착하면 오직 무명만을 기르고, 모양에 집착하면 오직 사견만 기르느니라. 법을 비방하면서 곧 말하기를 '문자를 쓰지 않는다'고 한다. 그러나 이미 문자를 쓰지 않는다고 말할진대는 사람이 말하지도 않아야만 옳을 것이다. 언어가 곧 문자이기 때문이다.

자성에 대해서 공을 말하나 바른 말로 말하면 본래의 성품은 공하지 않으니 미혹하여 스스로 현혹됨은 말들이 삿된 까닭이니라.

어둠이 스스로 어둡지 아니하나 밝음 때문에 어두운 것이다. 어둠이 스스로 어둡지 아니하나 밝음으로써 변화하여 어둡고, 어둠으로써 밝음이 나타나나니, 오고 감이 서로 인연한 것이다. 삼십육 대법도 또한 이와 같으니라."

대사께서 열 명의 제자들에게 말씀하셨다.
"이후에 법을 전하되 서로가 이 한 권의 『단경』을 가르쳐 주어 본래의 종취를 잃어버리지 않게 하라. 『단경』을 이어받지 않는다면 나의 종지가 아니니라. 이제 얻었으니 대대로 유포하여 행하게 하라.

『단경』을 만나 얻은 이는 내가 친히 주는 것을 만남과 같으니라."
열 명의 스님들이 가르침을 받아 마치고 『단경』을 베껴 써서 대대로 널리 퍼지게 하니 얻은 이는 반드시 자성을 볼 것이다.

卽離兩邊 : 양변을 떠남은 中道를 말한 것이니 불교의 근본 원리이다. 석존은 초전법륜에서 녹야원의 다섯 비구들에게 '여래는 양변을 떠난 중도

를 正等覺하였다'라고 하는 유명한 '중도선언'을 하였다. 龍樹도 그의 『大智度論』43에서 양변을 떠난 중도는 반야바라밀이라고 상세히 말하였으니, 육조가 항상 高唱한 반야는 곧 중도를 말한다.

******356)

去去無標的하야 來來只麼來라.
有人相借問하면 不語笑哈哈로다.

가고 감에 흔적 없어
올 때 또한 그러하네.
그대 만일 묻는다면
해해 한 번 웃겠노라.

(喝一喝.)

佛紀 2543년(1999) 2월 20일
徹夜精進法會

---

356) 여기 까지가 『돈황본단경』(성철스님 법어집 제Ⅱ집 1권)(퇴옹 성철 현토 편역, 장경각, 1988, 237~254쪽)에서 인용해 온 구절.

1999년 8월 7일

용도 : 원당암 철야정진
출전 : 〈친필사본〉③43~49쪽

一心不生佛出世요 念起念滅佛滅度니라.
若欲親見自性佛인댄 迷悟兩頭俱打了하라.

한 마음이 나지 않으면 부처가 세상에 나왔다고 하고
생각이 생멸함을 부처가 세상에서 멸했다 하네.
자성의 부처를 친견코자 할진대는
미혹과 깨달음을 다 부숴버리라.

世事紛紛何日了오 塵勞境界倍增多로다.
迷風刮地搖山嶽한데 業海漫天起浪波로다.

어지러운 세상 일 언제나 끝이 날꼬
번뇌의 경계는 갈수록 많아지네.
땅을 휩쓰는 미혹의 바람은 산악을 흔드는데
업의 바다는 하늘 가득 물결을 일으킨다.

身後妄緣重結集하고 目前光景暗消磨로다.
區區役盡平生志언만 到地依先不奈何로다.

죽은 뒤의 허망한 인연은 겹겹이 모이는데
눈 앞의 광경은 저절로 사라진다.
구구히 평생의 뜻을 다 부려보았건만
가는 곳마다 여전히 어찌할 수 없구나.

貶眼光陰飛過去하니 白頭換却少年時로다.
積金候死愚何甚고 刻骨營生事可悲로다.

눈 깜빡이는 사이에 세월은 빨리 가버리나니
젊은 시절은 백발이 되었구나.
돈을 모아 죽음을 기다리는 것 어찌 그리 미련한고
뼈를 깎으며 살아가는 일 진정 슬퍼라.

捧土培山徒自逼이요 持蠡酌海諒非思로다.
古今多少貪婪客은 到此應無一點知로다.

흙을 떠다 산을 북돋움은 부질없이 분주 떠는 일이요
표주박으로 바닷물 떠내는 것 참으로 그릇된 생각이다.
고금에 그 많은 탐욕스런 사람들
지금에 와서 아무도 아는 사람 없구나.

幾多汨沒紅塵裡어 百計縈心正擾攘한데
五蘊稠林增蓊鬱하고 六根冥霧競飄颺이로다.

얼마나 세상 티끌 속에서 빠져 지냈나

백 가지 생각이 이 마음을 얽어 정말로 시끄러운데
오온의 빽빽한 숲은 갈수록 우거지고
육근의 어두운 안개는 다투어 나부끼네.

沽名苟利蛾投焰하고 嗜色淫聲蟹落湯이로다.
膽碎魂亡渾不顧하니 細思端的爲誰忙가.

명리를 구함은 나비가 불에 들고
성색에 빠져 즐김은 게가 끓는 물에 떨어지는 것이네.
쓸개가 부서지고 혼이 나가는 것 모두 돌아보지 않나니
곰곰이 생각하면 과연 누구를 위해 바쁜가.

死死生生生復死하니 狂迷一槪不曾休로다.
只知線下貪香餌커니 那識竿頭有曲鉤리요.

죽고 죽으며 나고 나며 났다가 다시 죽나니
한결같이 미쳐 헤매며 쉰 적이 없었네.
다만 낚싯줄 밑에 맛난 미끼를 탐할 줄만 알거니
어찌 장대 끝에 굽은 낚시 있는 줄 알리.

喪盡百年重伎倆이어 構成久遠劫愆尤로다.
飜思業火長燃處하니 寧不敎人特地愁리오.

백 년을 허비하면서 재주만 소중히 여기다가
아득히 먼 겁의 허물만 이루어 놓았네.
업의 불길이 언제나 타는 곳을 돌이켜 생각하나니
어찌 사람들을 가르쳐 특히 근심하지 않게 하랴.

자기를 바로 봅시다. 자기가 본래 부처입니다. 참 모습의 자기는 항상 행복과 영광에 넘쳐 있습니다. 극락과 천당 사생육도로 윤회하는 것은 꿈속의 잠꼬대입니다.

참 모습은 시간과 공간을 초월하며 영원하고 무한합니다. 설사 허공이 무너지고 땅이 없어져도 본래면목의 참 모습은 항상 변함이 없습니다.

유형 무형 할 것 없이 우주의 삼라만상이 모두 자기입니다. 그러므로 모든 진리는 자기 속에 구비되어 있습니다. 만약 자기 밖에서 부처를 구하면 이는 바다 밖에서 물을 구함과 같습니다.

자기는 영원하므로 종말이 없으며 본래 순금입니다. 탐진치 삼독이 마음의 눈을 가려 순금을 잡석으로 착각하고 있습니다. 모든 중생이 본래 평등한 천진불이라는 생각을 하여 부처님과 같이 받들고 힘을 다하여 남을 도웁시다.

무명의 삼독이 자취를 감추면 마음의 눈이 열려서 순금인 자기 참모습을 바로 보게 됩니다. 아무리 천하고 보잘 것 없는 상대라도 그것은 겉보기일 뿐 본 모습은 거룩하고 숭고한 부처님입니다.

겉모습만 보아 불쌍히 여기고 얕보면 이는 상대를 크게 모욕하는 것입니다. 부처님같이 부모와 같이 존장과 같이 모셔야 합니다.

현대는 물질만능에 휘말리어 자기를 상실하고 있습니다. 자기는 큰 바다와 같고 물질은 물거품과 같습니다. 세상에 권리를 다 가졌다 해도 풀잎보다 못하고 천하 재주를 가져도 물방울만큼도 못한 것입니다.

부처님은 이 세상을 구원하러 오신 것이 아니요 이 세상이 본래 구원되어 있음을 가르쳐 주려고 오셨습니다. 이렇듯 크나큰 진리 속에서 살고 있는 우리는 참으로 행복하니, 모두 함께 본사 세존과 같이 용맹정진으로 성불하여 고해에 빠진 다생부모를 제도합시다.

---

357) 이하는 『자기를 바로 봅시다』(원택 편역, 해인사출판부, 1987, 18~19쪽)를 수정 가필한 것.

莫妄想勇猛精進하라 不知終日爲誰忙고
若知忙裡眞消息하면 一葉紅蓮火中生하리라.

망상피지 말고 용맹정진하라.
모르겠다, 하루 종일 누굴 위해 그리 바쁜고
만일 바쁜 그 속의 참 소식을 알면
한 송이 연꽃이 불 속에서 피리라.

아악 !

佛紀 2543년(1999) 8월 7일
夏安居七日 勇猛精進
慧菴

참고

출전 : 『자기를 바로 봅시다』(원택 편역, 해인사출판부, 1987, 18~19쪽)

8. 자기를 바로 봅시다.

  자기를 바로 봅시다. 자기는 원래 구원되어 있습니다. 자기가 본래 부처
입니다. 자기는 항상 행복과 영광에 넘쳐 있습니다. 극락과 천당은 꿈속의
잠꼬대입니다.
  자기를 바로 봅시다. 자기는 시간과 공간을 초월하여 영원하고 무한합니

---

358) 여기 까지가 『자기를 바로 봅시다』(원택 편역, 해인사출판부, 1987, 18~19쪽)를 수정
    가필한 것.

다. 설사 허공이 무너지고 땅이 없어져도 자기는 항상 변함이 없습니다. 有形, 무형 할 것 없이 우주의 삼라만상이 모두 자기입니다. 그러므로 반짝이는 별, 춤추는 나비 등등이 모두 자기입니다.

자기를 바로 봅시다. 모든 진리는 자기 속에 구비되어 있습니다. 만약 자기 밖에서 부처를 구하면 이는 바다 밖에서 물을 구함과 같습니다.

자기를 바로 봅시다. 자기는 영원하므로 종말이 없습니다. 자기를 모르는 사람은 세상의 종말을 걱정하며 두려워하여 헤매고 있습니다.

자기를 바로 봅시다. 자기는 본래 순금입니다. 욕심이 눈을 가려 순금을 잡석으로 착각하고 있습니다. 나만을 위하는 생각은 버리고 힘을 다하여 남을 도웁시다. 욕심이 자취를 감추면 마음의 눈이 열려서 순금인 자기를 바로 봅니다.

자기를 바로 봅시다. 아무리 헐벗고 굶주린 상대라도 그것은 겉보기일 뿐 본 모습은 거룩하고 숭고합니다. 겉모습만 보고 불쌍히 여기면 이는 상대를 크게 모욕하는 것입니다. 모든 상대를 존경하며 받들어 모셔야 합니다.

자기를 바로 봅시다. 현대는 물질만능에 휘말리어 자기를 상실하고 있습니다. 자기는 큰 바다와 같고 물질은 거품과 같습니다. 바다를 봐야지 거품을 따라가지 않아야 합니다.

자기를 바로 봅시다. 부처님은 이 세상을 구원하러 오신 것이 아니요, 이 세상이 본래 구원되어 있음을 가르쳐 주려고 오셨습니다. 이렇듯 크나큰 진리 속에서 살고 있는 우리는 참으로 행복합니다. 다함께 길이길이 축복합시다.

初八日法語 1982년 음 4월 8일.

1.

인류는 지구상에 살기 시작하던 아주 오랜 옛날부터 기록을 해왔다. 문자를 만들어, 자신과 자신을 둘러싼 자연과 세상을 기술하기 시작했으니, 이런 현상은 종교 방면에도 예외는 아니었다. 불교의 경우, 석가모니 부처님 입멸 이후 제자들은 스승과 함께했던 수행의 기억들을 거듭하여 결집해오다가 마침내 그것들을 문자화 했다. 이렇게 출현한 문헌의 형식은 매우 다양하지만 '12부경部經'으로 후세의 불교학자들은 범주화 한다.

이런 문헌 자료들은 뒷날 출현하는 뛰어난 종교 사상가들에게 다양한 영감을 주었고, 그 영감의 많은 부분들이 다시 문자로 기록되어 인류 지성의 큰 강물을 이루어 오늘도 도도히 흐르고 있다. 이 대하大河 속에는 훗날 만들어진 대승 경전처럼 "나는 이렇게 들었다"는 형식으로 저자의 이름을 숨긴 경우도 있고, 논문이나 주석서 형식으로 저자의 이름을 노출시킨 경우도 있다. 이것들이 비록 형식은 다르지만, 각자의 종교적 심성 깊은 속에 인연 따라 출현하시는 비로자나 부처님 말씀을 체험한 것임에는 차이가 없다.

선불교 문헌도 그런 맥락에서 자성불自性佛을 저마다 스스로 체험해가는 자기실현의 도정기道情記이다. 먼저 체험한 선지식이 이제 체험할 후배를 부처의 길로 인도하는 매뉴얼이다. 그런데 선사들의 매뉴얼은 이전의 그것들과는 판이하게 다르다. 논리를 따지고 문헌을 정리하는 방식이 아니고 저마다 자신 속에 들어있는 진실과 지혜와 마주하게 한다. 후세의 학자들은 이 정신을 표어로 만들어 "直指人心 見性成佛" 또는 "不立文字 敎外別

傳"으로 간판 달아 붙였다.

이 매뉴얼의 특징은 반성적 사유에 있으며, 생각의 근원을 살피는 데에 있으며, 섬세하고 일상적인 체험과 표현에 있다. 그리하여 이런 것들을 당사자의 인생살이에 구현한다. 이 책의 주인공, 혜암 성관慧菴 性觀(1920년 3월 22일~2001년 12월 31일) 대종사가 바로 그런 분이시다.

2.

불교의 지혜와 지성은 공동체 속에서 생성되고 재해석되어왔다. 모여서 이야기 하는 '마당'이 있고, 거기에는 '대중'이 있고, '토론'이 있다. 그리고 그것은 역사라는 대지 위에 흐르는 강물처럼 도도하게 굽이친다. 당연하지만 그 역사의 대지 위에는 극복하거나 방향 잡아 추구해야 할 가치와 도덕과 이념과 철학이 항상 현존한다. 인도의 경우, 석가모니의 출현 당시는 브라만교 내지는 6사외도와의 긴장 속에서 그랬고, 대승의 논사가 활동하던 당시는 상키야 등 6파철학과의 논쟁 속에서 그랬다. 중국의 경우, 승조와 길장은 유교 및 도교의 인륜주의와 자연주의와 대적했고, 임제와 대혜는 화엄종과 정토종의 학인學人들을 긴장하게 했다.

인도에서 시작하여 중국 대륙을 거쳐 해동으로 흐르는 불교의 이런 지성의 물줄기는 부침과 곡직을 거듭하여 대한민국에 굽이치고 있다. 조선시대 계속되던 혹독한 불교탄압과 일제강점기에 산불처럼 번진 승려의 대처식육은 고스란히 지금을 사는 우리에게 '역사의 짐'이 되었다. '마당'도 망가져 가고 '대중'도 흩어져가고 '토론'도 사라져가고, 이렇게 참혹한 역사 속에서도 복류伏流하던 맑은 전통이 '해인총림'으로 치솟아 오른다.

때는 1967년 7월이었다. 성철을 초대 방장으로 하고 혜암을 유나로 하여, 약 200여 명의 수행자가 '대중'을 꾸리고 한 '마당'에서 '토론'을 한다. 여기서 말하는 '토론'은 다름 아닌 방장의 '상당법어'이다.

'상당법어'는 방장이 법당에 들고 법상에 올라, 마치 부처님께서 제자들을 둘러놓고 이야기 하듯이, 부처로 사는 길을 설파하는 생동하는 현장이다. 강당에서 경전을 사이에 놓고 스승 제자가 마주 앉는 방식도 아니고,

법당에서 불보살 형상을 향해 향 피워 목탁 치며 송주誦呪하는 방식도 아니다. 사람과 사람이 만나서 법을 거량하는 현성現成된 자리이다.

이런 방식은 중국의 육조시대에 시작하여 당나라를 거쳐 송나라 시대에 널리 확산되면서, 우리나라에는 고려 후기에 유입되었다. 그러나 일제를 거치면서 특히 '비구-대처 분규' 속에서 모두가 바람 앞의 등불이 되고 말았다. 이런 역사 속에서 진리의 등불에 심지를 고쳐 올려 후배들에게 전한 인물이 퇴옹 성철(1912~1993)이고 혜암 성관(1920~2001)이다. 여덟 살 터울 진다.

성철의 '상당법어'는 『본지풍광本地風光』(불광출판사, 1982)에 모여졌고, 혜암의 '상당법어'는 이제 『공부하다 죽어라』(시화음, 2019)에 모았다. 한편 1969년 4월 15일 개원한 송광사의 '조계총림'에서 울려 퍼진 구산 수련九山秀蓮(1909~1983)의 '상당법어'는 『구산선문九山禪門』(불일출판사, 1994)으로 세상에 나왔다. 세속의 연배 순으로 보면 구산-성철-혜암이지만, 상당법어집의 출판 순으로 보면 성철-구산-혜암이다. 이 세 분 방장의 법어집에는 여러 특색이 있는데 한두 가지만 말하면 다음과 같다.

첫째, 상당법어집 출판이 당사자 사후냐 생전이냐의 차이가 있다. 혜암의 경우는 상당법어를 위한 초고를 만들어두셨다. 열반하신 뒤에 제자가 이것을 발견하여 〈혜암 대종사 친필법어집〉 8책을 영인했고, 이것을 토대로 법어집을 만들었기 때문에 대종사께 다듬을 기회를 드리지 못했다. 이 점은 구산 대종사의 경우도 마찬가지이다. 이에 비해 성철 대종사의 경우는 살아 생전에 법어집 출판이 이루어졌기 때문에 원고 다듬을 기회를 드릴 수 있었다.

둘째, 한글 번역에 차이가 있다. 혜암의 경우는 상당법어를 위한 초고를 본인이 한문으로 짓고 토를 달았고, 한글 번역도 본인이 직접하였다. 반면 구산과 성철의 경우는 한문으로 짓고 현토한 원고만을 남겼는데, 인쇄 출판에 즈음하여 각각의 제자들이 한글 번역을 붙였다. 때문에 한문 원문을 당사자가 어떻게 해석했는지는 확인해보아야 한다.

3.

선종에서 방장이 대중들에게 법문을 한 역사는 매우 길다. 이러한 정황들은 1004년 북송 경덕 원년에 편찬된 『경덕전등록』 곳곳에서 알 수 있다. 이 책은 1011년 빠른 시일 내에 대장경에 편입되었고 그 후 중국 한국 일본의 각 대장경에 수록되었다. 단행본 출판도 자주 있었는데 우리나라의 경우는 1614년 충남 논산에 있었던 불명산 쌍계사에서 나무판에 새긴 것이 현재 해인사로 옮겨져 보존되어 있다. 그리고 지금은 일부만 전하지만 금강산 표훈사에 보관된 판도 있다는데, 이 판은 1550년 평안도 화장사에서 새긴 것이다.

『경덕전등록』에는 수많은 선사들의 '이야기'가 전해진다. 당연 그 '이야기'들 속에는 인도에서 중국을 거쳐 형성된 경전 내용은 물론 수행자들의 삶에 대한 지혜들이 들어있다. 이 '이야기'를 한문으로 '화두話頭'라 하는데, 남송 시대에 접어들면서 선사들의 상당법어에 이 '화두'들이 중요한 소재로 등장된다.

여기에 당송시대에 유행했던 시詩(절구와 율시) 짓는 풍조를 선승들도 적극 활용하여, 수행자들의 진리 체험을 격발시켰다. 이 과정에서 생산된 법어들은 목판에 새겨 인쇄되어 오늘에도 전하는데, 사람들은 이를 '송고집頌古集'이라 부른다. 글자대로 풀어보면 '옛것을 노래한 모음집' 정도가 될 것이다. '옛것'이란 앞에서 말한 '화두'를 지칭한다. '노래[頌]'란 화두를 '쥐어흔드는[염롱拈弄]' 한 형식인데, 이런 형식에는 '염拈', '송頌', '거擧', '평評', '징徵', '대代', '별別' 등이 있다. 차례대로 '염'은 즉 화두를 요점만 집어내어 들추는 것이고, '송'은 그것을 게송으로 읊는 것이고, '거'는 그것의 전후 이야기를 거론하는 것이고, '평'은 그것을 평가 내지는 해석하는 것이고, '징'은 그것의 핵심을 알면서도 상대를 점검하기 위해 던지는 질문이고, '대'는 대신 대답해주는 것이고, '별'은 다른 각도에서 하어下語하는 것이다.

대표적인 '송고집'으로 『선문염송집』이 있다. 이 책은 고려의 진각 혜심 (1178~1234) 선사가 북송의 종영宗永이 편집한 『종문통요집宗門統要集』의 단점을 보완해서 총 30권으로 만든 책이다. 한편 그의 제자 구곡 각운은

이 책에 해설을 붙여 별도로 『선문염송설화』(30권)를 지었다. 이 두 책은 조선조에도 몇 번 출간되어 많은 지식인들에게 애독되었다. 이런 풍조 속에서 백파 긍선(1767~1852)은 『선문염송사기』(5권)를 필사본으로 써 남겨 해독에 큰 도움을 주고 있다. 우리말로는 봉선사 월운 강백이 '한글대장경' 씨리즈로 1977~1980년에 번역한 4책이 있고, '염송'과 '설화'를 대조 번역하여 다시 2005년 『선문염송·염송설화』(총10책)로 묶어 출판했다.

이렇게 만들어진 『선문염송집』은 마침내 『경덕전등록』과 짝이 되어 선승들의 수행과 제자 지도에 적극 활용되었다. 물론 처음 절집에 들어온 초년생들이 이 두 책을 온전하게 독파하고 이해하는 것은 쉽지 않은 일이었다. 그리하여 송대 대혜 종고의 『선요』와 원대 고봉 원묘의 『서장』을 읽혀 힘을 붙이도록 했다. 이런 책들에 실린 화두를 선승들은 하안거와 동안거 동안 수행 도구로 삼았고, 방장은 초하루와 보름 및 또 해제와 결제와 반살림에 수행대중들에게 상당법어를 했다.

상당법어의 형식은 비교적 정형화되어 있다. 먼저, (1)'수시垂示'를 한다. 수시는 '색어索語'라고도 하는데, 선사가 수행자의 역량을 탐색하기 위한 수단의 하나로 이야기 주제를 던지는 것이다. 이야기의 말문을 트는 것이다. 다음으로, (2)화두를 거량擧揚한다. 그날 법어의 핵심 주제를 불조佛祖께서 남긴 말씀 속에서 들추어내는 것이다. 다음으로, (3)그렇게 거량한 화두의 낙처落處 즉 핵심을 짚어준다. 그리고는 당시 법어를 듣는 대중들을 향해 질문을 던진다. 일종의 '징徵'이다. 대중이 대답이 없으면 대신해서 대답을 한다. 이것을 '대代'라고 하는데, 그 형식은 산문으로 하는 경우도 있지만 대개는 게송으로 한다. 바로 이 대목에서 법어를 하는 주인공의 제자 지도 솜씨가 발휘된다. 끝으로, (4)법어를 마무리하면서 청중에게 당부한다. 이런 과정을 거치면서 화두 수행을 점검하고 신심을 격발시켜 저마다의 본마음을 깨치도록 유인한다.

4.

이하에서는 개략적인 구조를 이 책의 2~9쪽에 실린 〈1. 1986년 11월 16일〉 법어를 사례 삼아 살펴보기로 한다.

이 상당법어는 동안거 결제 법어이다. 먼저 혜암 대종사는 모인 대중들에게 환화공신幻化空身이 우리 몸뚱이의 정체라고 말문을 튼다. 그러면서 허깨비 같은 이 몸속에 본래면목이 있다고 넌지시 일러준다. 이것이 바로 (1)수시이다. 이날 법문의 핵심 주제는 사람마다 제각기 간직한 '본래면목' 체험이다. 그리고 이 체험은 '일상'에서 일어나고 '무심'해야 된다는 것이다.

다음은 (2)화두를 거량하는 부분으로, "南泉因趙州問호대"부터 "便是人間好時節이니라"까지이다. 이 부분은 『무문관』(평상시도平常是道)조에서 끄집어 들춰내온 것이다. 내용은 이렇다.

도道가 무엇이냐고 묻는 제자(=조주)에게 스승(=남전)은 평상심平常心이 도라고 대답한다. 그러자 제자는 다시 평상심을 얻으려고 그런 상태를 향해 노력해 나아가야겠냐고 질문하자, 스승은 그러려고 마음을 움직이는 순간 도와는 어긋난다고 단호히 막아선다. 제자는 움찔하면서도 물러서지 않는다. 노력해 나아가서는 안 된다고 하시면 그럼 어찌해야 도를 알 수 있냐고 다시 덤빈다. 스승은 이렇게 말한다. "도는 알고 모르고의 범주에 속하는 것이 아니다!" "알음알이로 어찌해 볼 수 없는 그 도를 제대로 체험해야만 걸림 없이 자유자재할 수 있다." "도를 어찌 알음알이로 시시비비를 따지려하는가!" 스승(=남전)과의 문답 과정에서 제자(=조주)는 마음이 활짝 열린다.

이것이 하나의 '이야기' 즉 '화두'이다. 이 화두의 유래는 『경덕전등록』〈조주종심〉조에 등장한다. 또 이 화두는 『선문염송』(407. 평상화平常話)로 등재되어 무려 14명 선사들의 거량이 함께 소개될 정도로, 매우 유명하다. 혜암 대종사는 이런 내력을 이미 숙지하고 상당법어를 진행하는 것이다. 당연 청중들도 이런 지식을 사전에 숙지하고 있어야 한다.

그런데 극적이게도 혜암 대종사는 『선문염송』에 인용된 '염拈'과 '송頌' 등이 아닌, 무문 선사가 쓴 『무문관』의 '염拈'과 '평評'과 '송頌'을 인용하여 자신을 뜻을 간접적으로 내 비춘다. 이 지점이 관전 포인트이다.

무문 혜개 선사의 평가 요지는 이렇다. 즉, 제자(=조주)의 질문을 받은 스승(=남전)은 한 방 얻어맞아 어쩔하여 손발이 풀렸다고 관전평을 털어놓았다. 그렇다고 제자(=조주)만을 추켜세우는 것도 아니다. 제자(=조주)도 꼭 30 방망이 조져야 한다는 것이다.

바로 여기에 혜암 대종사 상당법어의 묘미가 있다. 『경덕전등록』의 문장만 보면 스승(=남전)의 지도편달만 두드러진다. 제자(=조주)가 한 수 배운 꼴이다. 필자도 그렇다고 생각한다. 그런데 문제는 사람들이 "평상심이 도이다"는 말의 표면만 믿고 수행을 안 하고 막행막식莫行莫食하는 병폐이다. 이런 폐단을 차단하려고, 무문은 스승과 제자 둘 다를 나무라는 척한 것이다. 혜암 대종사에게는 이런 무문 선사의 입장이 맘에 들었을 것이다. 혜암 선사 이 집안의 가풍은 번뇌에는 말할 것도 없고 깨달음조차에도 걸리지 말 것을 당부한다. 돈오와 철저한 무심수행은 이 도량의 살림살이다. 대종사의 일평생 삶이 그랬듯이 말이다.

다음은 (3)이상에서 거량한 화두의 핵심을 대중들에게 일러주는 대목이다. 해당하는 문구는 "平常心이 是道라 하니"부터 "卽是顚倒習性力이니"까지이다. 이렇게 설명을 마친 다음에 그러면 어찌해야 옳겠냐고 청법 대중에게 다그친다. 이제 대중을 향해 칼끝을 겨눈다. 대중을 점검하는 눈 밝은 작가 선지식의 솜씨가 발휘되는 순간이다. 긴장은 고조된다. 해당 문구는 "然卽如何卽是아"부터 "迷悟幾多人고"까지이다. 대중이 대답이 없자, 혜암 대종사는 그들을 대신해서 대답해준다. 7언 4구 계송으로 간결하게 본분소식을 튕겨준다.

끝으로 (4)수행을 당부하면서 작별한다. 이 대목에서도 혜암 대종사는 겸손하게 옛 불조의 말씀을 활용하지 깨친 척 아상我相을 내지 않는다. 먼저 서산 대사의 『선가귀감』을 인용한다. 즉 "貪世浮名은 枉功勞形이요"부터 "鑿氷雕刻不用之功也라"까지가 그것이다. 이어서 『청허당집』을 인용하니, "出家修道輩"부터 "蒸沙立妄功"까지이다. 그러나 단순 인용이 아니고 '살짝 틀어서' 활용한다. 선사들은 불조의 말씀을 인용할 때에도 주체적으로 한다. 이 점은 이 책의 4쪽을 참조하기 바란다. 사실 이런 '디테일'에 각 선사들의 사상이 녹아 있기 때문에, 독자들은 이 부분을 놓치지 말아야 한다. 당부의 내용은 다음과 같다.

돈과 이성을 멀리하라고 하신다. 대중과 살 경우는 잡담하지 말고 혼자 살 때는 방심하지 말라고 하신다. 눈 밝은 스승 모시고 못된 친구 멀리하라고 하신다. 회광반조하라고 하신다. 원력 세워 세월 녹이지 말라고 하신다. 참선할 때는 반드시 활구를 참구하라고 하신다. 부처님과 조사님들의 귀한 말씀 읽으라고 하신다. 외전일랑은 아예 마음에 두지도 말라고 하신다. 본분사本分事만 말할지언정 절대 부질없는 명예와 잇속을 숭상하지 말라고 하신다.

엄동설한 90일 동안 함께 수행 정진할 대중들을 맞이하는 자리이다. 이 귀한 인연을 어찌 보낼지 당부하는 스승의 노파심 간절함이 이보다 더할 수 있을까! 그런 선승을 바라보는 참선 대중들의 눈망울을 독자들도 상상해 보시기를. 상당법어는 살아있는 생물이다. 비록 눈은 책 속의 문자를 향하더라도 마음은 현장으로 향해야 한다.

이상의 〈4〉는 어디까지나 필자의 해석이다. 독자들은 이 해석에 구애될 필요가 없다. 더구나 필자의 해석에 혜암 대종사의 선지禪旨를 가두어두어서도 안 된다. 독자들은 저마다 자신의 방식으로 자기의 본래 면목을 체험하면 될 뿐이다. 남의 말에 들러붙지도 말고, 그렇다고 뱉어버려도 안 될 것이다.

책 보며 한 세월 녹이는 사이
화창한 봄날 속절없이 다 가는데
민들레 홀씨 흔드는 저 바람은
나를 닮아 맑은 하늘 다 망치네.

5.

혜암 대종사께서 열반하신지 6년째 접어들던 2007년 겨울, 대종사님의 친필 유고가 영인되어『慧菴 大宗師 親筆 法語集』(총8冊)으로 세상에 나왔다. 또 이 자료를 바탕으로 두 책으로 된『慧菴 大宗師 法語集』(김영사)도 활자화 되었다. 제자들은 말할 것도 없고 사부대중들은 환생하신 대종사님을 뵙는 듯 했을 것이다. 그런데 법어란 원래 시절인연 속에서 설해지는 것이어서, 세월과 사람이 달라지면 이해하기 어려운 법이다. 게다가 향상일로向上一路의 본분本分을 거량하는 활구 법문은 언어나 문자로 따질 일이 아니다.

그런데, 언어 문자가 진리 자체는 아니지만 그것 말고 딱히 진리를 드러낼 방법도 사실 마땅하지 않다. 때문에 세존께서도 팔만법문을 하셨고, 역대 조사들도 말씀을 남기셨다. 게다가 정법이 흩어질 것을 염려하여 아난 존자께서 결집하셨고, 천하의 여러 종문宗門에서도 문집을 남겼다. 제 새끼라면 옷에 더러운 물 튀는 일 마다 않는 타니대수拖泥帶水의 에미 마음이며, 어리석은 아들 구하려고 곤룡포 던지고 때 묻은 옷을 걸치는 괘구의掛垢衣의 애비 심정 아니겠는가? 혜암 대종사님의 법어를 활자화 하여 세상에 내놓는 제자들 또한 이런 심정이었을 것이다.

이제 돌아오는 2020년이면 혜암 대종사 탄신 100주년이 된다고 한다. 이를 기념하여 대종사님의 선사상을 드러내는 학술대회를 기획하겠다고 동국대학교 연기영 교수님께서 필자에게 자문을 구하셨다. 혜암 대종사님은 출가 제자는 물론 재가 제자들에게도 참선 정진을 지도하셨다. 연 교수님은 법학 분야의 권위자이시자 원로이신데, 긴 세월 혜암 대종사님의 훈도를 직접 받으신 분이다.

2014년 4월 동국대학교 대강당에서 혜암 대종사의 선사상을 밝히는 세미나가 열렸었다. 필자도 당시 토론자로 참여를 했지만, 연구가 쉽지 않음을 공감할 수 있었다. 그 이유를 필자 나름 생각해 보니, 무엇보다 법어집의 내용이 어려운 게 가장 큰 원인이었다. 특히 '상당법어'는 혜암 대종사께서 불경과 조사어록을 자유자재로 종횡무진 인용하고 있기 때문이다. 방대한

독서와 치밀한 논리 추구와 철저한 자기 체험 없이는 접근 자체가 어려울 수밖에 없다.

이런 필자의 소감을 말씀드리면서, 학술대회는 그것대로 진행하더라도, 더불어 대종사께서 남기신 법어가 독자들에게 온전히 전달될 수 있도록 편리를 도모하는 것이 어떠냐고 여쭈었다. 공감하시더니, 이어서 그 작업을 필자에게 맡기는 것이었다. 아이디어를 낸 구업도 있고, 스승을 위하시는 연 교수님의 간절함도 이심전심되었다. 필자도 긴 세월 한 스님을 마음 속 깊이 사부님으로 모셔 뭇 별들이 북극성 향해 돌듯이 살기 때문이다.

그리하여 우선 기존에 출판된 위의 두 자료를 섭렵하여 글자를 하나하나 대조 교감하여 그 중에서 '상당법어'만 추렸다. 상당법어는 두 부류로 나눌 수 있었다. 하나는 출가 대중을 위한 것이고 다른 하나는 재가 대중을 위한 것이었다. 재가 대중을 대상으로 결제를 한 것은 우리나라 불교 역사에서 처음이다. 필자가 생각하기에 그것은 선불교 보급에 매우 중요하니, 그 중요한 것이 향후 가야산의 전통이 되었으면 하는 소망이 생겼다. 사실 이게 선불교의 정신이다. 선은 거사불교의 꽃이다.

이렇게 상당법어에 한정하고 그 중에서 일시가 불분명하고 약간이라도 고증을 더할 점이 있는 부분은 일단 이번 책에서 싣지 않고 다음으로 미루기로 했다. 향후 더 진전된 연구를 기다리는 것이 차라리 덜 실수를 하고, 또 이렇게 하는 것이 큰스님을 제대로 선양하는 길이라 생각해서였다.

열반하신 큰스님들에게 누가 될까 하여 법어집 이름은 밝히지 않겠지만, 대한민국 정부 수립 이후 출간된 상당히 많은 큰스님들의 법어집에 적지 않은 문제를 발견할 수 있었다. 우선 진위의 문제가 제일 크다. 그리고 수정 가필의 문제도 있다. 또 문헌 고증도 빈약하다. 대개의 문집은 스승님 사후 후손들이 편집 출간하기 때문에 이런 일이 생긴다. 큰스님 자체의 탓은 아니다.

다행히도 혜암 대종사의 경우 친필 유고가 남아있었고, 효성스런 제자가 그것을 잘 보존했고, 금상첨화로 그것을 연구자들에게 공개했기 때문에, 위와 같은 문제는 원천적으로 없다.

필자가 할 수 있는 일은 다른 연구자들을 대신하여 상당법어의 출전을 밝혀 어디까지가 혜암 대종사의 말씀이고 어디 부터는 남의 말 인용인지를 구별해 두는 것이었다. 이런 일은 이 분야 연구자라면 누구나 할 수 있는 일이다. 다만 필자가 집중적으로 그런 수고를 좀 먼저 한 것뿐이다. 한 사람 수고로워 많은 연구자와 독자들에게 혜암 대종사의 귀한 말씀이 여실하게 잘 전달된다면, 이 또한 같은 길을 가는 도반道伴으로서 마다할 일이 아니었다.

그렇다고 일체의 출전이나 전고를 다 밝혀냈다는 것은 아니다. 분명 인용이기는 인용인데 출전을 찾지 못했을 경우는 '출전 미상'이라고 각주에 밝혔다. 독자들께서 찾아주시기를 기대하면서 말이다. 그런데 문제는 밝히느라 밝혔는데 실수한 부분이 있을 수 있고, 또 남의 말 인용인데 그것이 인용인 줄도 모르고 필자 자신이 넘어간 부분도 있을 것이다. 이런 점은 참으로 두렵고도 두렵다. 회문부진廻文不盡이라는 단어에 붙어 면책 받을 수도 없는 노릇이니, 참으로 딱하다.

'비구-대처 분규' 이후의 한국불교계를 돌아보면, 『염송』과 『전등』을 양손에 쥐고 흔들어댈 선사들은 많지 않았다. 특히 참선 결제 대중들 앞에서 그럴 수 있는 분들은 연대순으로 구산, 성철, 혜암, 이들 세 대종사가 마지막일 것이다. 이 분들의 상당법어 속에는 『염송』과 『전등』의 언구가 종횡으로 인용된다. 이 책들의 내용은 그분들에게는 당연한 것이기 때문에 상당법어에 인용하더라도 구구하게 출전을 언급하지 않는다. 근대 이전의 작문作文과 화법話法에 종종 보이는 일반적 양상이다.

끝으로 이 일을 하면서 생긴 바램을 털어놓아 뜻을 모으고자 한다. 참으로 은혜롭게도 가야산 해인총림에는 성철과 혜암 두 대종사께서 뒤를 이어 출세出世하셨고, 게다가 돈오돈수의 같은 곡조를 연양演揚하셨으니, 분명 전통이라 할 만하다. 귀중한 이 전통이 잘 계승되어 이 시대에 걸맞게 연주되어 온 세상에 울려 퍼져야 할 것이다.

어느 수행자이든 해인총림으로 깃들어 방석 위에 둥지 튼 동안만은, 『본지풍광』을 종으로 배우고 『공부하다 죽어라』를 횡으로 익히며, 시절 살펴

조사관을 쳐부수고 살殺과 활活에 자유하며, 인연 따라 파주把住와 방행放行에 자재하며, 신훈新熏으로 손짓하다 본분本分으로 자취 감춰, 천만중생 제도할 밑천 만드는, 그런 호시절 되기를 기대한다. 항차 문손門孫이리오.

2019년 4월 청명절
연세대학교 철학과 교수
탈공 거사 신규탁 씀

集註 慧菴大宗師上堂法語集

공부하다 죽어라 ❶

2019년 4월 15일 초판 인쇄
2019년 4월 25일 초판 발행

엮은이 | 혜암선사문화진흥회
집 주 | 신규탁
발행인 | 연기영
발행처 | 시화음
등 록 | 2018년 11월 21일(제2018-000240호)
주 소 | 서울특별시 서초구 사평대로58길 6 현대썬앤빌
          강남 더 인피닛 1412호 (서초동)
전 화 | 02)534-6726   E-mail | yeunky1@naver.com

ISBN 979-11-966840-0-6 03220   정가 20,000원

※ 이 책은 저작권법에 따라 보호를 받는 저작물이므로 무단으로 복제하거나 전재할 수 없습니다.

좋은 독자가 좋은 책을 만듭니다.
시화음은 독자 여분의 의견에 항상 귀 기울이고 있습니다.

古人의 拂子여 天下走禪流하니 用通天地懸隔이로다

猛風은 急似箭하고 細雨는 潤如油로다

山僧이云 君向中國하고 我向韓國이로다

乃竪起拂子云 正統家風의

佛祖의 拂子는 即不問이어니와

且道하라 這人의 拂子는 畢竟落在

甚處오?

卓拂子一下

一喝一聲에 天地壞하니 千門萬戸가 盡豁開로다

喝一喝 下座

佛紀二五三七年陰十二月十五日陽一月二六日

方文就任式法語